바울서신

박유신 목사 지음

바울서신서 단락별 설교 핸드북

가정·직장·심방·새벽·구역 예배

베드로서원

초판 1쇄 발행	2012. 3. 14.
지은이	박유신
펴낸이	방주석
편집책임	방미예
디자인	the 사랑
영업책임	곽기태
펴낸곳	베드로서원
주소	(110-740) 서울 종로구 연지동 136-56 기독교연합회관 1309호
전화 │ 팩스	02)333-7316 │ 02)333-7317
이메일	peterhouse@paran.com
홈페이지	www.peterhouse.co.kr
창립일 │ 출판등록	1988년 6월 3일 │ 2010년 1월 18일(제59호)
ISBN	978-89-7419-305-8 03230
책값	뒤표지에 있습니다.

ⓒ 이 출판물은 저작권법에 의해 보호를 받는 저작물이므로
무단 전재와 복제를 할 수 없습니다.

> 베드로서원은 말씀과 성령 안에서 기도로 시작하며
> 영혼이 풍요로워지는 책을 만드는 데 힘쓰고 있으며
> 문서선교사역의 현장에서 세계화의 비전을 넓혀가겠습니다.
>
> 나의 힘이신 여호와여 내가 주를 사랑하나이다(시 18:1)

INTRODUCTION

《사복음서단락별설교핸드북》을 출간한 후 가끔 책에 대한 평가를 듣는다. 많은 도움을 받았다는 평가를 목회자들로부터 듣는다. 신약성서에서 사복음서를 다루었다면 나머지 사도행전, 바울서신, 공동서신도 그렇게 나왔으면 좋겠다는 요청들이 결국 《바울서신》을 출간하게 된 계기가 되었고 마침내 이렇게 결실을 맺게 되었다.

본서는 로마서에서 빌레몬서까지 즉, 바울서신 단락별 묵상집 혹은 설교집이라고 해도 괜찮겠다. 본서의 특징은 바울서신 안에 있는 모든 본문을 다 설교화하였다는 것이다. 성경 안에 있는 모든 문장과 단어는 하나님께서 뜻하신 바가 있어서 그곳에 두셨다. 그러므로 성서의 그 어떤 문장과 단어에도 하나님이 의도하시는 오묘하신 뜻과 의미가 있다. 본서의 목적은 그 부분까지도 캐내어보자는 것이다. 본 저서의 장점은 교훈을 끄집어낼 수 있을 것 같지 않는 본문도 일일이 주석을 하였고 그리고 교훈과 적용을 했다는 것이다.

필자는 어쨌든 본서가 사람들로 하여금 하나님 말씀의 온전한 깊이까지 도달하는 데 도움이 되었으면 하는 바람을 가지고 있다. 물론 본서의 내용이 짧고 간단명료하게 기록되어 있긴 하지만 성서 본문 한 절 한 절이라도 하나님의 의도하심에 맞추기 위해서 주석에 최선을 다하였다. 끝으로 책을 출간하는 데 도움을 주신 안산제일교회 고훈 목사님과 당회원들에게 깊은 감사를 표한다.

CONTENTS

주제	본문	제목	쪽
복음·일꾼	롬 1:1~7 | 495장	우리는 복음의 생산 수단입니다	11
사명·헌신	롬 1:8~17(1) | 311장	피차 유익이 목적입니다	12
복음·사명	롬 1:8~17(2) | 312장	빚 갚을 의무감이 있습니까?	13
복음·능력	롬 1:8~17(3) | 495장	복음의 두 가지 속성	14
진노·심판·우상숭배	롬 1:18~23 | 545장	하나님이 진노하는 사람	15
심판·은총	롬 1:24~26 | 255장	한계를 넘지 말고 빨리 돌아갑시다	16
성적 타락·병든 신앙	롬 1:26~27 | 281장	신앙이 병들면 성적 타락이 옵니다	17
하나님·심판·성령충만	롬 1:28~32 | 195장	신앙이 병들면 인격이 파괴됩니다	18
판단·유대인	롬 2:1~11 | 285장	먼저 믿은 자가 손해 봅니다	19
율법·양심	롬 2:12~16 | 425장	예수 이전 세대의 사람들은 어떻게 되나요?	20
행함 없는 믿음·형식주의	롬 2:17~29 | 460장	형식보다 생명력이 중요합니다	21
유대인·필요악	롬 3:1~8 | 287장	필요악이란 없습니다	22
인간·죄·본성	롬 3:9~18 | 260장	성도는 죄관이 분명해야 합니다	23
인간·죄 율법	롬 3:19~31 | 266장	율법은 사람을 절망시킨다	24
구원·의인	롬 4:1~25(1) | 522장	오직 믿음으로	25
할례·구원	롬 4:1~25(2) | 527장	아브라함이 언제 구원받았나?	26
의인·하나님	롬 4:1~25(3) | 539장	의인의 정체감을 가집시다	27
화평·성도의 삶	롬 5:1~11(1) | 420장	크리스천은 뚝심이 있습니다	28
하나님의 사랑·죄인	롬 5:1~11(2) | 568장	하나님 사랑의 확증	29
아담·원죄·예수님	롬 5:12~21 | 80장	한 사람으로 충분합니다	30
성도의 삶·십자가	롬 6:1~11(1) | 426장	죄의 입맛을 잃은 자	31
성도의 삶	롬 6:1~11(2) | 424장	크리스천의 자기 정체감	32
유혹·성결·성도의 삶	롬 6:12~14 | 286장	죄를 멀리하는 비결	33
성도의 정체성·성도의 삶	롬 6:15~23 | 284장	당신은 누구의 종입니까?	34
예수님·율법·새 사람	롬 7:1~6 | 524장	이혼하고 결혼합시다	35
율법·인간·본성	롬 7:7~13 | 448장	율법 잘못은 하나도 없습니다	36
성도의 정체성·본성	롬 7:14~25 | 250장	인간 실존의 현주소는?	37
십자가·새사람·생명	롬 8:1~11(1) | 88장	법을 바꾸면 삽니다	38
성령님·성도	롬 8:1~11(2) | 143장	성령이 없는 자는 크리스천이 아니다	39
성령님·양자·노예	롬 8:12~17 | 94장	올바른 양자관	40
구원·하나님 나라	롬 8:18~25 | 207장	기독교의 구원은 우주적이다	41
성령님·예정·하나님	롬 8:26~30 | 196장	나의 삶의 결과는 항상 '영화'입니다	42
칭의·하나님의 사랑·구원	롬 8:31~39 | 374장	끊을 수 없는 사랑	43
애국심·전도	롬 9:1~13(1) | 514장	천벌도 달게 받겠습니다	44
예정·하나님의 주권	롬 9:1~13(2) | 78장	하나님의 절대주권(1)	45
예정·섭리	롬 9:14~18 | 79장	하나님의 절대주권(2)	46
교리·섭리	롬 9:19~29 | 501장	하나님의 절대주권(3)	47
믿음·구원	롬 9:30~33 | 283장	예수가 걸림돌이 되었습니다	48
열정·진리·믿음	롬 10:1~15(1) | 136장	죄가 사라지는 옷	49
구원·예수님	롬 10:1~15(2) | 149장	마음으로 믿고 입으로 시인하면	50
전도·복음	롬 10:1~15(3) | 503장	전도는 인격적 만남으로 이루어진다	51
전도·믿음	롬 10:16~21 | 506장	믿음은 들음에서 생긴다	52
이스라엘 선교·구원·종말	롬 11:1~12 (1) | 511장	하나님의 비밀병기	53
선민·이방인·지혜	롬 11:1~12 (2) | 349장	혼미한 크리스천	54
선민·이방인·모태신앙	롬 11:13~24(1) | 507장	모태신앙을 과소평가하지 맙시다	55
교만·섭리	롬 11:13~24 (2) | 532장	오만한 신앙은 언젠가 꺾입니다	56
종말·선교	롬 11:25~32 | 512장	정한 숫자를 채워야 합니다	57
섭리·신앙	롬 11:33~36 | 70장	구원은 하나님의 마음을 아는 것	58
예배·성결	롬 12:1~2(1) | 420장	하나님이 받으시는 참된 예배	59

주제	본문/찬송	제목	
구원·성결	롬 12:1~2 (2) | 423장	마음도 구원받아야 합니다	60
교회·헌신	롬 12:3~13 (1) | 467장	나는 교회의 한 파트(part)일 뿐입니다	61
은사·봉사	롬 12:3~13 (2) | 320장	은사는 키우고 개발해야 합니다	62
사랑·성실	롬 12:3~13 (3) | 475장	사랑은 성실합니다	63
성도의 삶·원수	롬 12:14~21 | 439장	가장 확실한 원수 보복법	64
국가·질서·순종	롬 13:1~17 | 210장	크리스천의 정치관	65
사랑·성도의 삶	롬 13:8~10 | 604장	사랑 하나만 잘합시다	66
종말·재림	롬 13:11~14 | 175장	아침에 일어나면 늦습니다	67
비판·음식	롬 14:1~12 (1) | 286장	모른 척하는 것이 최상입니다	68
사명·소명·사랑	롬 14:1~12 (2) | 329장	크리스천의 삶의 목적	69
성령의 열매·하나님 나라	롬 14:13~23 (1) | 427장	나도 기쁘고 그도 기뻐야 합니다	70
성도의 삶·신념·사랑	롬 14:13~23 (2) | 265장	이랬다 저랬다 하는 것도 안됩니다	71
이웃·사랑·소명	롬 15:1~13 (1) | 317장	이웃을 기쁘게 하되…	72
성경공부·용납	롬 15:1~13 (2) | 221장	성경공부는 성숙을 위하여 하는 것입니다	73
정체성·일꾼	롬 15:14~21 | 469장	자기 정체성이 분명한 사람	74
소명·일꾼	롬 15:22~29 | 325장	작은 일부터 감당합시다	75
기도·겸손	롬 15:30~33 | 361장	겸손하면 기도 부탁합니다	76
동역·일꾼	롬 16:1~2 | 444장	넉넉한 추천	77
교회·사랑	롬 16:3~16 | 464장	교회는 입을 맞추는 곳	78
교회·이단	롬 16:17~20 | 542장	교회 주변의 사이비를 살핍시다	79
복음·선교	롬 16:21~27 | 210장	편지 끝에도 다시 한 번 복음을	80
교회·사명	고전1:1~3 (1) | 432장	나에게 날라 온 편지	81
은혜·평강	고전1:1~3 (2) | 409장	은혜가 있어야 평강이 옵니다	82
은혜·직분·헌신	고전1:4~9 | 216장	은혜는 감정적 차원이 아닙니다	83
분쟁·교회	고전1:10~17 | 458장	부분을 전체로 주장하는 사람들	84
정체성·십자가	고전1:18~25 | 197장	크리스천은 출세한 사람입니다	85
교회·평신도	고전1:26~31 | 222장	교인의 구성 비율	86
전도·성령님	고전2:1~5 | 196장	전도는 테크닉이 아닙니다	87
성경·영감	고전2:6~16 (1) | 199장	성서는 영감되었습니다	88
하나님의 뜻·성령님	고전2:6~16 (2) | 77장	하나님의 목소리를 듣는 사람	89
성숙·성도의 삶	고전3:1~15 (1) | 448장	생명은 있지만 자라지 않는 교인	90
교육·섭리	고전3:1~15 (2) | 294장	참 기독교 교육자이신 하나님	91
지도자·선교	고전3:1~15 (3) | 463장	잘못된 건축가	92
성전·교회·성결	고전3:16~17 | 208장	내가 하나님의 거룩한 성전입니다	93
지도자·설교·편견	고전3:18~23 | 455장	교회 지도자에 편협하지 마세요	94
목회자·섬김	고전4:1~5 | 462장	목회자는 특권을 가진 노예입니다	95
목회자·편견·섬김	고전4:6~13 (1) | 447장	목회자를 구분하지 맙시다	96
목회자·편견·섬김	고전4:6~13 (2) | 453장	목회자를 과소평가하지 맙시다	97
기독교·성(性)·인간관계	고전5:9~13 | 420장	기독교 인간관	98
정체성·교회·분쟁	고전 6:1~11 | 223장	교회는 시시비비를 가려 주어야 합니다	99
성전·성도의 몸	고전 6:12~20 | 208장	성도의 몸은 놀라운 몸입니다	100
목회자	고전4:14~21 | 300장	자발적으로 하십시오	101
결혼·헌신·충성	고전7:1~7 | 330장	그리스도인의 결혼관(1)	102
결혼·성결	고전7:8~24 (1) | 425장	그리스도인의 결혼관(2)	103
성결·성도의 삶	고전7:8~24 (2) | 288장	그대로 사십시오	104
결혼·창조·섭리	고전7:25~40 | 559장	결혼하십시오	105
이웃·사랑·성결	고전 8:1~13 (1) | 432장	천상천하 유아독존은 없다	106
사랑·무지	고전 8:1~13 (2) | 561장	사랑이 무지를 고칩니다	107
목회자	고전 9:1~27 (1) | 560장	목회자의 사례비는 정당합니다	108

주제	본문	제목	쪽
복음·선교·사랑	고전 9:1~27(2) | 492장	사람 가리는 사람은 실패한다	109
인생·전쟁	고전 9:1~27(3) | 348장	인생은 전쟁이다	110
유혹·승리	고전 10:1~13 | 360장	유혹과 빠져 나갈 길	111
우상숭배·사단	고전 10:14~22 | 548장	조상 제사 하지 마세요	112
전도·이웃·사랑	고전 10:23~33 | 496장	사람이 하나님이다	113
지도자·모범	고전 11:1 | 445장	바울을 본받읍시다	114
성서해석·성결	고전 11:2~16 | 420장	여자는 너울을 써야 합니까?	115
기독교·성도의 교제·평등	고전 11:17~34(1) | 468장	기독교 안에 차별이 없어야 한다	116
성만찬	고전 11:17~34(2) | 227장	성찬을 받는 자의 자세	117
성령님·믿음	고전 12:1~3 | 191장	성령님이 믿게 합니다	118
신유·은사	고전 12:4~11 | 471장	신유 은사에 대한 오해	119
교회·지체·성도	고전 12:12~31(1) | 215장	크리스천은 예수님의 신체기관이다	120
교회·성직·은사	고전 12:12~31(2) | 215장	교회 건물 관리자에 대하여	121
사랑·성도의 삶	고전 13:1~13(1) | 286장	사랑이 최고입니다	122
사랑·방언	고전 13:1~13(2) | 286장	예언과 방언과 지식은 폐합니다	123
방언·가르침	고전 14:1~19 | 515장	방언 은사에 관하여(1)	124
방언·교회	고전 14:20~25 | 423장	방언 은사에 관하여(2)	125
방언·교회	고전 14:26~33 | 288장	방언 은사에 관하여(3)	126
성서 해석	고전 14:33~36 | 203장	성서 해석의 원리	127
분파·교회	고전 14:37~40 | 212장	신령한 자가 교회를 어지럽힌다	128
부활·기독교	고전 15:1~11 | 159장	부활에 관하여(1)	129
부활	고전 15:12~19 | 160장	부활에 관하여(2)	130
부활·재림	고전 15:20~28 | 167장	부활에 관하여(3)	131
부활·기독교	고전 15:29~34 | 169장	부활에 관하여(4)	132
부활	고전 15:35~49 | 172장	부활에 관하여(5)	133
부활·종말	고전 15:50~58 | 177장	부활에 관하여(6)	134
교회·헌금	고전 16:1~12(1) | 210장	따로 저축해 두세요	135
분파·휴가	고전 16:1~12(2) | 325장	잠시 떠나는 것도 좋습니다	136
군인·전투·정체성	고전 16:13~14 | 323장	사자처럼, 양처럼	137
교회·성도의 삶	고전 16:15~18 | 316장	교회가 존경해야 될 사람	138
교회·가정	고전 16:19~20 | 560장	우리 집은 교회입니까?	139
저주·복음	고전 16:21~24 | 94장	주님을 사랑하지 않으면 저주를 받는다	140
고난·담대함	고후 1:1~11 | 390장	떠들지 맙시다	141
성결·성도의 삶	고후 1:12~14 | 455장	숨길 것이 없는 자는 복이 있나니	142
설교자·청중	고후 1:15~22 | 463장	설교자를 의심하는 자들	143
용기·담대함	고후 2:1~4 | 344장	입을 열 때는 열어야 합니다	144
징계·형벌·사랑	고후 2:5~11 | 95장	죽이는 형벌은 옳지 않습니다	145
전도·향기	고후 2:12~17 | 497장	전도하면 냄새가 풍깁니다	146
정체성·성도의 삶	고후 3:1~11(1) | 442장	크리스천은 광고 모델입니다	147
개혁·도전	고후 3:1~11(2) | 585장	새 것에 마음을 엽시다	148
성도의 삶·형상	고후 3:12~18 | 455장	눈을 고정시킵시다	149
사단·기도·전도	고후 4:1~6 | 350장	유독 안 믿는 자들	150
복음·인도·정체성	고후 4:7~15 | 85장	복음을 가진 자의 특권	151
복음·정체성·여행	고후 4:16~18 | 301장	늘어갈수록 새로워지는 자	152
죽음·장례	고후 5:1~7 | 235장	죽는 것은 이사하는 것입니다	153
상급·천국	고후 5:8~10 | 246장	장수보다 상급이 중요합니다	154
성도의 삶·정체성	고후 5:11~19 | 211장	새로운 피조물	155
복음·예수님	고후 5:20~21 | 258장	자식을 버리신 하나님	156
직분자·삶의 목적	고후 6:1~10 | 488장	직분을 소홀히 여기는 사람	157

주제	본문	제목	쪽
마음·인격	고후 6:11~13 | 382장	속은 편안하십니까?	158
성전·성결	고후 6:14~7:1 | 216장	성도는 하나님의 성전이다	159
유혹·악행	고후 7:2~4 | 463장	죄를 조장하지 말아야 합니다	160
근심·승리	고후 7:5~16 | 382장	근심의 두 종류	161
행함·실천	고후 8:1~15 | 455장	선심쓰면 선심으로 돌아온다	162
돈·일꾼·행정	고후 8:16~24 | 560장	돈 문제는 정확하게 합시다	163
교회·일치·하나님 나라	고후 9:1~5 | 208장	타교회도 칭찬합시다	164
구제·헌금·기독교	고후 9:6~15 | 211장	구제하는 자가 더 복 받는다	165
기독교·무기	고후 10:1~18(1) | 360장	기독교의 무기	166
교만·자화자찬	고후 10:1~18(2) | 255장	자화자찬 하는 자들	167
목회자·사례비	고후 11:1~15 | 29장	불순한 의도의 사례금	168
복음·목회·선교	고후 11:16~33 | 491장	복음 때문에 약자가 되어보셨습니까?	169
천국·공평	고후 12:1~10 | 563장	공평하신 하나님	170
난관·치욕·은혜	고후 12:11~13 | 538장	넉넉한 은혜	171
헌금·구제	고후 12:14~21 | 457장	자기 자신을 줍시다	172
구원·믿음	고후 13:1~13 | 85장	예수 믿는지 자주 체크하세요	173
은혜·평강	갈 1:1~5 | 28장	은혜와 평강	174
이단·기독교 역사	갈 1:6~10 | 340장	이단 공부를 합시다	175
소명·군사	갈 1:11~17 | 350장	전투병으로 부름 받았습니다	176
공로·성결·전도	갈 1:18~24 | 500장	우리의 선한 행실이 복음을 구합니다	177
결단성·겸손	갈 2:1~10 | 549장	결단과 공손을 함께 갖춥시다	178
율법·공로·은혜	갈 2:11~21 | 254장	자기 업적을 드러내는 크리스천	179
율법·은혜	갈 3:1~14 | 250장	오직 믿음으로	180
율법·죄용서	갈 3:15~22 | 252장	율법이 죄를 깨닫게 했습니다	181
율법·복음·은혜	갈 3:23~29 | 260장	믿으면 국적이 달라집니다	182
이단·타종교	갈 4:1~7 | 263장	타종교는 어린 아이이다	183
이단	갈 4:8~11 | 450장	신천지와 안상홍은 거짓말을 하고 있다	184
거짓열정	갈 4:12~20 | 453장	열정이 좋은 것만은 아니다	185
율법·복음	갈 4:21~5:1 | 143장	아브라함의 두 아들	186
죄의 속성	갈 5:2~12 | 144장	고속도로를 타면 돌아올 수 없다	187
이웃·비난·멸망	갈 5:13~15 | 397장	물어뜯으면 피차 망합니다	188
인간 본성·원죄	갈 5:16~24 | 463장	성령님이 이끄시는 삶	189
겸손·화평	갈 5:25~26 | 408장	잘난 체 안 하면 싸움이 없습니다	190
사랑·화평·충성	갈 6:1~5 | 407장	짐을 집시다	191
선행·상급·보상	갈 6:6~10 | 378장	때가 되어야 매겨집니다	192
십자가·할례	갈 6:11~16 | 80장	십자가 때문에	193
설교·은혜	갈 6:17~18 | 206장	목회자의 마음	194
평강·감사	엡 1:1~2 | 428장	평강의 출처는 하나님입니다	195
거룩·소명	엡 1:3~14(1) | 528장	다르게 불렀습니다	196
소명·예정	엡 1:3~14(2) | 528장	나는 신비로운 비밀을 위해 부름 받았다	197
교회·지체·일꾼	엡 1:15~23 | 540장	어느 파트에서 일하세요?	198
성도의 삶	엡 2:1~10 | 460장	믿는 자는 선행을 해야 합니다	199
예배·아버지	엡 2:11~22 | 472장	매일 나갑시다	200
하나님 나라·섭리	엡 3:1~13 | 210장	하나님 사업은 항상 완성됩니다	201
성령님·성도의 삶	엡 3:14~19 | 189장	성령충만한 자와 그렇지 못한 자	202
승천·은사	엡 3:20~4:16(1) | 195장	예수님의 승천의 목적	203
사이비·무지·맹목성	엡 3:20~4:16(2) | 402장	무지한 신앙인의 오류	204
죄의 속성	엡 4:17~24 | 374장	죄는 과정을 밟습니다	205
성령님·보증	엡 4:25~32 | 187장	성령님에게 상처 주지 마세요	206

주제	말씀 / 찬송	제목	
성도의 삶·성결	엡 5:1~14	423장	입 밖에 내지 마십시오	207
경외·이웃·성도의 삶	엡 5:15~21	446	두려운 이웃	208
가정·부부	엡 5:22~33	558장	남편의 몸은 토막이 나야 합니다	209
가정·부모·자녀	엡 6:1~4	559장	자녀에게 상처주는 부모	210
경영자·기업	엡 6:5~9	499장	경영주와 고용인	211
영적 전투·사단	엡 6:10~20	348장	완전 무장 하세요	212
주인·종	빌 1:1~2	94장	진정한 종이십니까?	213
영성·지성	빌 1:3~11	597장	감성과 지성이 함께 가야 합니다	214
위기·안생·기회	빌 1:12~30(1)	375장	위기가 곧 부흥이다	215
죽음·장례	빌 1:12~30(2)	428장	죽는 것도 괜찮습니다	216
명예욕	빌 2:1~11(1)	451장	명예욕이 전쟁을 부른다	217
예수님·주(主)	빌 2:1~11(2)	89장	예수님은 주인님입니다	218
섭리·인도	빌 2:12~18	337장	하나님의 마음을 받아 두는 사람	219
이웃·배려·사랑	빌 2:19~30	452장	따뜻한 바울	220
율법·은혜·구원	빌 3:1~16	93장	정신적 충격을 받은 적 있습니까?	221
육체·성도의 삶	빌 3:17~4:1	465장	값싼 몸이 비싼 몸이 됩니다	222
평가·회고·재판	빌 4:2~3	492장	늘 싸우는 자? 늘 평화 하는 자?	223
기도·평화	빌 4:4~7	361장	기도하면 둘 중에 하나가 됩니다	224
성도의 삶·평강	빌 4:8~9	335장	평강을 옆에 두는 방법	225
헌금·제물·목회자	빌 4:10~20	299장	주의 사람을 대접하면 복을 받습니다	226
하나님 나라·선교	빌 4:21~23	208장	사형수를 섬기는 공무원들	227
성도의 삶	골 1:1~2	461장	두 영역 속의 크리스천	228
복음·열매	골 1:3~8	292장	자랐습니까? 나누셨습니까?	229
기도·능력	골 1:9~23(1)	364장	기도 중에 받는 것은 힘입니다	230
예수님	골 1:9~23(2)	80장	바울의 '예수학' 강의	231
교회·사명·고난	골 1:24~29	214장	교회 일 하다가 당하는 고생	232
교회·예수님·축복	골 2:1~5	251장	예수님의 보물 창고	233
교회·감사·찬양	골 2:6~7	431장	참 교회의 표식	234
복음·죄용서	골 2:8~15	96장	빚 목록은 못 봅니다	235
기독교·절기·이단	골 2:16~19	217장	기독교가 아닌 기독교	236
교리·음식	골 2:20~23	220장	음식 가지고 왈가불가하지 마세요	237
인생관	골 3:1~4	293장	크리스천의 인생관	238
우상숭배	골 3:5~11	353장	우리도 혹시 우상 숭배를…	239
언어	골 3:12~17	226장	말하고 행할 때 한 가지만 생각합시다	240
고용주·노동자	골 3:18~4:1	216장	주어야 받는다	241
언어·기독교	골 4:2~6	92장	맛있게 말하세요	242
언어·인격	골 4:7~9	65장	좋은 말을 고릅시다	243
교회·집	골 4:10~18	556장	우리 집은 교회입니다	244
기도·재림	살전 3:11~13	362장	사소한 일에도 기도합시다	245
성도의 삶·성결	살전 4:1~8	425장	성적으로 순결해야 합니다	246
재림·근면	살전 4:9~12	175장	성실하지 못한 크리스천들	247
재림·부활	살전 4:13~18	179장	죽은 자도 부활합니다	248
종말·재림	살전 5:1~11	181장	그날은 불시에 옵니다	249
교회·성도의 삶	살전 5:12~22	333장	주옥같은 권고	250
기도·지도자	살전 5:23~28	365장	기도의 연결고리	251
하나님·아버지	살후 1:1~2	27장	우리 아버지	252
재림·섭리	살후 1:3~12	347장	하나님의 관리 대상자들	253
재림·사단	살후 2:1~12	350장	악의 기운이 있습니다	254
성도의 삶·헌신	살후 2:13~15	456장	나는 하나님입니다	255

주제	본문	제목	
위로·인도	살후 2:16~17 ǀ 304장	영원한 위로	256
승리·세상	살후 3:1~5 ǀ 456장	방해자를 제거하시는 하나님	257
노동·재림·직업	살후 3:6~15 ǀ 180장	노동은 신성한 것이다	258
평강·은혜	살후 3:16~17 ǀ 431장	때마다, 일마다 평강이 있습니다	259
긍휼·은혜	딤전 1:1~2 ǀ 428장	'긍휼'이라는 단어	260
사이비·이단	딤전 1:3~11 ǀ 371장	사이비에 유독 잘 넘어가는 스타일	261
죄사함·은혜	딤전 1:12~17 ǀ 150장	과거를 자주 회상하십시오	262
승리·세상	딤전 1:18~20 ǀ 359장	승리를 부르는 두 무기	263
위정자·기도·국가	딤전 2:1~7 ǀ 208장	왜 위정자를 위해 기도해야 하는가?	264
성경	딤전 2:8~15 ǀ 200장	여자는 나서지 마라고요?	265
직분·사명	딤전 3:1~13 ǀ 313장	목사와 장로와 집사의 자격	266
예수님·구원	딤전 3:14~16 ǀ 87장	예수님은 누구신가?	267
음식·감사	딤전 4:1~5 ǀ 429장	모든 음식은 하나님이 주신 것이다	268
지도자·경건·훈련	딤전 4:6~16 ǀ 422장	크리스천은 선수입니다	269
여자·성도	딤전 5:1~16 ǀ 312장	이집 저집 싸돌아다니는 위험	270
목회자·장로·교회	딤전 5:17~25 ǀ 318장	장로와 목사는 존경받아야 합니다	271
직업·소명	딤전 6:1~2 ǀ 323장	내가 잘하면 전체 크리스천이 삽니다	272
이단·돈	딤전 6:3~10 ǀ 290장	이단과 돈	273
신앙·고백	딤전 6:11~16 ǀ 144장	신앙은 고백해야 합니다	274
내세·보상	딤전 6:17~19 ǀ 236장	돈을 쓰십시오	275
언어·논쟁	딤전 6:20~21 ǀ 422장	똑똑한 것보다 착한 것이 낫다	276
직분·사명	딤후 1:1~2	일 안에 생명이 있습니다	277
신앙·전통	딤후 1:3~14(1) ǀ 585장	조상을 회상해 봅시다	278
지도자·절제	딤후 1:3~14(2) ǀ 510장	지도자는 절제하는 사람입니다	279
불멸·죽음	딤후 1:3~14(3) ǀ 235장	사람은 불멸합니다	280
복·가정	딤후 1:15~18 ǀ 556장	의리를 지키면 그 가정이 잘 됩니다	281
고난·보상	딤후 2:1~13 ǀ 304장	가장 크게 남는 장사	282
교회·봉사	딤후 2:14~26(1) ǀ 212장	일거리가 복의 기준이다	283
지도자·목회	딤후 2:14~26(2) ǀ 208장	지도자는 이렇게 해야 한다	284
성경·기적	딤후 3:1~17 ǀ 202장	성경 안에는 기적이 있다	285
종말·상급	딤후 4:1~8 ǀ 180장	인간 눈치 보지 말고 오직 묵묵히	286
고독·위로·예수님	딤후 4:9~18 ǀ 478장	내 곁에 서신 주님	287
충성·헌신	딤후 4:19~21 ǀ 354장	반려자입니까? 방관자입니까?	288
은혜	딤후 4:22 ǀ 290장	하나님이 혜택 주는 사람	289
충성·헌신	딛 1:1~4 ǀ 330장	망치는 사람, 해결하는 사람	290
직분·선거	딛 1:5~9 ǀ 340장	선거를 잘합시다	291
사이비·이단	딛 1:10~16 ǀ 336장	마음 따라 갑니다	292
지도자·교육	딛 2:1~14(1) ǀ 314장	윗물이 맑으면 아랫물도 맑습니다	293
지도자·설교	딛 2:1~14(2) ǀ 425장	몸소 행하는 지도자	294
돈·양심	딛 2:1~14(3) ǀ 422장	남의 돈을 떼먹지 맙시다	295
지도자·설교	딛 2:15 ǀ 197장	설교는 중요합니다	296
성령님·교회	딛 3:1~11(1) ǀ 196장	성령님만 계시면 됩니다	297
논쟁·교회	딛 3:1~11(2) ǀ 460장	토론과 논쟁을 좋아하는 사람	298
헌신·봉사	딛 3:12~14 ǀ 458장	크리스천은 고민하는 사람	299
축도·목회자	딛 3:15 ǀ 90장	축도만 잘 받아도…	300
인권·기독교	몬 1:1~3 ǀ 71장	인간미 넘치는 기독교	301
돈·헌신·상급	몬 1:4~7 ǀ 524장	부자가 되는 비결	302
용납·신뢰	몬 1:8~22 ǀ 497장	크리스천은 받아 주는 사람입니다	303
지도자·동역	몬 1:23~25 ǀ 327장	나의 이름이 기억될까요?	304

주제 → 복음·일꾼

우리는 복음의 생산 수단입니다 ← 제목
롬 1:1~7 | 495장
　↑　　　　↑
성경말씀　찬송가

본문
↓

바울은 로마서의 첫 문장에서 발신인을 밝히고 있다. 발신자는 "예수 그리스도의 종 바울"(1절)이다. 그리고 바울은 자기를 두 가지 신분으로 소개하였다. 하나는 종이요 하나는 사도이다(1절). 종은 노예를 가리키고 사도는 예수님이 부르셔서 하나님의 말씀을 전하는 자를 가리킨다. 그가 노예와 사도로 부르심을 받은 목적은 '복음' 때문이었다(1절). 그런데 여기서 바울의 특징 한 가지를 엿볼 수 있다. 그는 '복음'이라는 말이 나오자마자 마음에서 불이 일어났다. 그래서 그는 발신자, 수신자, 문안인사를 차례로 써야하는데 그것을 잊어버리고 '복음은' 하면서 곧바로 복음을 설명하기 시작한다(2~4절). 그는 '복음'이라는 단어가 나오자 편지의 형식을 잊어버렸다. 왜 이런 현상이 일어났는가? 그는 복음에 미친 자였다. 그는 복음의 노예가 된 자였다. 요즘은 노예가 없기 때문에 노예가 얼마나 비참한지 모른다. 노예는 인격체가 아니었다. 노예는 동물이나 기계였다. 노예는 생산 수단에 불과하였다. 우리 역시도 복음에 대해서 그렇게 부름 받았다(6절). 그러면 우리도 복음을 생산하는 수단으로, 기계로 살고 있는가? 도리어 돈과 명예와 권력만을 생산하는 수단으로 살고 있지 않은가?

*찬송가는 개역개정판 입니다.

복음·일꾼

우리는 복음의 생산 수단입니다
롬 1:1~7 | 495장

    바울은 로마서의 첫 문장에서 발신자를 밝히고 있다. 발신자는 "예수 그리스도의 종 바울"(1절)이다. 그리고 바울은 자기를 두 가지 신분으로 소개하였다. 하나는 종이요 하나는 사도이다(1절). 종은 노예를 가리키고 사도는 예수님이 부르셔서 하나님의 말씀을 전하는 자를 가리킨다. 그가 노예와 사도로 부르심을 받은 목적은 '복음' 때문이었다(1절). 그런데 여기서 바울의 특징 한 가지를 엿볼 수 있다. 그는 '복음'이라는 말이 나오자마자 마음에서 불이 일어났다. 그래서 그는 발신자, 수신자, 문안 인사를 차례로 써야하는데 그것을 잊어버리고 '복음은' 하면서 곧바로 복음을 설명하기 시작한다(2~4절). 그는 '복음'이라는 단어가 나오자 편지의 형식을 잊어버렸다. 왜 이런 현상이 일어났는가? 그는 복음에 미친 자였다. 그는 복음의 노예가 된 자였다. 요즘은 노예가 없기 때문에 노예가 얼마나 비참한지 모른다. 노예는 인격체가 아닌 동물이나 기계였다. 노예는 생산 수단에 불과하였다. 우리 역시도 복음에 대해서 그렇게 부름 받았다(6절). 그러면 우리도 복음을 생산하는 수단으로, 기계로 살고 있는가? 도리어 돈과 명예와 권력만을 생산하는 수단으로 살고 있지 않은가?

로마서 11

사명·헌신

피차 유익이 목적입니다
롬 1:8~17(1) | 311장

바울은 편지 서두에 로마교회를 사랑하고 그리워하는 심정을 담았다. 먼저 그는 로마교회의 믿음의 소문이 널리 전파된 것에 대하여 감사하였다(8절). 그리고 자기가 로마교회를 향해서 쉬지 않고 기도하고 있다고 전했다(9절). 그리고 그는 멀리서만 기도하고 사랑하는 것이 아니라 로마로 직접 가서 사람들을 만나고 싶다는 심정을 전했다(10절). 이유는 자기가 가지고 있는 고귀한 은사를 나누어 주어서 로마교회를 견고히 세워주고 그리고 피차 안위함을 얻게 하기 위함이라고 하였다(11~12절). "피차 안위함을 얻으려 함이라"(12절)는 말은 자기도 로마교회를 보고 위로와 힘을 얻고 로마교회도 자기를 보고 신앙의 견고함을 얻게 하겠다는 뜻이다. 이것은 가르치면서 배우겠다는 뜻이다. 이 원리는 우리에게도 적용된다. 우리가 믿지 않는 자에게 복음을 전하면 그에게도 유익하지만 복음의 열매가 맺히는 기쁨과 승리감도 우리에게 있다. 우리가 주일학교에서 아이들을 가르치면 그들도 유익하지만 우리도 더 많은 것을 배운다. 우리가 교회에서 봉사하면 교회도 유익을 얻지만 우리에게도 말할 수 없는 만족감과 보상이 찾아온다. 우리가 교회에서 하는 모든 신앙 활동은 항상 피차에 유익한 것이다.

복음·사명

빚 갚을 의무감이 있습니까?
롬 1:8~17(2) | 312장

바울은 헬라인이나 야만인이나 지혜 있는 자나 어리석은 자나 이 세상에 있는 모든 자에게 다 복음의 빚을 졌기 때문에 로마 교인들에게도 이 빚을 갚기 원한다고 말했다(14~15절). 그는 여기서 '빚을 졌다'고 했지 '빚을 갚았다'고도 하지 않았고 '빚을 다 갚겠다'고도 하지 않았다. 그는 오직 빚진 자의 마음으로 살겠다고 하였다. 마치 복음의 빚을 갚는 일을 하지 않으면 자기는 살아야 할 이유가 없다고 말하는 것처럼 들린다. 바울은 예수를 믿고 나서부터 이 의무를 강하게 느꼈다. 그는 예수를 믿고 나서 자기 권리를 주장하지 않았다. 그는 의무감으로만 살았다. 빚을 갚는 의무를 다 하지 않고서는 그의 마음에는 자유가 없었다. 우리도 바울처럼 복음의 빚을 갚으려는 의무감을 가지고 있는가? 우리는 오히려 예수를 믿고 권리만 주장하고 있지 않는가? "왜 돈 안 주십니까? 왜 합격 안 시켜 주십니까? 왜 병 안 고쳐 주십니까?" 우리는 혹시 권리는 많이 주장하고 의무는 생각하지 않는 사람이 아닌가? 예수님이 우리를 위하여 죽으셨다. 이것이 우리가 진 빚이다. 이 복음의 빚을 갚지 않고 산다면 늘 편할 수 없어야 한다. 복음의 빚을 갚을 의무감이 전혀 없다면, 우리는 파렴치범일 것이다.

복음·능력

복음의 두 가지 속성
롬 1:8~17(3) | 495장

　　복음에는 두 가지 속성이 있다. 첫째, 복음 안에는 능력이 있다(16절). 사람이 복음을 받아드리면 '능력'을 가지게 된다. 어떤 능력인가? 사망에서 생명으로 옮겨 가게 되는 능력, 절망하다가도 밝아지는 능력, 죽다가도 살아남는 능력, 미워하다가도 사랑하게 되는 능력이다. 복음 안에는 사람을 이렇게 만드는 능력이 자동적으로 내재되어 있다. 둘째, 복음 안에는 사람을 의롭게 하는 속성이 있다(17절). 복음에는 사람을 의롭게 만드는 속성이 자동적으로 내재되어 있다. 구약 성경에 나오는 아브라함은 실수를 많이 했다. 그것을 일일이 열거하여 책망하자면 그는 구원을 받지 못한다. 그러나 그는 하나님께서 말씀하실 때 잘 믿은 것 하나로 의인으로 인정되었다(창15:6). 실지로 의인이 된 것이 아니라 의인으로 인정받았다. 그러므로 내가 예수를 믿으면 내가 의로운 일을 하지 않았는데도 나는 의로운 자로 인정받게 된다. 복음은 관념이 아닌 능력 그 자체이다. 복음은 사람을 의롭게 만드는 속성이 있다. 복음을 받아드리면 이보다 더 수지맞는 일이 있겠는가? 이 좋은 복음을 받아드리지 않은 것은 너무나 바보 같은 행동이다. 머리 좋은 사람은 이 좋은 복음을 한시라도 빨리 받아드린다.

진노 · 심판 · 우상숭배

하나님이 진노하는 사람
롬 1:18~23 | 545장

바울은 하나님께서 진노하고 심판을 내릴 수밖에 없는 사람들에 대해서 말한다. 첫 번째 대상자는 불의로 진리를 막는 사람들이다(18절). 이것은 진리를 막는 불 경건을 가리킨다. 하나님의 의를 향한 적극적인 악, 하나님의 사업을 가로막는 불의한 자에 대해서는 하나님은 진노하신다. 두 번째는 인류 전체에 내려진 하나님의 진노를 원리적 입장에서 말한다. 바울은 하나님을 알 만한 것이 모든 만물 속에 보임에도 불구하고 사람은 타락해서 하나님을 알 수 있는 지식을 버렸다고 하였다. 원인을 따져 보면 결국 인간 스스로 하나님을 버린 것이다. 그러므로 사람은 하나님의 진노 앞에서 결코 핑계를 댈 수 없다(20절). 세 번째 대상자는 하나님을 알되 그에게 영광을 돌리지도 않고 감사하지도 않고 도리어 하나님을 어떤 형상으로 바꾸어버린 사람들이다(21~23절). 이것은 우상숭배자를 가리킨다. 사람은 타락해서 하나님을 알 만한 지식을 스스로 버렸을 뿐 아니라 적극적으로 하나님을 만들어내는 일까지 하였다. 그래서 하나님을 인간과 동물 상(像)으로 대치시켜버렸다. 이런 자들에 대하여 하나님은 심판하신다. 크리스천은 특히 첫 번째 죄를 짓지 않기 위해 늘 깨어 있어야 한다.

심판·은총

한계를 넘지 말고 빨리 돌아갑시다
롬 1:24~26 | 255장

　하나님은 계속해서 불의를 행하고(18절), 하나님을 알 수 있는 지식을 스스로 포기하고(20절), 우상 숭배 하는 사람들(23절)에 대해서는 '내 버려두시는' 속성이 있으시다(24절). 하나님은 끊임없이 정욕대로 살면서 회개하지 않는 사람은 버려두시는데 어디에 버리시는가? '더러움'에 버려두신다(24절). 바울은 하나님이 더러움에 계속 몸을 뒹굴고 살도록 내 버려두시는 사람은 '우상숭배자'들이라고 한 번 더 강조한다(25절). 여기서 중요한 말은 "내 버려두사"(24절)라는 말이다. 하나님은 우상 숭배와 정욕대로 삶을 일관하는 사람에게 계속해서 양심을 통해서, 성령님을 통해서, 전도자를 통해서 계속 말씀하신다. 그럼에도 끝까지 그 말을 듣지 않으면 그는 은총 밖으로 밀려나게 된다. 그래서 '버림받은 자'는 그때부터 더러움에 던져지고, 그리고 그 속에 뒹굴면서도 자신이 더러운지조차 모르고 무감각하게 살아가게 된다. 어떤 의미에서는 죄도 하나님의 허락 가운데 짓는다. 만일 죄를 지을 때 하나님께서 치시면 죄를 짓지 못한다. 어떤 의미에서는 죄도 은총 속에서 짓는 것이다. 하나님이 이렇게 여유를 주시는 이유가 무엇일까? 그 안에 빨리 뉘우치고 돌아오라는 것이다. 중요한 것은 한계를 넘지 말고 빨리 돌아오는 것이다.

성적 타락·병든 신앙

신앙이 병들면 성적 타락이 옵니다
롬 1:26~27 | 281장

"이 때문에"(26절)라는 말은 앞 절에서의 우상숭배자들의 행위를 가리킨다. 하나님은 끊임없이 우상을 숭배하면서 그 마음에 하나님 두기를 싫어하는 사람들을 내어 버리신다(26절). 그 결과 사람은 엄청난 도덕적 타락에 빠지는데 여자가 여자와 더불어 성교를 하고 남자는 남자와 더불어 성교를 하는 동성연애가 창궐하게 되었다(26~27절). 이 동성연애는 당시 헬라 세계에서 널리 자행되던 것이다. 하나님이 버리시는 순간 사람은 동물이 되었다. 정상적인 사람은 부끄러운 짓을 하면 부끄러워한다. 그런데 하나님께 버림받은 사람은 부끄러움을 느끼지 못하고 그것을 즐긴다. 신앙과 이성이 병든 사람은 부끄러운 짓을 오히려 영웅으로 생각한다. 바울은 이 동성애는 상당한 보응을 받았다고 한다(27절). 그것은 아마 에이즈라고 하는 구제할 수 없는 질병인지 모르겠다. 성경은 성적 타락의 원인을 신앙적인 죄에서 찾았다. 신앙이 병들면 도덕 불감증에 걸린다. 그러므로 우리는 우리의 행위를 고치기 전에 신앙을 점검해야 한다. 굳어짐을 면해야 한다. 하나님께 버려지기 전에 회개해야 한다. 귀에 들릴 때에 돌이켜야 한다. 버림받는 지경에 이르면 동물로 전락하게 되고 곧 끝이 오고야 만다.

하나님 · 심판 · 성령충만

신앙이 병들면 인격이 파괴됩니다
롬 1:28~32 | 195장

하나님은 끊임없이 마음에 하나님 두기를 싫어하며 우상을 숭배하며, 회개하지 않는 사람을 "상실한 마음대로" 내어 버리신다(28절). 상실한 마음이란 인간성 파괴를 의미한다. 하나님께서는 돌이키지 않는 우상숭배자는 결국 인간성이 파괴된 채로 살아가도록 내버려두신다. 그 파괴된 인간성에서 나오는 죄의 목록은 불의, 추악, 탐욕, 악의, 시기, 살인, 분쟁, 사기, 악독, 수군수군, 비방, 능욕, 교만, 자랑, 악을 도모, 부모 거역, 우매함, 배약, 무정, 무자비이다(29~31절). 하나님은 우상숭배자에게도 계속 사랑의 권면을 하시다가도 어떤 한계에 돌입하면 그를 돌이키지 않으시고 파괴된 인간성으로 살도록 내버려두신다. 이것은 인간의 성품에 내리는 심판이다. 그리고 그렇게 가다가 그는 '사형'을 당하게 된다(32절). 여기서 '사형'이라는 말은 하나님과의 단절을 의미한다. 심령에 주님이 없으면 인격은 황폐해지고, 곧 사형수가 된다. 주님이 마음에 없는 자는 아무리 올바로 살아 보려고 발버둥쳐도 잘되지 않는다. 왜냐하면 근본이 없기 때문이다. 중요한 것은 행위보다 하나님을 마음에 채우는 것이다. 중요한 것은 결심보다 하나님을 상실한 마음에 하나님을 모시는 것이다.

판단 · 유대인

먼저 믿은 자가 손해 봅니다
롬 2:1~11 | 285장

"환란과 곤고가 있으리니 먼저는 유대인에게요"(9절)라는 말은 유대인이 하나님의 진노의 대상 첫 번째라는 뜻이다. 왜 그런가? 유대인은 남보다 먼저 하나님을 알았기 때문이다. "남을 판단하는 사람아… 네가 하나님의 심판을 피한 줄로 생각하느냐"(1~3절) 이 구절도 유대인을 가리킨다. 유대인들이 하나님의 심판의 대상이 된 이유는 남을 판단하는 죄 때문이었다(1~3절). 비판과 판단은 항상 뭔가를 잘 아는 사람이 한다. 유대인들이 하나님을 먼저 알았다는 것이 화근이다. 유대인들만큼 하나님의 인자하심과 용납하심과 참으심을 잘 아는 민족도 없다(4~5절). 그러나 그들은 하나님의 속성을 악용하였다. 그런고로 그들 위에는 하나님의 진노가 계속 쌓여만 갔다(5절). 유대인들이 먼저 하나님을 알았다는 것이 더 큰 화로 돌아왔다. 그들은 가장 먼저 하나님과 율법과 심판과 은혜에 관해서 알았다. 이렇게 먼저 알았기에 똑같은 죄를 지어도 모르고 죄지은 자와 그 중량감이 다르다. 심판은 하나님에 관해서 가장 잘 알고 있는 지성인에게 먼저 떨어진다. 모르고 죄를 범한 자는 앞으로 그것을 알게 될 때까지 심판은 유보된다. 먼저 믿은 우리가 복도 우선으로 받지만 심판도 우선으로 받는다.

율법·양심

예수 이전 세대의 사람들은 어떻게 되나요?

롬 2:12~16 | 425장

　　성문화된 율법을 가진 유대인들은 율법에 따라 하나님께 심판을 받는다(12절). 그러면 율법을 모르는 이방인이나 율법 이전 세대의 인류는 어떤 기준으로 심판을 받는가? 성경은 거기에 대한 대답으로 율법 없이 범죄한 자는 율법 없이 망한다고 하였다(12절). 그리고 "자기가 자기에게 율법이 되나니"(14절)라고 말한다. 이 말은 사람 스스로가 알고 있는 본성의 법에 따라 심판을 받는다는 뜻이다. 그 본성이란 바로 '양심'이다(15절). 예를 들면 어떤 사람이 "간음하지 말라고 기록한 율법을 우리는 몰랐기 때문에, 그런 법이 있는지 몰랐기 때문에 우리에게는 죄가 없다"라고 말을 못한다는 것이다. 왜냐하면 사람에게는 양심이라는 것이 있기 때문이다. 물론 사람의 양심이라는 것이 많이 더러워졌지만 없다고는 말을 못한다는 것이다. 양심은 인간이 어떻게 살아야 하는지, 어떻게 살아서는 안 되는지 다 알고 있다. 그러므로 몰랐다고 핑계를 될 수 없다. 복음이 전해지기 전, 예수가 이 땅에 오시기 전 모든 인류는 이 양심의 법에 따라 심판을 받았다. 이들은 기록된 율법, 십계명만 없었을 뿐이지 마음에는 본성적으로 법을 가지고 있다. 그러므로 모든 사람은 마지막 주의 심판대 앞에서 어떤 핑계도 될 수 없다.

행함 없는 믿음·형식주의

형식보다 생명력이 중요합니다
롬 2:17~29 | 460장

유대인들은 자랑거리가 많았다. 그들은 하나님을 자랑했다(17절). 그들은 다신교적 상황에서 자신들이 유일신을 섬긴다는 것을 자랑했다. 그들은 하나님의 뜻을 아는 것을 자랑하였다(18절). 율법을 통해서 하나님이 원하시는 것이 무엇인지 알고 있음을 자랑했다. 그들은 선한 것을 좋게 여겼다(18절). 선한 것은 하나님께 속한 것인데 이것을 가르쳐주신 하나님께 찬송하고 감사했다. 그들은 자기들이 가르칠 자격이 있는 선생이라는 것에 대해서 자랑했다(20절). 유대인들은 율법에 있는 지식과 진리의 모본을 가진 자로서 어릴 때부터 기도하고 묵상하고 사는 법들을 지키고 살았던 것 즉, 훈련받았다는 것을 자랑했다(20절). 그런데 이것을 다 가지고 있으면서 그들에게는 행함이 없었다(21~22절). 그래서 바울은 여기서 행함(내면)이 없다면 유대인이라는 자부심(표면)은 아무 소용이 없으며 할례 받았다는 것도 무(無)로 즉, 무 할례로 돌아간다고 했다(25절). 바울은 유대인들에게 전통을 내세우지 말고 마음의 할례, 즉 윤리적 삶에 충실하라고 했다(29절). 우리도 교회에서 종교적인 다양한 의식들을 준수하지만 내실이 없고 생명력이 없다면 그것이 무슨 소용 있겠는가? 주님은 종교적 의식보다 삶이 우선이라고 하신다.

유대인·필요악

필요악이란 없습니다
롬 3:1~8 | 287장

바울은 유대인들도 이방인과 같이 심판을 받는다면 도대체 유대인의 특권은 무엇인가 질문하였다. 그리고 스스로 답하기를 유대인의 특권은 그들만이 가진 '말씀'에 있다고 했다(2절). 또 어떤 유대인이 바울에게 "하나님이 불의한 유대인을 선택했다면 하나님도 불의하지 않은가?"라는 질문을 한 것 같다(3절). 이에 바울은 "하나님이 의롭지 못하다면 어떻게 세상을 심판하시겠냐"고 일축했다(4절). 어떤 유대인 중에 "내가 거짓말을 하여, 그때문에 하나님의 참되심이 드러나면 왜 내가 죄인 취급을 받는가? 상을 주어야지"(7절) 이런 궤변을 늘어놓는 사람도 있었던 것 같다. 이 논리는 가롯유다가 하나님의 구속 사업을 완성하는데 일조 했는데 가롯유다에게 상을 주어야지 어떻게 하나님이 진노하시느냐는 말과 같다. 말하자면 필요악은 악이 아니라 상급을 주어야 한다는 것이다. 그러나 바울은 "당신의 논리는 선한 결과를 얻기 위하여 악을 행하자" 말하는 것과 같다고 하였다(8절). 바울은 필요악이 의로 인정될 수 있는가라는 질문 앞에서 절대로 그럴 수 없다고 했다. 그렇다. 죄는 어디까지 죄이다. 선한 거짓말도 없다. 거짓말이라는 말과 선함이라는 말이 함께 양립될 수 없다. 필요악이란 없고, 그 필요악도 회개해야만 용서받는다.

인간·죄·본성

성도는 죄관이 분명해야 합니다
롬 3:9~18 | 260장

바울은 "과연 유대인들이 이방인들보다 나은 것이 무엇인가?" 스스로 질문하고 "전혀 나은 것이 없다"고 결론을 내렸다. 그리고 유대인이나 이방인이나 모두가 죄 아래에 있다고 하였다(9절). 성경은 사람에게 '의'가 없으며 단 한 사람도 하나님을 깨닫지도 않고, 찾지도 않고, 모두다 곁길로 나가 무익하게 되고 쓸모없게 되었다고 하였다(10~12절). 그리고 이어서 구체적인 죄의 목록들이 나온다. 사람의 언어에는 독사의 독과 저주와 독설이 있고 사람의 행동은 항상 남을 죽이는 데 예리하고, 사람의 성품은 파멸과 잔인이 있고, 마음의 창문인 눈은 하나님을 두려워하는 기색이 없다(13~18절). 바울은 계속해서 죄의 실체, 죄의 인격체를 강조하고 있다. "다 치우쳐 함께 무익하게 되고"(12절)라는 말은 사람이란 죄가 주장하는 대로 질질 끌려 다닐 수밖에 없는 존재라는 뜻이다. 사람은 죄가 가라하면 가고 오라하면 오는 존재이다. 사람의 몸, 구조, 의식, 판단, 지혜가 다 죄에 붙들려 있다. 크리스천은 무엇보다도 이 죄관이 분명해야 한다. 그래야 은혜관이 분명해진다. 사람은 먼저 스스로 자기가 전적으로 타락한 죄적인 인격체라는 사실을 인정해야 한다. 그래야 그 다음에 오는 모든 것이 은혜임을 알게 된다.

인간 · 죄 율법

율법은 사람을 절망시킨다
롬 3:19~31 | 266장

하나님께서 모든 사람을 율법 아래에 있도록 하신 것은 사람이 철저히 죄인이라는 사실을 깨닫게 하기 위함이며 하나님의 심판 아래에 있다는 사실을 보여주기 위함이다(19~20절). 율법의 기능은 사람으로 하여금 죄에 대하여 도저히 이길 수 없다는 절망과 자포자기를 하게 만드는 것이다. 이렇게 절망하여 있는 사람에게 하나님은 한 '의'를 보내셨다(21절). 여기서 '의'는 예수님을 가리킨다. 이 예수께서 흘리신 피를 믿으면 하나님께서 보내시는 '의'를 받게 된다(22~24절). 말하자면 '의'를 영접하면 '의'를 받는다. 이것은 유대인이나 이방인이나, 할례자나 무 할례자나 마찬가지이다(29~30절). 이렇게 하여 하나님께서는 자기의 의로우심을 사람에게 보이셨다. 종합병원에서 진찰받고 병의 실체가 드러나듯이 사람이 율법 앞에 서면 죄의 완전한 실체가 드러난다. 세상에서 가장 꼴 보기 싫은 사람은 완벽한 체 하는 사람이다. 완벽한 채 하는 사람은 항상 남을 얕본다. 그런데 율법 앞에서 항상 절망하는 사람은 죄지은 사람을 보면 꼭 자기 같아서 그를 위로하고 격려한다. 율법의 기능은 사람이 입이 열 개라도 할 말이 없게 만드는 것이다. 자기 자신에 대해서 먼저 좌절하지 않는 자는 예수님을 받아드릴 수 없다.

구원·의인

오직 믿음으로
롬 4:1~25(1) | 522장

사람이 불법을 저질렀는데도 그 죄가 가리어짐을 받았다면 복이다(7절). 사람이 죄를 저질렀는데도 그것을 죄로 인정받지 않았다면 복이다(8절). 하나님이 이런 복과 은혜를 주는 사람이 있다. 어떤 사람인가? 믿는 자이다. 아브라함도 믿음으로 이 선물을 받았다(3절). 물론 아브라함이 십자가에서 죽고 사흘 만에 부활하신 예수를 믿은 것은 아니다. 하박국 선지자도 "의인은 믿음으로 살리라"(합2:4) 하였지만 그도 역시 예수의 십자가와 부활을 믿은 것은 아니었다. 그러나 성경은 아브라함의 믿음이나 하박국의 믿음이나 우리가 예수를 믿는 믿음이나 그 맥락과 결과는 같다고 한다. 이 셋은 믿음으로 사람이 의롭게 된다고 하는 맥락에서 같은 것이다. 성경은 사람이 하나님을 믿으면 의롭게 된다고 가르친다. 이것이 은혜이고 복이고 상이다. 착해서 상을 받는 것은 복이 아니다. 그러나 죄인인데 상을 받았다면 복이다. 수고해서 얻은 것은 복이 아니다. 데모하고 투쟁해서 얻었다면 복이 아니다. 복은 공짜로 받은 것이다. 구원은 공짜이지 삯이 아니다. 그러므로 크리스천은 이런 자아 의식을 가져야 한다. '나는 복 받은 자이다. 나는 믿음으로 의인이 되었다.'

할례·구원

아브라함이 언제 구원받았나?
롬 4:1~25(2) | 527장

    유대인은 할례에 매여 있어서 바울이 전하는 믿음으로 의롭다함을 받는다는 진리를 도무지 받아드리지 않고 오직 할례에 의해서만 선민이 된다고 믿었다. 이에 바울은 아브라함이 믿음으로 의롭다함을 받았을 때 그것이 할례시냐 무할례시냐 라는 문제를 제기하였다(9~10절). 아브라함이 할례 받고 나서 의롭다함을 받았는가 아니면 의롭다함을 받고 난 후 할례를 받았는가의 문제였다. 이것은 시간의 문제를 따지는 것이었다. 그 답은 무할례시였다(10절). 아브라함이 믿음으로 의롭다함을 받은 것은 창세기15장6절이었고 17장10절에 가서야 할례를 받았다. 시간적으로 아브라함이 의롭다함을 받고 14년 후에 할례를 받았다. 이 아브라함의 예는 유대인들에게는 치명적이었다. 할례는 단지 믿음으로 의롭다 함을 얻은 그것을 인치는 역할 만 한 것이다(11절). 유대인은 태어 난지 8일 만에 할례를 받는다. 그것은 그 민족으로 태어나면 자동적으로 이루어진다. 그러나 믿음은 개별적인 것이다. 인격적인 것이다. 자기 가족 중에 믿음의 조상이 있다고 해서, 그 혈족, 그 전통에서 태어났다고 해서 자동적으로 의로워지는 것이 아니다. 이것은 개인적으로 예수 그리스도와 관계에 의해서 이루어진다.

의인·하나님

의인의 정체감을 가집시다
롬 4:1~25(3) | 539장

아브라함의 믿음의 성격은 무엇인가? 그는 바랄 수 없는 중에 바라고 믿었다는 것이다(18절). 한마디로 그는 불가능 한 것을 믿었다. 그는 자기 몸과 아내 사라의 태가 죽은 것을 알고도 믿었다(19절). 그들은 생명은 살아 있지만 생식기능은 관해서는 죽은 사람들이었다. 그러나 그것을 알고도 하나님이 원하시면 죽었던 생식 기능을 다시 살리실 것을 믿었다(21절). 하나님은 이를 그의 의로 여기셨다(22절). 하나님이 이야기를 성경에 기록한 목적은 아브라함 개인뿐 아니라 믿는 모든 자에게 동일한 의를 주시기 위함이다(23절). 하나님은 믿기만 하면 의를 주신다. 하나님은 많은 의인을 창조하시기를 원하신다. 하나님이 의롭다하시면 의로운 것이 된다. 나 스스로가 의가 없으나 하나님께서 나를 사랑하시면 나는 사랑받을 만한 자가 된다. 그러므로 크리스천은 의인의 정체감을 가져야 한다. '나는 사랑받을 만한 사람이 못 됩니다' '나는 영원히 죽을 죄인입니다' 이것은 하나님이 기뻐하시는 소리가 아니다. 하나님은 우리를 사랑받을 만한 자로 키우신다. 하나님은 자신이 사랑할 대상을 찾아 헤매시지 않는다. 하나님은 사랑할 대상을 직접 창조하신다.

화평·성도의 삶

크리스천은 뚝심이 있습니다
롬 5:1~11(1) | 420장

믿음으로 의롭다 하심을 얻은 자는 화평을 누린다(1절). 화평은 히브리 말로 '샬롬'이다. '누린다'는 말은 '즐긴다'는 뜻이다. 즉, 예수 믿고 구원받은 자는 항상 화평을 즐긴다. 그리고 화평을 즐기는 사람은 자기만 즐거운 삶을 사는 것이 아니라 하나님의 영광을 위해서 산다(2절). 그리고 화평을 즐기는 사람은 창조적 능력을 가지게 된다. 불화하는 사람은 그 영혼이 비틀어져 죽게 되어있기 때문에 선을 생산하지 못한다. 화평하는 사람은 무엇을 창조하는가? 소망을 창조한다(4절). 화평이 없는 사람은 생각이 현재에 붙들려서 현재 밖에 못본다. 그래서 고난이 오면 이것이 끝이라고 생각한다. 그러나 화평을 즐기는 사람은 환난이 오더라도 영원한 약속을 바라보고 살기 때문에 결과를 미리 꿰뚫어 안다. 어떤 결과인가? 아무리 고난이 오더라도 그 고난이 자기를 죽이지 못할 것이라는 결과이다. 크리스천은 이 결과를 안다. 그러므로 환란 중에도 즐거워할 수 있다. 즐거워하는 이유는 결과를 다 알기 때문이다. 그 환란이 자기를 멸망시키지 못한다는 것을 안다. 그래서 화평을 즐기는 사람의 환난은 인내를, 그 인내는 연단을, 그 연단은 소망을 이룬다(3~4절). 그래서 크리스천들이 항상 뚝심있고 담대하다는 소리를 듣는다.

하나님의 사랑·죄인

하나님 사랑의 확증
롬 5:1~11(2) | 568장

하나님은 자기 아들을 십자가에서 죽게 하심으로 우리를 향한 당신의 사랑을 확실하게 보여 주셨다. 우리가 어떠한 처지에 있을 때 하나님의 사랑을 받았는가? "연약할 때"(6절)이다. 연약할 때는 유치할 때를 가리킨다. "유치하다"는 말을 "이해 못하다"는 말이다. 원래 진정한 사랑이란 그 사랑을 깨닫지도 못하는 젖먹이 시절에 받는 것이다. 그 사랑이 무엇인지 깨닫지도, 알지도 못하던 그때 이미 하나님은 우리를 사랑하고 계셨다. 그리고 "죄인 되었을 때"(8절)에 우리는 하나님의 사랑을 받았다. 우리가 불법과 불의를 자행하고 있을 때에도 하나님은 우리를 사랑하셨다. 그리고 "원수 되었을 때"(10절)에 우리는 하나님의 사랑을 받았다. 우리가 교회를 핍박하고 하나님을 부인하고 예수를 대적하고 있을 때도 하나님은 우리를 사랑하셨다. 예수님은 우리가 '연약할 때', '죄인 되었을 때', '주님과 원수 되었을 때' 우리를 사랑하셨다. 죄인을 사랑하면 그를 사랑하는 자도 죄인이 된다. 죄인을 사랑하면 그 죄인 된 책임을 같이 지고 그 저주도 같이 당해야 한다. 같이 당할 마음이 아니면 사랑하지 않는다. 예수님은 죄인 된 우리를 사랑하시므로 자신은 죄인으로 전락하고, 죄인 된 우리가 받아야 할 저주까지 받으셨다.

아담·원죄·예수님

한 사람으로 충분합니다
롬 5:12~21 | 80장

　구약에서는 사람이 죄를 지으면 그때마다 제물을 가지고 속죄 제사를 드렸다. 그래서 유대인 중에는 예수께서 '단 한 번' 십자가를 지신 것으로 속죄가 충분히 이루어 질 수 있는지 의아했다. 이를 위해 바울은 아담을 예로 들었다. 아담 한 사람으로 인해서 인류 전체가 망했다(12절, 17절, 19절). 한 사람의 실수가 인류에게 파급되었다. 이것은 죄의 유전성과 왕권성을 말하는 것이다. 그래서 죄가 왕처럼 군림하고 지배해서 인류는 죄에게 자유를 빼앗기며 죄의 노예가 되었다. 이처럼 아담은 죄의 모형이었다(14절). 한 사람으로 인해 인류 전체에 죄가 왕 노릇 한 것처럼 이제는 한 사람 예수 그리스도로 말미암아 은혜가 왕 노릇하게 되었다(15절, 16절, 19절). 단 한 사람으로 인류가 망했고 또 단 한 사람으로 인해 구원의 가능성이 열렸다. 아담 한 사람으로 망하기에 족하였고 예수 한 사람으로 구원받기에 충분하다. 죄의 파급성이 컸지만 은혜의 파급성은 더 컸다(20절). 아담의 죄가 아무리 크다고 해도 예수님의 은혜가 더 크기 때문에 그것은 덮히게 되었다. 지금까지 내가 죄 때문에 고생했는가? 그러나 은혜에 충만이 젖어보면 나도 모르게 그곳에서 빠져나온 자기 자신을 발견하게 될 것이다.

성도의 삶·십자가

죄의 입맛을 잃은 자
롬 6:1~11(1) | 426장

"은혜를 더하게 하려고 죄에 거하겠느냐 그럴 수 없느니라"(1~2절)는 말은 죄에서 은혜를 경험했다면 이제는 은혜 속에 살아야지 또 은혜를 체험하겠다고 일부러 죄를 짓는 다는 것을 있을 수 없다는 것이다. "죄에 대하여 죽은 우리가 어찌 그 가운데 살리요"(2절) 예수를 믿음과 동시에 죄는 예수와 함께 '이미' 죽었다. 이 말은 예수 믿는 사람은 죄에 대해서 무의식이라는 것이다. 죽은 사람은 의식이 없다. 말이 없다. 행동도 없다. 의욕도 없다. 욕망도 없다. 예수 믿는 사람은 이미 죄에 대해서 입맛을 잃었다. 그런데 어찌 다시 죄를 입에 댈 수 있느냐는 것이다. 크리스천은 누구인가? 이미 세상에 대해서, 죄에 대해서 죽은 사람이다. 십자가가 이미 그를 죽였다. 그래서 크리스천은 극기에 의해서, 절제에 의해서, 고행에 의해서가 아니라 이미 죄에 대하여 죽었기 때문에 자동적으로 그 죄에 대해서 무감각하고 입맛을 잃어버린 사람이다. 그러므로 혹시라도 우리 속에서 죄가 꿈틀거리고 거기에 집착하려는 마음이 일어나면 십자가를 쳐다보아야 한다. 그러면 십자가의 신비한 능력이 다시 우리를 죽이는 체험을 하게 된다. 십자가를 쳐다보면 항상 죄에 대해서 입맛을 잃어버리는 경험을 하게 된다.

성도의 삶

크리스천의 자기 정체감
롬 6:1~11(2) | 424장

예수를 믿는 것은 예수와 함께 죽는 것을 의미한다. 그를 믿는다는 것은 그와 연합해서 자기의 옛 사람 옛 자아, 옛 성향이 죽는 것을 의미한다. 그래서 예수를 믿음으로 죄에게 종노릇하지 않게 된다(6절). 동시에 예수와 연합해서 이렇게 죽은 사람은 다시 그와 연합해서 부활하게 된다(4~5절, 8~10절). 십자가에서의 죽음은 2000년 전에 이루어졌지만 성도의 부활은 예수의 재림 때 이루어진다. 예수와 함께 죽은 사람은 장차 예수와 함께 부활하게 된다. 이렇게 믿고 살아가는 자에게 남은 숙제는 무엇인가? "너희도 자신을 죄에 대하여 죽은 자로 … 하나님께 대하여는 살아 있는 자로 여길지어다"(11절)이다. 즉, 스스로도 이런 자기 정체감을 소유해야 한다. 여기서 '여긴다'는 말이 중요하다. 자기 스스로를 은혜의 사람으로 여겨야 한다. 내가 나를 의인으로 여기지 않는데 누가 나를 의인으로 여기겠는가? 우리는 자신을 무가치한 존재로 여기지 말아야 한다. 그것은 불신앙이다. "살아 있는 자로 여긴다"는 말은 소망적인 존재로 여긴다는 뜻이다. 우리는 스스로를 소중한 존재로 여겨야 한다. 그래야 쓸데없는 생각을 하지 않고 함부로 자기 삶을 굴리지 않는다. 그래야 허탄한 곳에 빠지지 않고 죄를 이길 수 있다.

유혹·성결·성도의 삶

죄를 멀리하는 비결
롬 6:12~14 | 286장

    죄가 사람의 몸을 지배하지 못하도록 해야 하는데 그 비결은 무엇인가? 첫째, 몸의 사욕에 순종치 않는 것이다(12절). 가지고 싶은 욕망, 되고 싶은 욕망의 성격을 미리 파악하고 거기에 노예가 되지 않는 것이다. 둘째, 몸을 불의의 무기로 사용하지 않는 것이다. 악한 자들이 살아가는 방법을 절대로 따라하지 않는 것이다. 셋째, 몸을 의에 무기로 드리는 것이다(13절). 무기는 군사적인 용어이다. 군인은 명령에 절대 복종해야 한다. 그리고 상관의 명령 앞에서 '왜?'라고 묻지 말아야 한다. 크리스천은 대장되신 예수님의 명령에 도구처럼, 물건처럼 쓰임 받아야 한다. 이렇게 할 때 죄가 그를 주장하지 못하게 된다(14절). 적극적으로 몸을 의의 무기로 쓰면 죄를 이기게 된다. 사람이 당연히 해야 할일에 적극적으로 몰두할 때 하지 않아야 될 일에 빠지지 않는다. 그러나 당연히 해야 할 일을 하지 않는 사람은 꼭 하지 말아야 될 일에 빠진다. 학생이 공부에 열중하고 있는 동안에는 학생으로 해서는 안 될 일에 빠지지 않는다. 크리스천도 마찬가지이다. 자신을 의의 무기로 적극적으로 드리는 동안에는 유혹에 빠지지 않는다. 항상 빈둥 빈둥 시간을 보내는 사람이 사고를 치게 되어있다.

성도의 정체성·성도의 삶

당신은 누구의 종입니까?
롬 6:15~23 | 284장

바울은 계속해서 사람이 어디에 종이 되어있는지, 누구에게 순종하고 있는지, 율법의 종이 되어 있는지, 은혜의 종이 되어있는지, 죄의 다스림을 받고 있는지, 의의 다스림을 받고 있는지를 말하고 있다(16~18절). 사람은 누구든지 자기가 섬기는 주인이 있다. 그래서 어떤 사람은 돈의 노예, 지식의 노예, 명예의 노예, 술의 노예, 혈기의 노예로 살고 있다. 그러나 또 어떤 사람은 그리스도의 노예, 사랑의 노예, 진리의 노예로 살아간다. 죄의 노예로 살아가는 사람은 결국 사망에 이르게 되며, 반대로 진리의 노예로 살아가는 자는 결국 영생을 보상 받는다(21~23절). 그러므로 사람은 자기가 죄의 노예가 되어있는지, 아니면 은혜의 노예가 되어있는지 짚어볼 필요가 있다. 그 진단 방법은 간단하다. 내가 무엇을 할 때 기쁜지 보면 된다. 의를 행할 때 편한지 아니면 쾌락을 누릴 때 기쁜지 보면 된다. 그리고 내가 홀로 있을 때 무엇을 생각하는 지를 보면 된다. 보는 사람만 없으면 어디론가 새려고 기웃거린다면 그는 분명히 죄의 노예가 되어있는 사람이다. 반대로 홀로 있을 때도 주의 일이 생각나고 교회 일이 궁금하고, 믿지 않는 자의 최후가 염려된다면 그는 의의 노예가 되어있는 사람이다.

예수님·율법·새 사람

이혼하고 결혼합시다
롬 7:1~6 | 524장

바울은 결혼 관계를 비유로 들어서 그리스도와의 새로운 관계를 설명한다. 여자는 남편에게 결혼하면서부터 완전히 매이지만 남편이 죽으면 완전한 자유인이 되고 결혼도 할 수 있다(2~3절). 예수 그리스도와의 관계도 이와 같다. 여기서 남편은 죄와 율법을 가리킨다. 과거 율법에 매여 있는 동안에는 율법의 지배를 받는다. 과거 죄에 매여 있는 동안에는 그 정욕 속에서, 사망의 열매를 맺었다. 율법과의 관계를 맺고 있는 동안에는 저주와 심판의 열매를 맺었다. 그러나 "죽은 자 가운데서 살아나신 이"(4절) 즉, 예수 그리스도에게 가서 그와 결혼하였다면 그 옛 남편인 죄와 율법과의 관계는 완전히 청산되어야 한다. 새 결혼은 이혼 후에만 가능하다. 법적으로, 실제적으로 이혼하고 나서 결혼할 수 있다. 예수님과 결혼 한 사람은 죄와 율법과의 관계가 법적으로만 죽은 것이 아니라 실제적으로도 죽어야 한다. 크리스천은 예수 그리스도와 결혼한 사람이다. 그러면 옛 사람과는 완전히 이혼 상태가 되어 있어야 한다. 옛 사람에 대한 의식, 감정, 기억까지도 완전히 끊겨 있어야 한다. 우리는 얼마나 옛 것과 이혼한 상태로 살고 있는가? 혹시 그를 자주 만나며 다니고 있지 않은가?

율법·인간·본성

율법 잘못은 하나도 없습니다
롬 7:7~13 | 448장

    율법이 하는 일이 무엇인가? 첫째, 죄를 깨닫게 한다(7절). 율법을 모를 때는 죄를 지으면서도 죄인 줄 모르지만 율법이 나타난 이후에는 죄인 것을 깨닫는다. 두번째 율법은 죄를 깨닫게 해주는 동시에 사람을 속여서 죽을 죄인으로 만든다(11절). 죄는 사람을 속인다. 어떻게 속이는가? 하나님도 없고, 형벌도 없다고 속인 후 죄를 짓게 만든다. 그리고 율법은 "너는 파멸당했다" "너는 이제 용서 받을 수 없다" 선고한다. 바울은 율법의 기능을 이렇게 설명한 후에 "그러면 사람을 파멸시키는 원인이 되는 하나님의 율법을 어떻게 선하다고 말할 수 있는가?"(13절) 라며 역설적인 질문을 하였다. 바울은 하나님의 율법이 분명히 선하다고 못 박았다(12절). 그리고 진짜 악한 것은 죄라고 하였다(13절). 이 죄는 가증하고 교활하고 악착같으므로 그 선한 하나님의 율법조차 서슴없이 이용하여 사람을 파멸시킨다(13절). 율법은 선한 것이다. 사람이 죄인이 되는 것은 율법 때문이 아니라 오직 자기 자신에게 있는 죄성에 원인이 있다. 죄가 아름다워 보이고 죄가 매력있게 보이는 자기 자신에게 문제가 있지 율법 때문에 망했다고 말하지 말아야 한다. 율법은 하나도 잘못이 없다. 율법은 하나님의 것이기 때문이다.

성도의 정체성·본성

인간 실존의 현주소는?
롬 7:14~25 | 250장

바울은 인간 실존에 대해서 정확하게 말하고 있다. 인간은 자기가 원하는 것은 행치 않고 도리어 미워하는 것을 행하는 존재이다. 그리고 자기가 원치 않는 것을 행하는 자는 자기가 아니라 자기 속의 죄라고 한다(15~20절). 인간은 죄에 팔린 존재이다. 몸만 팔린 것이 아니라 의식도, 기억도, 생각도 죄의 노예가 되어있다. 그런데 그 죄에 대하여 깨닫고 양심이 괴로워하지만 문제는 그 죄에서 빠져 나올 힘이 없다는 것이다. 그 죄의 고리로부터 빠져 나올 능력이 인간에게는 없다. 또 바울은 인간 안에는 항상 또 다른 불법이 있는데 그것이 항상 자기를 죄 아래로 사로잡아 가는 것을 본다고 하였다(23절). 인간은 자기가 죄의 법 아래로 사로 잡혀 가는 것을 뻔히 보면서도 돌이키지 못하는 존재이다. 그러므로 "오호라 나는 곤고한 사람이로다"(24절)라는 말은 인간 실존의 현 주소를 드러내는 말이다. 이것은 가장 정직하고 가장 똑똑한 자기 표현이다. 우리는 이렇게 자기를 보는 시각을 잊어서는 안 된다. 우리는 남의 칭찬 소리에 현혹되어서는 안 된다. 자기의 비참한 모습은 자기가 잘 안다. 자기를 객관적으로 보는 의식을 잃어버리면 자기 존재도 잃게 된다.

십자가 · 새사람 · 생명

법을 바꾸면 삽니다
롬 8:1~11(1) | 88장

사람은 율법의 요구를 다 지킬 수도 없고, 또 지키려 하지도 않았다. 그래서 하나님은 인간을 구원할 다른 방도를 세우셨는데 그것은 자신의 아들을 인류를 위해 희생제물로 삼는 것이었다. 그래서 하나님은 아들을 인간으로 보내시어 죽게 하심으로 율법의 모든 요구를 이루셨다(3~4절). 하나님은 율법을 못 지키는 인간 대신에 '그 아들'을 죽게 하셨다. 그리고 "그 아들 안에"(1절) 있는 자에게 다른 법을 주셨다. 그 다른 법이란 생명의 법이다. 그러므로 이제 하나님의 아들 안에 있는 자는 죄와 죽음의 법이 아닌 생명을 주는 성령의 법 아래에 놓이게 되었다(2절). 이 성령의 법은 새 법이다. 이제 새 법 아래에 놓인 자는 정죄받는 일이 없으며 죄에 대하여는 자유로워졌다(1절). 자기가 거룩해져서, 자기가 온전해져서 자유로워진 것이 아니다. 다만 법이 달라져서 자유해진 것이다. 사람은 그대로인데 법이 달라졌다. 그러므로 사람이 사는 길은 법을 바꾸는 것이다. 어떻게 하면 그 법을 바꿀 수 있는가? "그리스도 안에"(1절) 있어야 한다. 우리는 한국 사람이기 때문에 '한국 법' 아래에 있어야 하지만, 영원히 살려면 '성령의 법' 아래에 있어야 한다. 법을 바꾸는 것이 가장 중요하다.

성령님 · 성도

성령이 없는 자는 크리스천이 아니다
롬 8:1~11(2) | 143장

육신을 따르는 자는 육신의 일을, 영을 따르는 자는 영의 일을 생각한다(5절). 육신의 지배를 받으면 무엇을 해도 육체만 생각한다. 생각이 거기 있고 철학도 거기 있고 운명도 그 쪽으로 간다. 그리고는 결국 사망에 이르게 된다(6절). 육신의 지배를 받으면 그 중심이 자기 자신에게 있고, 정욕에 있고, 자존심에 있고, 자기 교만에 있다. 그래서 결국 하나님과 원수가 된다(7절). 반대로 영에 속한 사람은 영 주도적으로 산다. 하나님의 뜻 지향적으로 산다. 그래서 보이지 않는 세계를 생각하고, 더 먼 세계를 생각한다. 크리스천은 영에 속한 자이다. 그리스도의 영(성령)이 있는 자는 크리스천이며 그리스도의 영이 없으면 크리스천이 아니다(9절). 내가 교회를 다녀도 그리스도의 영이 없으면 나는 크리스천이 아니며 육신의 지배를 받고 있는 중이다. 내가 교회를 다녀도 육신의 지배를 받고 있으면 육체 주도적으로 살게 된다. 육체 주도적인 교인은 자나 깨나 육체만 생각한다. 돈 생각만 한다. 기도해도 '장사 잘되게 해 달라'고 기도한다. 이렇듯 내가 육에 속한 자인가 영에 속한 자인가를 따져 보려면 내 속에 성령님이 계신 지의 유무와 나의 생각과 사상과 관심이 항상 어디로 흘러가는 지를 보면 된다.

성령님·양자·노예

올바른 양자관
롬 8:12~17 | 94장

하나님의 영이 이끄는 대로 사는 사람은 모두 하나님의 자녀이다(14절). 그리고 성령님은 그가 하나님의 자녀가 된 것을 증거한다(16절). 그래서 '나는 하나님의 자녀다'라는 자기 의식, 자기 정체감을 가지게 된다. 그런데 우리는 전에는 하나님의 자녀가 아니었다. 그러나 지금은 은혜로 자녀가 되었다. 이 관계를 '양자'라고 표현했다(15절). 일단 양자가 되면 자기를 낳아준 옛 부모와는 관계가 끊어진다. 심지어 친 부모가 세상을 떠나도 상복을 입지 않는다. 그래서 양자는 옛 부모와의 관계를 끊고 새 가정, 새 부모에 충실해야 한다. 그래서 양자는 노예처럼 아첨하거나 겁내지 않고 새 아빠를 '아빠'라고 당당히 부른다(15절). 또 양자는 새 가정의 일원으로 영광뿐 아니라 그 가정의 고난에도 동참해야 한다(17절). 그 가정이 망했다 해도 그 운명과 함께 동참해야 한다. 크리스천은 하나님의 양자이다. 그래서 크리스천은 하나님 아빠로부터 영광만 받으려 해서는 안 되고 그를 위해 수고도 해야 한다. 우리는 새 아빠에게 자꾸 무엇을 얻고자만 하지 않은가? 우리가 만약 새 아빠의 영광과 기쁨을 위해 고난 받고, 수고 할 마음을 전혀 가지지 않는다면 우리는 아직도 배은망덕한 노예일 뿐이다.

구원·하나님 나라

기독교의 구원은 우주적이다
롬 8:18~25 | 207장

"모든 피조물은 하나님의 아들들이 나타날 것을 기다린다"(19절)는 표현은 모든 피조물들이 종말을 기다린다는 뜻이다. 왜냐하면 환경오염으로 신음하며 고통받고 있는 모든 피조물, 즉 동물이나 식물 같은 자연계가 종말이 오면 그것으로부터 해방되어 온전한 회복이 이루어지기 때문이다(21~22절). 피조물이 "하나님의 자녀들의 영광과 자유에 이르는 것"(21절)은 회복과 구원을 의미한다. 또 자연계뿐 아니라 '성도의 몸'도 이 같은 구원을 기다린다(23절). 이것은 종말 때 예수 믿은 자의 몸도 부활하신 예수님의 몸처럼 온전하게 회복됨을 의미한다. 그러니까 몸에 장애를 입고 살았거나 중병에 시달렸던 크리스천도 종말 때에는 그 영혼뿐 아니라 그 신체도 온전한 상태로 회복하게 된다. 이것은 우주적 구원을 말하는 것이다. 우주 전체가 고통을 받고 또 우주 전체가 구원을 받는다. 어떤 사람은 기독교의 구원을 개인 구원 혹은 영혼 구원에 한정시키기도 한다. 그러나 성경이 말하는 구원은 우주적 구원, 혹은 총체적 구원이다. 이러한 우주적 구원은 장래에 반드시 일어난다. 그러므로 크리스천은 이 우주적 구원을 소망해야 하며, 그것이 이루어질 때까지 인내심도 가져야 한다(24~25절).

성령님·예정·하나님

나의 삶의 결과는 항상 '영화'입니다

롬 8:26~30 | 196장

성령님의 역할은 무엇인가? 성령님은 항상 하나님의 뜻대로 성도를 위하여 간구하신다(26절). 성령님은 사람의 마음을 움직여서 그의 인간적인 소원과는 다른 기도를 하게 하신다(27절). 성령님은 사람의 소원을 하나님의 뜻에 맞도록 교정시키시고 하나님의 뜻에 흡수시키신다. 그래서 하나님은 항상 모든 것을 합력하여서 그로 하여금 선을 이루도록 하신다. "우리와 알거니와"(28절)라는 말은 이러한 사실을 늘 깨닫는다는 것이다. 이것은 간증적인 표현이다. 어떤 때에는 계획했던 일이 잘 안되는 것 같고 아무 것도 보이지 않는 것 같지만 조그만 기다리면 합동하여 선을 이루시는 하나님의 손길을 깨닫고 간증하게 된다는 것이다. 왜 하나님은 항상 나에게 선을 이루시는가? 나를 예정하셨기 때문이다(29절). 나를 향한 하나님의 의지가 먼저 있었다. 그 다음 나를 불러 내셨다(30절). 그 다음 나를 예수 믿게 하고 의롭게 하셨다(30절). 나를 향한 하나님의 이러한 애착이 먼저 있었기에 결과는 당연히 '영화'(30절)이다. 그러므로 택함 받아 지금까지 크리스천으로 사는 나의 궁극적인 삶의 결과는 항상 '영화'이다. 내가 항상 이러한 간증을 하며 사는 이유는 나를 향한 하나님의 집착 때문이다.

칭의·하나님의 사랑·구원

끊을 수 없는 사랑
롬 8:31~39 | 374장

　하나님께서 우리를 구원하셨고 우리가 믿음으로 말미암아 의롭다 함을 얻고 보니 이 하나님의 사랑에 대하여 우리가 "무슨 말 할 수 있는가"(31절)라고 말 할 수 밖에 없다. 우리에 대한 하나님의 사랑이 지극함으로 그 어떤 사람의 고발도, 정죄도, 박해도, 칼도 우리를 그 사랑에서 끊을 수 없다(33~35절). 세상의 어떤 권세자도, 심지어 천사도 우리를 하나님의 사랑에서 끊을 수 없다(38~39절). 그 이유는 두 가지이다. 첫째, 하나님은 자기 아들을 아끼지 않고 우리에게 주셨기 때문이다(32절). 아들을 바친다는 것은 지고(至高)이다. 하나님께서 가장 큰 것을 주셨다. 그러므로 작은 것을 주시지 않겠는가? 가장 큰 것을 주신 분이 변변치 않은 조그만 것을 주시지 않겠는가? 그러므로 십자가를 바라보면 내가 모든 것을 받았다는 간증이 있어야 한다. 둘째, 예수님께서 하나님 우편에서 우리를 위하여 간구하시기 때문이다(34절). 우리에게 실족함이 없도록 우리가 넘어지지 않도록 그가 기도하고 계신다. 그러므로 우리는 하나님의 사랑에 대해서 의심하지 말아야 한다. 우리는 유치해지면 안 된다. 일이 잘 풀리면 하나님께 감사하고 일이 안되면 하나님을 원망하는 변덕을 부려서는 안 된다. 왜냐하면 하나님은 우리를 향해 끊을 수 없는 사랑을 가지고 계시기 때문이다.

애국심 · 전도

천벌도 달게 받겠습니다
롬 9:1~13(1) | 514장

바울의 마음에 그치지 않는 고통이 있었다(1~2절). 그것은 자기 동족 이스라엘이 예수를 믿지 않는 것이었다. 그는 자기 자신이 저주를 받아 그리스도에게 끊어지더라도 자기 동족이 예수에게 돌아오면 좋겠다고 하였다. 그러기 위해서 지불해야 할 값이 있다면 천벌을 받아도 좋다고 생각했다(3절). 바울은 애국심이 강했다. 그는 자기 동족이 이스라엘 사람이라는 것에 자부심이 있었다(4절). 즉, 선민으로서 특별한 사명을 지니고 있는 백성이라는 것이다. 그는 또 자기 동족이 하나님의 양자의 자격과 선민의 영광을 가지고 있으며, 하나님께 예배드리는 특권과 하나님의 약속을 가진 민족이며, 그리스도가 자기 동족 가운데 출생하였다는 것에 큰 자부심이 있었다(4~5절). 바울 자신은 행복한 사람이었다. 그는 자신에 대해서는 더 바랄 것이 없었다. 그러나 그에게 단 한가지 고통은 자기 동족이 그리스도를 영접치 않는 것이었다. 그의 마음속에 있었던 그 꺼지지 않았던 고통이 동시에 우리에게도 있어야 한다. 대한민국의 크리스천 비율이 전체 인구의 약 20%라고 한다. 아직도 80%가 그리스도와 상관없이 사는 저 나머지 동족을 위하여 우리도 그의 고통을 가지며 살아야 한다.

예정·하나님의 주권

하나님의 절대주권(1)
롬 9:1~13(2) | 78장

바울의 고민은 왜 이스라엘 사람들이 예수를 영접하지 아니 하는 가였다. 이스라엘은 옛 부터 하나님의 선민이라고 자부하였는데 그들은 왜 지금 이런 처지가 되었는가? 바울은 여기서 이스라엘 사람이라고 해서 모두 다 선민이 아니라 하나님의 택한 자만이 선민이라고 가르친다(6절). 그것은 아브라함의 씨가 다 그의 참 자녀가 아닌 것과 같은 이치이다. 이스마엘이 아브라함의 씨인 것은 분명하다. 그러나 하나님은 그를 선택하지 않았다. 그러므로 그는 아브라함의 믿음과 영적 기업을 이어가지 못했다. 반대로 하나님은 이삭을 선택하셨다(7~8절). 이것은 하나님의 절대주권이다. 하나님께서 아직 복 중에 있는 에서와 야곱을 놓고 "내가 야곱은 사랑하고 에서는 미워하였다"(13절)고 하셨다. 태어나기도 전에 그렇게 하셨다. 이것은 좀 지나친 이야기 같다. 왜 하필 사기꾼 야곱을 선택하셨을까? 그러나 이것도 하나님의 절대주권이다. 하나님의 선택이란 행위 이전의 일이다. 선택이란 선행이 있고 그 다음에 이루어지는 것이 아니다. 선택이 먼저 있고 그 다음에 선행이 있다(11절). 여기에 대하여 인간은 아무 할 말이 없다. 선택받은 사람은 '내가 무엇인데 저를 선택하셨습니까?' 이 말 이외에는 아무 말도 할 수 없다.

예정·섭리

하나님의 절대주권(2)
롬 9:14~18 | 79장

하나님은 긍휼이 여길 자를 긍휼히 여기시고 불쌍히 여길 자를 불쌍히 여기신다(14절). 하나님은 은혜를 '원하는 자'(15절)에게 무조건 주시지 않는다. 하나님은 이 긍휼을 얻으려고 노력하는 자 즉, '달음박질 하는 자'(15절)에게 무조건 주시지 않는다. 하나님의 긍휼은 인간의 결심이나 노력에 의해서 얻을 수 있는 것이 아니다. 그것은 하나님께서 베풀고자 하는 사람에게만 베푼다. 이것은 전적인 하나님의 절대주권에 속하는 일이다. 에굽의 바로가 바로 그 예이다. 하나님은 바로에게는 철저히 자신의 긍휼을 감추셨다. 하나님은 철저히 바로를 버리셨다. 하나님은 철저히 바로를 강퍅케 해서 자신의 뜻을 이루셨다(17절). 바로의 강퍅함을 통해서 하나님은 능력을 보이셨다. 이스라엘은 이것을 보게 되었다. 바로가 이스라엘 백성을 안 따라왔으면 홍해가 갈라지는 기적을 보지 못했다. 하나님은 이렇게 악한 자도 유용한 목적으로 쓰신다(18절). 하나님은 악한 자도 자신의 선교적 사명을 위해서 사용하신다. 그러므로 우리는 세상에 있는 악인들에 대하여 하나님을 원망할 필요가 없다. 하나님의 신비로운 경륜 속에 그들도 하나님의 역사를 간접적으로 이루고 있다.

교리·섭리

하나님의 절대주권(3)
롬 9:19~29 | 501장

하나님의 선택 교리는 '하나님은 불공평하다'는 주제를 야기 시킨다(19절). 이에 바울은 세 가지로 답변한다. 첫째, 바울은 예레미야서의 토기장이 비유를 인용하였다(21~24절). 토기장이가 자기 뜻대로 이런 그릇, 저런 그릇을 만드는데 그릇이 "왜 나는 이렇게 만들었느냐?" 말 할 수 없듯이 인간도 하나님께 이런 질문을 할 수 없다는 것이다. 두 번째, 바울은 창녀 고멜과 결혼한 호세아를 인용하였다(25~26절). 고멜은 호세아와 결혼하였는데도 그녀는 계속 바람을 피웠다. 어느날 자식을 하나 낳았는데 호세아는 아무리 봐도 자신을 닮지 않아서 아이 이름을 '이는 백성이 아니다'라고 지었다. 이 호세아 이야기를 통해서 하나님은 '내 백성이 아닌 자를 내가 사랑한다'는 교훈을 남기셨다. 우리도 본래 하나님의 백성이 아닌데 하나님께서 우리를 사랑하여 주셨다는 것이다. 세 번째 바울은 이사야서에 나오는 '남은 자'만 구원하리라는 말씀을 인용하였다(27~29절). 다 멸망받아 마땅한 죄인이지만 하나님은 특별히 구원받을 종자를 남겨두셨다는 것이다. 우리도 본래는 다 죽어야 할 죄인인데 하나님은 자신의 역사를 위하여 우리를 남겨두신 것이다. 그러므로 우리가 하나님이 불공평하다 어쩌다 말할 처지가 아니다.

믿음·구원

예수가 걸림돌이 되었습니다
롬 9:30~33 | 283장

　　이방인들은 하나님을 찾지 않았는데도 하나님은 그들에게 믿음으로 의롭다함을 받을 기회를 주셨다(30절). 그런데 이스라엘은 하나님의 율법을 열심히 지켜서 하나님과 올바른 관계를 가지려고 노력했지만 그렇게 되지 못했다(31절). 왜냐하면 그들은 예수를 믿지 않아도 선량한 인간만 되면 구원을 얻을 줄 알았기 때문이다. 그들은 예수라는 큰 걸림돌에 걸려 넘어졌다. 행위 구원, 율법 구원을 이루려는 자에게는 예수는 걸림돌이며 거치는 바위가 된다(33절). 그러나 의를 따르지 아니한 이방인들은 의를 얻었다. 그 의는 믿음에서 난 의였다. 의의 법을 따라간 유대인들은 율법에 이르지 못했다. 행위로 구원을 이루겠다고, 자기 공로로 하나님께 나아가겠다고 애를 쓰는 유대인들은 구원 밖으로 밀려났다. 오늘도 자기 의로 하나님 앞에 나아가고. 자기가 깨끗해서, 자기가 옳아서, 자기가 선행을 해서 하나님 앞에 나아가겠다고 애를 쓰는 사람이 있다. 자기가 신비한 체험을 해서, 자기가 수양을 해서, 자기가 도를 닦아서 하나님 앞에 나아가겠다고 한다. 이 모든 일은 다 자기 의를 따르는 일이다. 이 방법으로는 절대로 하나님 앞에 나아갈 수 없다. 하나님 앞에 나아가는 유일한 방법은 그의 아들 믿는 것뿐이다.

열정·진리·믿음

죄가 사라지는 옷
롬 10:1~15(1) | 136장

바울의 간절한 바람 중 하나는 자기 동족 이스라엘의 구원이다(1절). 바울은 동족 이스라엘이 예수를 영접하지 못한 사실을 날카롭게 지적하였다. 그들의 실패의 원인은 하나님께 대한 열심은 있었으나 올바른 지식이 없었기 때문이었다(2절). 그들은 열정은 있었다. 그러나 진리에는 무지하였다. 모든 열심이 다 진리에 근거하는 것은 아니다. 그들은 무지한 열심만 내었다. 오히려 그런 무지가 자기들이 스스로를 구원할 수 있다고 착각하게 만들었고 이것이 결국 예수님을 배척하게 만들었다. 그들이 예수님을 배척한 또 다른 이유는 하나님의 의를 모르고 자기 의를 내세웠기 때문이다(3절). 의란 죄가 없는 상태를 말한다. 그러므로 의는 하나님에게만 있는 것이다. 인간에게 의란 있을 수도 없고 또한 만들 수도 없다. 그런데도 이스라엘은 자꾸 논리대로 의를 만들려고 하였다. 그러니 어떻게 예수님을 발견할 수 없겠는가? 의는 예수님 안에만 있다(4절). 그러므로 누구든지 예수를 가까이하는 자에게는 하나님께서는 의를 허락하신다. 즉, '죄 없음'을 허락하신다. 예수를 믿는 자는 의의 옷을 입는다. 하나님은 믿는 자에게 '죄가 없어지는 옷'을 입혀주신다. 예수를 믿는 것은 이 신비한 옷을 입는 것과 같다.

로마서 49

구원·예수님

마음으로 믿고 입으로 시인하면
롬 10:1~15(2) | 149장

입으로 예수를 주로 시인하면 구원이 온다(9절). 입으로 시인하기 전에 마음에 결정이 있어야 한다. 입으로 하는 말이 어떻게 나오는가? 말은 마음에 가득한 것이 나온다. 그러므로 마음으로 믿고 입으로 시인하면 구원이 온다(10절). 구원은 하늘에 가서 별을 따오는 것이 아니고 바다에서 진주를 캐내는 것이 아니다. 구원은 이미 입술에 있다. 구원은 이미 마음에 있다. 구원은 특정한 혈통이나 인종이나 가문에게 주어지는 것이 아니다(12절). 구원받은 자는 두 가지 복을 받게 된다. 부끄러움을 당하지는 않는 복(11절)과 '부요'의 복을 받게 된다(12절) 예수를 믿으면 부끄러움을 당하지 않는다. 영적인 부요함, 삶의 부요함이 온다. 지금까지 불교를 믿었건, 이슬람을 믿었건, 무당을 불러서 굿을 하였건 그것은 중요하지 않다. 예수를 자신의 주님으로 마음으로 믿고 입으로 시인하면 구원이 온다. 구원이 얼마나 쉬운지 모른다. 구원은 술과 담배를 끊어야 하고, 성경을 한번 다 읽어야 얻는 것이 아니다. 나쁜 습관을 가진 채로 교회 나와도 된다. 그것을 고치고 교회 오려고 하지 않아도 된다. 예수를 마음으로 믿고 입으로 시인하면 구원을 선물로 받고 그 나머지 것도 해결이 된다.

전도·복음

전도는 인격적 만남으로 이루어진다
롬 10:1~15(3) | 503장

바울은 예수를 마음으로 믿고 입으로 시인하면 구원을 받는다고 강조한 후에 이 믿음을 주시기 위한 하나님의 방편에 관해서 말하고 있다. 그것은 곧 전도와 전도자에 관한 말이다. 그는 예수에 대해서 들은 적이 없는 데 사람들이 어떻게 그를 믿을 수 있으며 예수에 대해서 선포하는 사람이 없는데 어떻게 사람들이 복음을 받아드릴 수 있을까 질문 하였다(14절). 그러므로 이 세상에서 가장 아름다운 일은 이 기쁜 소식을 전하는 사람들의 발걸음이라고 하였다(15절). 복음이 널리 전파되기 위해서는 먼저 복음을 전하여 주는 사람이 있어야 한다. 우리에게도 복음을 전해준 사람이 있다. 복음은 반드시 인격 대 인격의 만남으로 전해지는 것이다. 물론 복음이 문서로, 방송으로, 인터넷으로도 전달될 수 있지만 이것도 결국 사람이 말하는 것이다. 복음은 인격과 인격이 만나서 전해지는 것이다. 그러므로 복음을 전하는 사람의 인격이 중요하다. 말을 많이 해도 그 사람에 대해서 신뢰가 가지 않는다면 들려지는 것이 없고 믿어지지도 않을 것이다. 말이라는 것은 인격과 인격의 만남이기 때문에 그렇다. 그러므로 복음을 담은 그릇이 중요하다. 우리는 전도하기 전에 자신의 인격관리에도 신경을 써야 한다.

전도·믿음

믿음은 들음에서 생긴다
롬 10:16~21 | 506장

이스라엘은 복음을 들었지만 예수를 거부하였다. 믿음은 들음에서 생긴다지만 그들에게는 이것이 예외였다. 그들은 메시아에 대하여 들을 뿐 아니라 잘 알고 있었다. 메시아가 언제, 어디서, 어떻게 태어날지 알았다. 심지어 메시아가 처녀에게서 잉태될 것도 알았다. 메시아에 대한 예언의 말씀이 이스라엘 땅 끝까지 퍼질 만큼 그들에게는 일상적으로 들을 수 있는 말씀이었다(18절). 그러나 그들은 메시아에 대하여 강퍅해졌다. 그 이유는 하나님의 의도하심 때문이었다. 하나님은 이스라엘을 미련하게 하셨고 이방민족들에게는 메시아의 비밀을 알게 하셨기 때문이다(19-20절). 이스라엘에게는 믿음은 들음에서 생긴다는 법칙이 예외였지만 그러나 일반적으로 이것은 정설이다. '믿음'은 그리스도의 말씀을 '들음'으로 생긴다(17절). 교회에 오래 다녀도 말씀을 듣지 못하면 그는 믿음이 없을 가능성이 크다. 믿음은 예수 그리스도의 말씀을 들으면 생긴다. 어떻게 하면 전도를 할 수 있는가? 계속 들려주면 된다. 상대방이 싫어해도 계속 들려주어야 한다. 그의 귓가에 복음의 메아리가 계속 울려 퍼지면 믿음이 스며든다. 전도란 계속 복음 방송을 틀어주는 것이다.

이스라엘 선교·구원·종말

하나님의 비밀병기
롬 11:1~12 (1) | 511장

　　이스라엘이 예수를 거절했다면 이스라엘 민족은 영원히 구원 받을 수 없는가? 이에 대해 바울은 '아니다'라고 말한다(1절). 바울은 구약의 엘리야를 예를 들어 그 이유를 설명하였다(2절). 엘리아는 집요하게 자기의 목숨을 노리는 이세벨과 홀로 사투하면서 회의에 빠졌다(3절). 그는 의인에게 닥치는 일련의 고난의 사건에 대해서 이해할 수 없었다. 그때 하나님의 위로의 말씀이 전해졌다. "너뿐 아니라 아직 바알에게 무릎 꿇지 아니한 7000명의 사람이 있다"는 말씀이었다(4절). 하나님께서 남겨두신 이 사람들이 장차 엘리야를 도울 것이다. 바울은 이 엘리아의 예를 들어서 장차 이스라엘도 이와 같이 구원받을 것이라는 것을 암시하였다(5절). 결정적인 순간에 하나님께서는 숨겨둔 자들을 이스라엘 구원을 위해 사용하신다. 하나님은 이스라엘을 반드시 회복시켜 주신다. 이를 위해 하나님은 숨은 일꾼들을 준비해 놓으셨다. 그들은 비밀병기들이다. 그들은 이스라엘 구원과 종말을 앞당길 비밀 병기들이다. 한국교회가 아무리 세계 선교를 외쳐도 이스라엘이 회복되지 않으면 구원의 완성은 없다. 이런 의미에서 한국교회도 이스라엘의 비밀병기를 위해 중보 기도해야 한다.

선민·이방인·지혜

혼미한 크리스천
롬 11:1~12 (2) | 349장

　　구원을 구한 이스라엘은 그것을 얻지 못했고 구원을 구하지 않은 사람들은 그것을 얻었다(7절). 이유가 무엇인가? 이스라엘은 '혼미한 정신'을 가지고 있었기 때문이다(8절). 그리고 흐린 눈과 뻐딱한 마음을 가지고 있었기 때문이다(10절). 이런 이유로 인해서 이스라엘은 구원을 얻지 못했다. 그러나 하나님이 이스라엘을 영원히 그대로 놔두시지는 않는다. 하나님은 이스라엘이 이방인들의 구원을 보고 질투를 느껴서 장차 구원의 자리로 나아오게 하실 것이다(11절). 이스라엘이 구원받지 못한 큰 이유 중 하나는 혼미한 정신 때문이었다. 하나님은 메시아에 관해서 그렇게 많이 보여주고 들려주었지만 그들의 정신은 혼미하였다. 그들은 말을 알아듣지 못했다. 이것이 그들의 실패 원인이었다. 오늘날 우리도 올바른 이성으로 예수를 믿어야 한다. 혼미한 사람은 말을 못 알아듣는 특징이 있다. 그래서 혼미한 크리스천이 주로 이단 사설에 잘 넘어가고, 아무 설교에나 아멘하고, 교회의 적법한 질서들을 어지럽힌다. 혼미한 크리스천들이 건전한 기독교 환경을 파괴하는 주범 중 하나이다. 예수를 믿어도 올바른 이성을 가지고 믿어야 한다.

선민 · 이방인 · 모태신앙

모태신앙을 과소평가하지 맙시다
롬 11:13~24(1) | 507장

바울이 자신을 이방인의 사도로 표현하는 것은 이스라엘이 시기심을 느껴 예수에 대하여 관심을 가지게 할 목적이었다(13~14절). 그는 자기 동족을 사랑하였다(13~14절). 그는 자기 동족을 첫 곡식과 거룩한 뿌리로 비유했다(16절). 본래 이스라엘은 첫 곡식을 하나님께 바친다. 왜냐하면 첫 것이 가장 귀하기 때문이다. 여기서 첫 곡식은 이스라엘의 믿음의 선조들을 가리킨다. 이스라엘의 믿음의 조상들은 거룩한 자들이다. 바울은 뿌리가 거룩하면 그 가지도 그러하다고 하였다(16절). 이 뿌리도 이스라엘의 믿음의 선조들을 가리킨다. 말하자면 아브라함, 이삭, 모세 같은 사람들이다. 성경은 이스라엘의 믿음의 조상들이 거룩함으로 이들의 후손도 그러하다고 한다. 그러므로 한국의 크리스천들은 이스라엘을 무시해서는 안 된다. 믿음의 유산과 전통은 무시할 수 없다. 극적인 체험을 통해 믿음을 가진 사람들의 눈에는 모태신앙을 가진 사람들이 소극적으로 보일 수 있다. 그러나 믿음의 뿌리는 무시할 수 없다. 믿음의 저력은 대를 이어서 흐르기 마련이다. 저력은 때가 되면 나타난다. 하나님은 믿음의 뿌리가 있는 사람의 후손을 귀하게 보신다.

교만·섭리

오만한 신앙은 언젠가 꺾입니다
롬 11:13~24 (2) | 532장

    하나님은 참감람나무의 가지를 꺾어서 돌감람나무에 접붙여서 돌감람나무가 그 진액을 빨도록 하셨다(17절). 여기서 참감람나무는 이스라엘을, 돌감람나무는 이방인을 가리킨다. 참감람나무인 이스라엘이 이렇게 꺾인 것은 돌감람나무인 이방인을 구원하기 위함이었다(19절). 이 말은 이스라엘이 온 인류를 위한 희생양이 되었다는 말이다. 그러므로 돌감람나무는 오만하거나 높은 마음을 품으면 안 된다(20절). 왜냐하면 하나님은 여전히 접붙인 가지보다 원가지를 더 아끼시기 때문이다(21절). 하나님은 인자하시고 준엄하시다(22절). 인자는 사랑을 가리키고 준엄은 정의를 가리킨다. 만약에 하나님이 정의로만 판단한다면 이 세상에 누가 하나님 앞에 서 있을 수 있겠는가? 하나님께서 사랑으로 대해주시기 때문에 살고 있는 것이다. 따라서 우리는 '정의'라는 말을 함부로 쓰지 말아야 한다. 정의대로 하면 우리는 다 죽는다. 우리는 이스라엘이 히틀러에 의해 학살당한 것은 그들이 메시아를 죽였기 때문이라고 말해서는 안 된다. 이스라엘이 하나님께 버림받았다고 말해서는 안 된다. 이렇게 오만하면 접붙인 가지인 우리도 꺾여서 불살라질 수 있다(21~24절). 신앙에 대하여 오랫동안 오만하고 자긍하면 하나님이 언젠가 꺾으신다.

종말·선교

정한 숫자를 채워야 합니다
롬 11:25~32 | 512장

하나님은 이방인을 구원하기 위해 이스라엘을 잠시 희생시켰지만 그러나 그들도 장래에 구원시키신다. 이사야와 예레미아와 에스겔이 예언한 것처럼 하나님이 이스라엘에게 회개하는 마음을 주셔서 돌같이 딱딱한 그들의 마음을 녹여주실 것이다(26~27절). 이스라엘을 구원하시려는 하나님의 계획은 철회될 수 없다(29절). 이스라엘은 이방인들이 하나님께 받은 긍휼을 보고 이스라엘도 회개하여 마침내 하나님의 긍휼을 입게 될 것이다(31절). 그러면 그 회복의 때가 언제인가? 이방인의 충만한 숫자가 채워지고 난 이후이다(25절). 그 이전까지는 이스라엘은 완고한 상태로 있다. 이것이 하나님의 비밀이다. 하나님께서 구원을 주시기로 작정한 이방인의 숫자가 있다. 하나님은 이 숫자가 채워지기를 원하신다. 하나님께서는 이 숫자를 우리가 채우기를 원하신다. 우리는 이런 하나님의 마음을 알아야 한다. 그러므로 전도하지 않는 사람은 하나님의 마음을 모르는 사람이다. 아무리 교회에 오래 다녀도 하나님의 마음을 모르는 사람이 있다. 오늘 우리가 누군가 한 사람을 전도했다면 그것은 하나님께서 구원을 주시기로 작정한 이방인의 정한 숫자에 1을 더 플러스 한 일을 한 것이다.

섭리·신앙

구원은 하나님의 마음을 아는 것
롬 11:33~36 | 70장

　　이방인 구원과 이스라엘 구원을 통해 하나님께서 자신의 역사를 완성하신다는 것을 서술한 후 바울은 그 구원의 감격을 이기지 못하고 하나님께 감사와 찬양을 드린다. "하나님의 지혜와 지식의 풍성함이여, 그의 판단은 헤아리지 못할 것이며 그의 길은 찾지 못할 것이로다"(33절). 그리고 바울은 결론에 도달하였다. 우주 만물은 근원적으로 하나님에게서 나오고 하나님으로 말미암는다는 것과 우주 만물은 하나님에게로 돌아간다는 것이다(36절). 그러므로 인간은 이 광활하신 하나님을 측량할 수고 없고 이해할 수 없다. 인간은 그것을 다 이해할 수 없다. 단지 인간이 할 수 있는 것은 바울처럼 "영광이 그에게 세세에 있으리라 아멘"(36절) 이 찬양과 감사뿐이다. 바울은 이 오묘하고 광활하신 하나님을 누가 알 수 있느냐고 묻는다(34절). 도대체 이 세상에 누가 이 하나님의 마음을 알 수 있을까? 생각건대 이 세상에 이 오묘하신 하나님의 섭리를 알 자는 구원받은 자뿐이지 않겠는가? 구원받은 자는 하나님의 마음을 안다. 신앙이란 하나님의 마음을 아는 것이다. 구원은 하나님의 마음을 깨닫는 것이다. 신앙있는 자는 하나님의 오묘하신 섭리가 이 세상에 충만히 임하여 있음을 안다.

예배·성결

하나님이 받으시는 참된 예배
롬 12:1~2(1) | 420장

　바울은 1장에서부터 11장까지 구원에 관해서 논리적으로 전개했다. 그리고 12장부터는 믿음으로 구원받은 사람이 어떤 삶을 살아야하는지를 기록하고 있다. 그 중에서 12장에서는 구원받은 자가 드려야 할 진정한 영적 예배에 관해서 말하였다. 바울은 크리스천은 '제물'이라 하였으며 진정한 예배란 이 제물을 드리는 것이라고 하였다. 진정한 예배는 크리스천이 자기 '몸'을 드리는 것이다. 사람은 신앙을 영적으로만 혹은 정신적인 것으로 생각하는 경향이 있다. 그러나 신앙은 영적인 것뿐 아니라 육적인 것이기도 하다. 하나님은 몸을 원하신다. 참된 예배는 몸을 드리는 것이다. 진정한 예배는 눈과 귀와 입과 손과 발을 제물로 드리는 것이다. 크리스천의 진정한 예배는 눈으로 좋은 것을 보고, 귀로 좋은 말을 듣고, 입으로 좋은 말을 하고, 손과 발을 좋은 일에 사용하는 것이다. 구약의 제사에서 하나님은 흠 없고 티 없는 제물을 받은 것처럼 하나님은 우리의 깨끗한 삶을 받으신다. 하나님이 기쁘게 받으시는 참된 예배는 주일에 신령과 진정으로 드리는 공 예배와 나머지 6일 동안 세상에서 몸으로 드리는 삶과 실천을 가리킨다.

구원·성결

마음도 구원받아야 합니다
롬 12:1~2(2) | 423장

구원받은 자는 어떻게 살아야 하는가? 첫째, "이 세대를 본받지 말아야 한다"(2절). 그런데 문제는 크리스천도 세상 속에서 살아야 한다는 사실이다. 세상에 살면서 하나님의 뜻대로 산다는 것은 힘들다. 어떤 의미에서 보면 크리스천은 스파이와 같다. 스파이는 낮에는 스파이가 아닌 것처럼 살지만 밤에는 본부와 연락을 하고 수집한 정보를 전송한다. 크리스천은 낮에는 세상에 살다가도 밤만 되면 하나님께 기도한다. 크리스천은 하나님이 이 세상 속으로 보내신 스파이처럼 살아야 한다. 구원받은 자는 어떻게 살아야 하는가? 둘째, "오직 마음을 새롭게 함으로 변화를 받아야 한다"(2절). 예수를 믿고 영이 구원받은 사람은 마음이 새로워져야 한다. 구원받은 사람도 마음이 구원 받아야 한다. 크리스천도 마음이 깨끗하고 건강해야 한다. 그래야 진정으로 변화된다. 마음의 구원이 없이 인격의 변화는 없다. 크리스천 중에는 인격이 엉망인 사람들을 종종 본다. 마음의 구원을 진정 받지 못한 까닭이다. 이 세대에서 하나님이 보내신 스파이 역할을 충실히 하며 마음이 깨끗하고 건강한 사람은 항상 하나님의 선하시고 기뻐하시고 온전하신 뜻이 무엇인지 알면서 살게 된다.

교회·헌신

나는 교회의 한 파트(part)일 뿐입니다
롬 12:3~13 (1) | 467장

　　구원받은 받은 사람은 자기 자신에 대해서 바른 생각을 가져야 한다. 구원받은 사람은 자기 자신에 대해서 무슨 생각을 가져야 하는가? 크리스천은 자기 자신이 그리스도의 몸 된 교회의 한 지체라는 사실을 생각해야 한다(4~5절). 크리스천은 자기가 그리스도의 몸인 교회의 작은 한 부분이라는 사실을 알아야 한다. 말하자면 크리스천은 교회의 한 파트(part)이다. 그 이상도 이 이하도 아니다. 그래서 바울은 크리스천은 자기 자신에 대해서 "마땅히 생각할 그 이상의 생각을 품지 말라"(3절)고 하였다. 크리스천은 자기 자신에 대해서 과대평가하지 말아야 한다. 자기 자신에 대하여 천상천하유아독존(天上天下唯我獨尊)식으로 생각하지 말아야 한다. '나는 우주의 중심이다'. '나는 교회의 핵심이다' '나는 위대한 사람이다' '나 말고 누가 또 있나'라는 생각을 가진 자는 크리스천이 아니다. 이 세상에는 나만 있는 것 아니다. 그리스도가 있고 내가 있다. 교회가 있고 내가 있다. 교회 안의 수많은 파트들이 있고 내가 있다. 주일에 자신의 몸 하나만 들고 와서 예배만 드리고 돌아가는 천상천하유아독존식으로 사는 자는 크리스천적 삶을 사는 것이 아니다.

로마서 61

은사 · 봉사

은사는 키우고 개발해야 합니다
롬 12:3~13(2) | 320장

은사의 종류는 많다. 그것이 재능일 수도 있고, 성품일 수도 있고, 재산일 수도 있고, 지혜일 수도 있다(6~8절). 예언자는 설교자를(6절), 섬기는 자는 교회 봉사자를(7절), 가르치는 자는 기독교 교육을 수행하는 교사를 가리킨다(7절). 그밖에 위로하는 은사를 가진 자, 재산으로 구제하는 은사를 가진 자. 장로나 권사 같은 높은 직분을 가진 자, 남에게 긍휼을 베푸는 은사를 가진 자들이 있다(8절). 이 은사는 하나님이 "믿음의 분량대로"(3절) 각 사람에게 주셨다. '분량대로' 주셨음을 믿어야 한다. 그러므로 남의 은사를 부러워하지 말아야 한다. 큰일이든 작은 일이든 그 은사는 하나님이 주신 것이니 그 사람에게 맡기고 나는 나에게 주신 은사를 소중히 여겨야 한다. 하나님이 '분량대로' 주신 이유가 무엇일까? 잘 사용하고 활용하라는 뜻이다. 은사는 썩히라고 주신 것이 아니다. 우물의 물을 자꾸 퍼서 길어내면 점점 좋은 물이 나오지만 그것을 가만히 놔두면 못쓰게 되듯이 하나님이 주신 은사는 사용하고 응용해서 키우고 개발해야 한다. 하나님은 은사를 주시고 사람은 은사를 개발하고 키워야 한다. 은사를 사용하여 키우지 않고 썩히는 것은 은사를 주신 분을 무시하는 일이다.

사랑·성실

사랑은 성실합니다
롬 12:3~13 (3) | 475장

바울은 계속해서 크리스천의 생활 표본에 대해서 일러준다. 구원받은 사람은 악을 미워하고, 선을 행하며, 형제를 사랑하고, 서로 우애하고, 서로 존중하고, 부지런하고, 열심히 주님을 섬기고, 소망 중에 즐거워하고, 환란 중에도 인내하며, 기도에 힘쓰며, 어려운 성도를 구제하고 대접하는 일을 해야 한다(9~13절). 이 목록들은 특별한 해석이 필요 없는 아주 쉽고 간단 명료한 말씀들이다. 이 목록의 핵심은 '사랑'이다. 사랑의 가장 중요한 특징은 무엇인가? 사랑에는 '거짓'이 없다는 점이다(9절). 거짓이 없다는 말은 성실하다는 말이다. 사랑의 속성은 성실이다. 성실이라는 것은 지속성을 말한다. 오늘 사랑하고 내일 사랑안하면 그것은 성실이 아니다. 성실의 특성은 시간적 지속성에 있다. 사랑은 꾸준한 것이다. 변덕이 있는 것은 사랑이 아니다. 변덕적 사랑은 욕정에 불과하다. 시작부터 끝까지 변함이 없는 것이 성실이다. 세상이 변하고, 대상이 변하고, 환경이 변해도 이 세상에서 변하지 않아야 할 것은 '사랑'이다. 드리겠다는 마음으로 시작했다가 받고자 하는 마음으로 변하는 것은 사랑이 아니다. 사랑은 순수한 동기에서 시작해서 성실하게 진행된다. 그리고 갈수록 깊어진다.

성도의 삶 · 원수

가장 확실한 원수 보복법
롬 12:14~21 | 439장

계속해서 크리스천의 생활 지침들이 제시된다. 크리스천은 자기를 핍박하는 자를 축복하고, 기뻐하는 자와 함께 기뻐하고, 슬픔 당한 자와 함께 울고, 타인을 존중하며, 선한 일을 도모하며, 모든 사람과 평화롭게 지내며, 원수 갚는 일은 하나님께 맡겨두며, 원수를 더 선대하며 악을 선으로 갚는 사람이다(14~21절). 여기서 새겨들어야 할 말씀은 "그리함으로 네가 숯불을 그 머리에 쌓아 놓으리라"(20절)는 말씀이다. 옛날에 숯불을 머리에 올려놓는 형벌은 범죄자에게 머리카락이 전부 타 들어가는 고통을 주며 심리적으로 큰 수치를 주는 형벌이었다. 원수가 주리고 목마를 때 음식과 물을 갖다 주는 행위가 이와 같은 결과를 초래한다는 것이다. 이것이 가장 확실한 원수 보복법이다. 나는 저 사람을 미워하는데 저 사람은 끝까지 나를 사랑한다면 내가 얼마나 수치와 부끄러움을 느낄까? 성경은 "악에게 지지말고 선으로 악을 이기라"(21절) 한다. 원수를 이기는 데 어떤 방법으로 이겨야 하는가? 선으로 이기라는 것이다. 교만한 사람과 맞붙지 말고, 자랑하는 자 앞에서 같이 목소리를 높이지 말아야 한다. 크리스천은 겸손으로 교만을, 정결함으로 부정을, 정직함으로 거짓을 이기는 자이다.

국가 · 질서 · 순종

크리스천의 정치관
롬 13:1~17 | 210장

크리스천은 모든 정치 지도자에게 순종해야 한다(1절). 물론 좋은 지도자라면 순종하지 않을 이유가 없지만 그렇지 않은 지도자에게까지도 순종해야 한다(1절). 성경은 악한 지도자에게까지도 순종하지 않는 것을 하나님의 명을 거스르는 것이라고, 심하게 말한다(2절). 베드로전서2장18절에서는 불의하며 까다로운 지도자에게도 순종하라고 가르친다. 그 이유는 그 그릇된 지도자도 하나님이 세웠기 때문이다(1절). 그릇된 지도자도 하나님께서 필요악으로 세웠다(4절). 하나님은 그러한 그릇된 지도자도 나름대로의 이유가 있어서 세웠다. 그러므로 크리스천은 혹 잘못된 지도자가 부과하는 세금에 대해서도 정직하게 납세의 의무를 다해야 한다6~7절). 자연과학의 세계를 보면 질서 정연하다. 태양계와 은하계가 자연의 질서와 원리가 없었다면 어떻게 되었을까? 언제 어느 때 위성이 충돌할지 모른다. 그러나 창조 이래로 한 번도 우주계는 사고가 없었다. 하나님이 만들어놓으신 질서대로 움직였기 때문이다. 하나님은 질서를 창조하시고 질서를 중히 여기시는 분이다. 자연계뿐 아니라 인간계에도 질서를 주셨다. 그러므로 크리스천은 하나님이 세우신 모든 질서와 권위를 존중해야 한다.

사랑·성도의 삶

사랑 하나만 잘합시다
롬 13:8~10 | 604장

크리스천은 사랑의 빚 만 져야 한다(8절). 다른 빚은 지지 말아야 한다. 사람의 일생은 일종의 부채이다. 사람은 하나님과 부모와 조국과 그 밖의 고마운 사람들로부터 항상 은혜와 사랑을 받고 산다. 이 모든 것이 빚이다. 그래서 사람은 일생을 이 사랑의 빚을 갚으면서 살아야 한다. 이렇게 사랑의 빚을 갚으며 살면 율법의 수백 가지 요구를 충족하게 된다(10절). 진심으로 사랑하는 삶을 살면 율법이 사람에게 "~을 해라" 혹은 "~을 하지 말라" 라고 하는 요구 조건을 자동적으로 이루며 살게 된다. 왜냐하면 사랑이 율법의 완성이기 때문에 그렇다. 왜 간음 할까? 상대를 사랑하지 않고 쾌락 대상으로 여기기 때문이다. 왜 살인을 할까? 증오와 미움 때문이다. 사랑하면 오히려 자신을 희생한다. 도둑질하는 이유도 사랑하지 않기 때문이다. 사랑하면 무엇이든지 줄려고 하지 훔쳐갈려 하지 않는다. 그러므로 사람이 '사랑'을 충실히 잘하면 간음도, 살인도. 도둑질도 그 밖에 율법이 하지 말라고 하는 모든 것들을 하지 않게 된다(9절). 그러므로 간음하지 않으려고, 살인하지 않으려고, 도둑질하지 않으려고 애쓸 필요가 없다. 오직 '사랑' 하나 만을 충실히 잘하면 이 모든 것을 해결할 수 있다.

종말·재림

아침에 일어나면 늦습니다
롬 13:11~14 | 175장

    지금은 자다가 깰 때이며 예수님의 재림(구원)이 가까운 때이다(11절). 그러므로 "밤이 깊고 낮이 가까웠으니" 이제는 깰 때가 되었다. 여기서 중요한 것은 잠에서 깨는 타이밍(timing)이다. 아침이 되어서 깨는 것이 아니라 아직도 어두운데도 깨는 것이다. 환하게 밝은 다음에 눈을 뜨는 것은 게으름뱅이이다. 어떤 사람은 해가 뜨기 전부터 일어나서 하루를 준비하는 사람이 있다. 아침이 밝아오는 것을 의식하고 어둡지만 미리 깨어 있어야 한다. 아직은 아침이 오지 않았다. 아직은 예수님이 재림하지 않았다. 성경은 지금이 잠에서 깰 적절한 타이밍이라고 한다. 그리고 일찍 잠에서 깰 뿐만 아니고 깨고 난 후 '낮에와 같이' '단정히' 행해야 한다. 아침이 오기 전 아직 어둡지만 일어나서 세수와 화장은 끝내놓고 '낮에 활동할 때 입는 옷'(12절)을 미리 입고 있어야 된다. '단정히' 행하지 않는 삶은 방탕, 술취함, 음란, 쟁투, 시기이다(13절) 크리스천은 예수님이 재림하시기 전에 잠에서 깨야 하고 그리고 '단정히' 행해야 하는 사람이다. 예수님 재림 시에 정신 차리는 것은 늦다. 지금 현재가 잠에서 깰 수 있는, 그리고 정신을 차리고 단정히 행할 수 있는 가장 좋은 타이밍이다.

비판·음식

모른 척하는 것이 최상입니다
롬 14:1~12(1) | 286장

"먹는 자는 먹지 않는 자를 업신여기지 말고 먹지 않는 자는 먹는 자를 비판하지 말라"(3절)는 말은 제사 음식 문제에 관한 말씀이다. '제사 제물을 먹는 것은 우상 제사에 참여한 것이니까 먹어서는 안 된다' 하는 사람과 '제사에 바쳐진 고기라도 그냥 고기일 뿐이지 거기에 귀신 이빨 자국이 있나' 하면서 먹는 사람이 있었다. 서로 서로를 비난했다. 또 어떤 사람은 이런 날을 중히 여기고, 어떤 사람은 저런 날을 중히 여기며 서로 서로를 비난하는 사람들도 있었다(5절). 어떤 사람은 안식일을 중히 여기고, 어떤 사람은 주일을 중히 여겼다. 그래서 서로 서로를 비난했다. 그런데 이 모든 사람들이 다 하나님을 사랑하는 마음으로 했다면 어떤 것을 취하든지 상관이 없다. 남의 하인을 비판하는 권한은 그 주인에게 있다(4절). 이 말은 사람을 정죄 할 수 있는 분은 이 세상에 하나님 밖에 없다는 뜻이다(4절). 이 문제는 하나님에게 맡기고 "각각 자기 마음으로 확정할지니라"(5절) 즉, 자기 소신대로 행동하라는 것이다. 이런 문제들은 다 문화적인 차이에서 기인하는 것이므로 정답이 없다는 것이다. 다른 문화에 대해서 왈가불가하지 말아야 한다. 이럴 때는 모른 척하는 것이 가장 덕스럽다.

사명·소명·사랑

크리스천의 삶의 목적
롬 14:1~12(2) | 329장

　사람은 항상 자기 자신을 위하여 살 수 있다고 자부한다. 그러나 사람은 자기를 위하여 살지도 못할 뿐 아니라 심지어 죽지도 못한다(7절). 사람은 자기 자신을 위하여 돈을 벌고, 출세를 하고, 공부를 하지만 마지막에 가서야 '내가 왜 이런 삶을 살았나?' 후회하게 된다. 목적을 잃은 것이다. 그것을 저만큼 가서야 깨닫는다. 그래서 성경은 사람이 생을 사는 목적에 대해서 분명히 제시한다. 살고 죽는 것보다 더 중요한은 하나님의 영광을 위해서 사는 것이며, 이웃을 존중하며 사는 것이라고 가르친다(8절,10절). 하나님 영광과 이웃 존중의 삶이다. 이 목적이 크면 클수록 값진 생을 살게 된다. 이 목적이 없다든가. 혹 낮다면 그만큼 변변치 못한 삶을 살게 된다. 사람이 이 목적을 수행하도록 하기 위하여 그리스도께서 십자가에서 죽으셨다(9절). 크리스천은 누구인가? 하나님을 아버지로, 이웃을 자기 친 혈육으로 생각하는 자이다. 휴메니즘(humanism) 가지고는 모자란다. 이웃을 자신의 아들이요, 딸이요, 친 혈육으로 여겨야 한다. 이렇게 살았느냐 못 살았느냐는 마지막 심판대 앞에서 드러난다(12절). 사람은 이웃을 어떻게 대했는지 마지막 심판대 앞에서 반드시 이실직고하게 되어있다.

로마서

성령의 열매 · 하나님 나라

나도 기쁘고 그도 기뻐야 합니다
롬 14:13~23(1) | 427장

하나님 나라는 먹는 것과 마시는 것이 아니라 의와 평강과 희락이다(17절). 하나님 나라의 구성 요소는 물질적인 것이 아니라 '의'와 평강과 기쁨이다. 의는 '거룩함'을, '평강'을, 사람간의 화해를, 기쁨은 말 그대로 기쁨이다. 하나님 나라는 어떤 곳인가? 나도 기쁘고 그도 기쁜 곳이다. 하나님 나라는 어떤 곳인가? 나와 그 사이에 '화해'가 있는 곳이다. 그러므로 이웃을 함부로 비판해서 안 된다. 그것도 각자의 가치관과 문화관이 다른데 말이다. 이 세상에 "스스로 속된 것이 없다"(14절). 이 말의 뜻은 음식으로 말하자면 이것은 거룩한 음식, 저것은 더러운 음식, 이런 것이 없다는 것이다. 그런데 어떻게 이런 문제로 이웃을 비판할 수 있는가?(15절). 내가 옳다고 모든 사람들이 다 나를 옳다고 인정해주지 않는다. 그러므로 나도 기쁘고 그도 기쁘기 위해서는 이웃 앞에 부딪힐 것이나 거칠 것을 두지 않아야 한다(13절). 즉, 상대방 마음을 상하게 하거나, 약하게 할 요소를 두지 말아야 한다. 우리는 우리가 비판하는 그 사람을 예수님은 엄청난 값을 지불하고 사신 사람임을 기억해야 한다(15절). 이런 엄청난 사실을 생각하면 사람에 대해서 비판할 마음이 싹 사라진다.

성도의 삶·신념·사랑

이랬다 저랬다 하는 것도 안됩니다
롬 14:13~23(2) | 265장

제사음식을 먹는 문제로 견해차이가 다른 형제를 비방하지 말아야 한다. 그 이유는 그 비방 받은 사람이 망할 수 있기 때문이다(15절). 바울 당시 이런 이유로 교회를 떠나거나 믿음을 상실한 사람이 있었든 것 같다. 교회 안에서도 전통이나 제도나 방법의 차이 때문에 사람을 죽일 수 있다. 이것보다 더 중요한 것은 교회의 평안이다(19절). 자기 견해가 옳다고 너무 주장하지 않는 사람은 복있는 사람이다(22절). 모자란 사람을 향하여 화를 내고 소리를 지르는 일이 성경에 있으면 그대로 해야 한다. 그러나 그것이 성경에 없다면 하지 말아야 한다. 이것이 성경의 메시지이다. 그렇다고 자기의 믿음과 신념을 저버려서도 안 되니다. 성경은 "네게 있는 믿음을 하나님 앞에서 가지고 있으라"(22절)고 하였다. 크리스천은 자기 신념에 대한 분명한 확신과 신학적 해석을 하나님 앞에서 가지고 있어야 한다. '내가 이렇게 하는 것이 옳고 합리적이다'라는 확신이 있어야 한다. 그럼에도 불구하고 그의 확신은 오해를 받을 수 있다. 그래서 이해력이 부족한 사람이 실족케 된다면, 혹은 교회에 분쟁이 생긴다면 그것을 양보해야 한다. 기준이 없어도 안 된다. 이랬다 저랬다 해서도 안 된다. 동시에 앞뒤 가리지 않고 무조건 믿고 나가도 안 된다.

이웃·사랑·소명

이웃을 기쁘게 하되…
롬 15:1~13(1) | 317장

크리스천은 '자기 자신을 기쁘게 하지 말고 이웃을 기쁘게 해야 한다(1~2). 매우 극단적인 말이다. 사람이 살면서 어떻게 자신과 가족들을 외면하고 이웃만을 기쁘게 하는 삶을 살 수 있는가? 그러나 성경은 믿는 자에게 그렇게 살라고 요구한다. 왜냐하면 예수님이 그렇게 사셨기 때문이다(3절). 그리고 그렇게 살아야 하나님께 영광 돌리는 삶이 되고 또 하나님을 찬양하는 삶이 되기 때문이다(6절). 교회에서 아무리 찬양을 열심히 불러도 이웃에게 기쁨을 주지 못하고 슬픔만 주는 사람이라면 그는 하나님께 찬양하지 않는 사람이다. 그런데 여기서 한 가지 주의를 해야 한다. 이웃을 기쁘게 하는데도 원칙이 있다. 그 원칙은 상대방을 기쁘게 하되 반드시 선을 이루고 덕을 세워야 한다는 것이다(2절). 타인을 기쁘게 하는데 반드시 빠져서는 안 될 요소는 선과 덕이다. 다른 사람을 기쁘게 한답시고 술집이나 캬바레를 데려가서는 안 된다. 여기에는 선이 없다. 다른 사람을 기쁘게 한답시고 자기 집에서 못 먹는 음식을 가지고 선심 쓰는 척 하면 안 된다. 여기에는 덕이 없다. 크리스천의 삶은 이웃을 기쁘게 하는 삶이고 그 안에는 반드시 선함과 올바름이 있어야 한다.

성경공부 · 용납

성경공부는 성숙을 위하여 하는 것입니다
롬 15:1~13(2) | 221장

    성경에서 우리가 이런 사람, 저런 사람의 이야기를 읽으면 그 속에서 힘을 얻고 덕을 배운다. 예를 들면 성경에서 요셉이 얼마나 많은 고생을 했는가를 볼 수 있다. 그럼에도 그가 끝까지 의롭게 산 것을 본다. 그리고 약속이 그에게 성취된 것을 본다. 이렇듯 성경을 읽으면 위로와 소망을 얻는다.(4절). 이렇게 위로와 소망을 얻으면 예수님을 본받아서 우리끼리도 마음과 뜻이 같아진다(5절). 이렇게 위로와 소망을 가진 사람들은 서로 서로 받아드리게 된다(7절). 바울은 유대인도 이방인을 이렇게 받아드려야 한다는 것을 말하고 있다. 하나님이 이방인을 받으셨는데 유대인이 수용하지 못할 이방인이 있는가? 예수님이 이방인을 용납했는데 유대인이 용납하지 못할 이방인이 있는가? 그래서 성경은 하나님을 소망의 하나님이라고 한다. 소망의 하나님이 기쁨과 평강을 사람에게 충만히 부어주어서 사람에게 이런 소망이 넘치게 한다(13절). 성경을 읽고 열심히 공부하면 어느 사이에 내가 성경이 지향하는 그러한 사람으로 성숙해지고 사람을 받아드리고, 사람을 수용하는 사람이 된다. 성경을 많이 읽었는데 사람과 사이가 좋지 않다면 그것은 성경을 헛되이 읽은 것이다.

정체성 · 일꾼

자기 정체성이 분명한 사람
롬 15:14~21 | 469장

로마의 성도들은 다른 사람들을 지도하기에 충분한 능력이 있을 만큼 지적 수준이 높은 사람들이었다(14절). 바울은 그러한 그들에게 자신이 이방인을 위한 일꾼이라는 사실을 강조하였다(15~16절). 그리고 하나님께서 그동안 자신을 어떻게 효과적으로 사용하셨는지에 대해서 말하였다. 그는 예루살렘에서 일루리곤에 이르기까지 자신의 설교와 자신이 행한 표적들을 통해서 하나님은 이방인들을 예수님께로 인도하셨다고 말하였다(18~19절). 바울은 자기 정체성이 분명하였다. 그는 "나는 이방인을 위한 일꾼이다"라는 확신을 한번도 잊은 적이 없다. 자신을 이렇게 설명할 수 있다는 것은 복이다. 많은 사람들의 고민은 자신을 이렇게 설명하지 못하는데 있다. 우리는 가정에서 일을 하든지, 직장에서 일을 하든지, 외국에서 일을 하든지 자신은 예수님의 일꾼이라는 정체성이 있어야 한다. 이 말을 할 수 없기에 그의 인생은 희미하고 불안한 것이었다. 누가 우리에게 당신의 직업이 무엇이냐고 물으면 "저는 사장인데요, 저는 교육가인데요 저는 음악가인데요" 말할 것이다. 그러나 예수를 믿는 다면 사장이건, 교육가이건, 음악가이건 그 이전에 "저는 예수님의 일꾼입니다"라고 말해야 한다.

소명·일꾼

작은 일부터 감당합시다
롬 15:22~29 | 325장

바울은 서바나로 가기 전 반드시 로마를 거쳐서 가려고 했다(23절). 이유가 무엇일까? 바울은 지금까지 안디옥교회에서 파송한 선교사로 활동했다. 그런데 이제 그가 로마로 가겠다는 것이다. 바울의 소망은 "너희가 그리로 보내주기를 바람이라"(24절)에서 잘 나타나듯이 로마 교회가 자기를 서바나 선교사로 파송해 주는 것이었다. 바울은 로마교회의 지원을 업고 서바나를 복음으로 정복하고자 하는 야망을 가지고 있었다. 그런데 그는 지금 현재는 예루살렘 성도들을 위하여 구제헌금을 가지고 가고 있다(25~26절). 지금 바울의 손에는 마게도냐와 아가야 성도들이 헌금한 돈이 있다(26절). 지금은 이것을 처리하는 것이 중요하다. 바울은 머지않아 서바나에서 엄청난 일을 할 계획을 세우고 있지만 지금은 자기 손에 맡겨진 이 적은 헌금을 처리하려 하고 있다. 대개 보면 큰일을 하는 사람들은 작은 일을 소홀히 여긴다. 우리는 혹시 하나님의 큰 일을 한다고 하면서 가정 일을 소홀히 여기고 있지 않은가? 우리는 사회에서 큰 사업을 한다고 하면서 자녀교육을 소홀히 여기고 있지 않은가? 작은 일이라도 하나님이 내 손에 맡겨준 일을 충성되게 감당하는 것을 하나님은 귀히 보고 계신다.

기도·겸손

겸손하면 기도 부탁합니다
롬 15:30~33 | 361장

바울은 편지를 마치면서 로마 교인들에게 세 가지 기도 제목을 주고 중보기도를 부탁하고 있다. 첫번째 기도제목은 "나로 유대에서 순종하지 아니하는 자들로부터 건짐을 받게하고"(31절)이다. 이것은 바울이 유대인의 핍박에서 벗어날 수 있게 해달라는 것이다. 그는 결코 순교가 두려워서 그러는 것이 아니다. 자기 동족 유대인에게 맞아 죽는 것을 원치 않기 때문이다. 두 번째 기도제목은 "예루살렘에 대하여 내가 섬기는 일을 성도들이 받을 만 하게 하고"(31절)이다. 바울은 자기가 하는 봉사가 성도들이 받음직한 봉사가 되기를 원하였다. 그는 자기가 하는 모든 봉사가 사람들에게 실질적으로 효과가 있기를 소망하였다. 세번째 기도제목은 "너희에게 나아가 너희와 함께 편히 쉬게 하라"(32절)이다. 바울은 이렇게 모든 일을 잘 끝낸 후, 예루살렘에 가는 목적을 다 달성하고 난 후 로마 교인들에게 나아가서 기쁨으로 함께 쉬기를 원하였다. 바울은 일을 다 마치고 로마에 가서 반가운 사람들과 만나 옛날 얘기를 나누며 포근한 시간을 가지고 싶었다. 위대한 대 사도 바울이 로마의 평신도들에게 기도를 부탁하였다. 이것이 바울의 겸손이다. "당신이 나를 위해 기도해주었으면 좋겠습니다?"라고 부탁하는 사람은 겸손한 사람이다. 한번도 남에게 기도 부탁을 해 본적이 없는 사람은 교만한 사람이다.

동역·일꾼

넉넉한 추천
롬 16:1~2 | 444장

　바울이 로마에 잇는 성도들에게 쓰는 편지를 마치면서 그동안 자신을 헌신적으로 도운 사람들의 이름을 거론하면서 개인적인 문안 인사를 하고 있다. 바울이 기억하고 있는 제일 첫 번째 사람은 겐그레아 교회의 일꾼인 '뵈뵈'라는 여자였다(1절). 바울은 성격상 신뢰하지 못하는 사람에게 일을 시키는 사람이 아니다. 그럼에도 바울은 뵈뵈를 '일꾼'으로 추천한 것으로 봐서 그녀는 헌신적이고 충성되며 능력이 있는 사람임을 알 수 있다. 바울은 로마의 성도들에게 그녀를 합당한 예절로 잘 맞아주라고 부탁하였다(2절). 아마도 여성이기 때문에 더 그렇게 하였을 것이다. 바울은 무엇이든지 소용되는 대로 그녀에게 다 주라고 부탁하였다(2절). 그녀가 필요하다고 하면 예산을 아끼지 말고 넉넉히 주라는 뜻이다. 바울은 그녀가 교회 예산을 낭비하는 사람이 아니고, 그리고 반드시 성과를 내는 사람이니 그녀가 달라하는 대로 주라고 한다. 바울은 이 사람은 틀림없으니 일을 한번 맡겨 보라고 추천하고 있다. 참으로 넉넉한 추천이다. 참으로 부러운 추천이다. 바울이 만약에 오늘날 우리 교회에서 나와 1년을 일한 후에 나에 대해 이런 넉넉한 추천서를 해줄 수 있겠는가?

교회·사랑

교회는 입을 맞추는 곳
롬 16:3~16 | 464장

바울은 편지의 마지막 부분에 자신이 기억하는 사람들의 이름을 들어가면서 그 사람의 성격, 그의 업적, 그에 대한 인상을 다양하게 소개하였다. 그는 처음 익은 열매다(5절). 그는 나보다 먼저 그리스도 안에 있는 자이다(7절). 그는 나의 동역자이다(3절). 그는 나 대신에 목숨을 내놓은 자이다(4절). 그는 나와함께 갇혔던 자이다(7절). 그는 그리스도 안에서 인정을 받은 자이다(10절). 그는 나의 어머니 같은 자이다(13절). 하며 한 사람 한 사람에 대한 기억을 되살려 쓰고 있다. 그런데 어떤 사람은 이름만 불러놓고 아무것도 쓰지 않은 사람이 있다(14~15절). 만약에 우리 교회 목사님이 나를 누군가에게 추천 할 때 나에 대한 아무 장점도 이야기 하지 않았다면 '나는 과연 몇점 짜리 인생을 살았는가?' 를 진지하게 생각할 수 있어야 할 것이다. 그리고 바울은 마지막으로 로마교회를 향하여 '거룩한 입맞춤'으로 이들을 문안하라고 하였다(16절). 적절한 표현이다. 교회는 거룩한 입맞춤이 있는 곳이다. 교회는 더럽고 보잘 것 없는 사람들을 껴안고 격려하고 입을 맞추어주는 곳이다. 교회는 이 세상에 소외된 사람에게 마음을 주는 곳이며, 격려를 주는 곳이며, 거룩한 입술을 주는 곳이다.

교회 · 이단

교회 주변의 사이비를 살핍시다
롬 16:17~20 | 542장

    이단은 분쟁을 일으키고 교회를 거치게 한다(17절). '거치게 한다'는 말은 지금까지 배워 온 것에 이상한 것을 보탠다는 뜻이다. 이단은 자기들의 이익만을 추구하며 교활하고 순진한 사람들을 노린다(18절). 그들의 특징은 교활함이다. 그들은 현재 기성교회에서 가장 약한 것, 부족한 것을 들추어낸다. 그리고 자기들에게는 그러한 것이 없다고 선전한다. 그래서 현재 교회에 불만이 있는 자나 혹은 영적 후련함(?)을 느끼지 못한다고 주장하는 자들은 거기에 솔깃해진다. 교회는 항상 여기에 대비해야 한다. 그런 것들이 있는지 항상 '살피고' 그리고 '몰아내야' 한다(17절). 교회는 정확한 지식을 가지고 그것들과 성경을 대비해 볼 수 있는 예리한 눈을 가져야 한다. 그리고 성경의 가르침이 아니면 끊어야 한다. 그러나 근본적으로 우리는 이단에 대해서 염려하지 않아도 된다. 왜냐하면 그것들은 역사 속에서 항상 피었다가 졌다가를 반복했기 때문이다. 역사 속에서 하나님은 항상 악한 자들과 이단을 박멸하셨다(20절). 하나님은 2000년 교회사 속에서 수백 종의 이단들과 유사 기독교들을 정리하셨다. 한 때 대단한 센세이션을 일으켰던 사이비일 수록 빨리 역사 속으로 사라져버렸다.

복음·선교

편지 끝에도 다시 한 번 복음을
롬 16:21~27 | 210장

바울은 그동안 자기를 도왔던 협력자들을 소개한 후 편지 끝에 다시 한번 더 '복음'의 진수에 대해서 가르쳤다(21~23절). 첫째로, 바울은 복음을 '나의 복음'이라고 소개한 후 지금까지 자신이 가르친 복음은 영세전부터 감추어졌다가 이제 나타난 것이라고 하였다(25~26절). 이 복음은 우연한 것이 아니라, 우발적인 것이 아니라, 창작품이 아니라 창세전부터 하나님이 준비하고 계셨던 것인데 지금에 와서야 하나님이 드러내신 것이라는 것이다. 복음은 바울 자신이 발견한 사상이나 진리가 아니라는 것이다. 둘째로, 복음이 전해져야 할 대상은 '모든 민족'이라는 것이다(26절). '모든 민족'이란 '모든 언어권' '모든 문화권'을 뜻한다. 지구상에 복음이 설명되지 않는 지역은 하나도 없어야 한다. 그래서 복음을 통역하고 번역하고 전해줄 선교사가 필요하다. 셋째로, 하나님께서 복음을 이렇게 드러내신 목적은 모든 민족들이 견고히 서는데 있다(26절). 이것이 복음의 능력이다. 복음은 사람을 강하게 만든다. 능력있게 만든다. 복음 안에는 신비한 능력이 있다. 생명력이 있다. 누구든지 복음을 진정으로 소유하면 이런 사람이 된다. 그러므로 자녀에게 줄 가장 큰 유산은 재산이 아니라 복음이다.

교회·사명

나에게 날라 온 편지
고전1:1~3(1) | 432장

바울과 소스데네는 고린도교회에서 보내온 편지에 대한 답신으로 고린도전서를 썼다. 이점은 7장1절에서 바울의 글을 보면 확실히 알 수 있다. "너희의 쓴 문제에 대하여 말하면"(고전7:1) 고린도교회가 어떤 문제를 가지고 바울에게 질문한 것에 대한 답신이 고린도전서 이다. 소스데네가 누구인지 확실히 알 수는 없지만 바울이 편지를 쓰는 일에 관여한 것만은 분명하다. 바울은 또 하나의 수신자에 대하여 언급한다. 그 수신자는 "각처에 있는 예수 그리스도의 이름을 부르는 모든 자"(2절)이다. 바울은 고린도교회만을 위해서 이 편지를 작성하는 것이 아니다. 그는 '각처'에 있는 크리스천들을 위해서도 이 편지를 작성하였다. 여기서 '교회'란 명칭에 대한 분명한 정의가 나온다. 교회란 '예수 그리스도를 주로 부르는 자들'을 가리킨다(2절). 이것이 헬라어로는 에클레시아이고 한국어로는 교회이다. 바울은 약 2000년 전에 시대를 초월해서 '각처'에 있는 에클레시아에게 이 편지를 보냈다. 그는 2000년대를 살아가는 '각처'에 있는, 즉 한국에 있는 우리들에게 이 편지를 보낸 것이다. 그러므로 우리는 이 서신을 읽을 때 바울을 통해서 나를 가르치고 교훈하고 지도하는 직접적인 하나님의 말씀으로 읽어야 한다.

은혜 · 평강

은혜가 있어야 평강이 옵니다
고전1:1~3(2) | 409장

바울은 편지 서두에서 발신자와 수신자를 먼저 밝힌 후 그 다음 인사의 말을 하였다. "하나님 우리 아버지와 주 예수 그리스도로부터 은혜와 평강이 있기를 원하노라"(3절) 그는 하나님과 예수님만이 줄 수 있는 은혜와 평강이 고린도교회에 가득 넘치기를 기원하였다. 은혜와 평강이 하나님으로부터 나온다는 이 말은 너무나 분명하고 자명한 진리이다. 그는 '은혜'를 앞에 두고 '평강'을 뒤로 두었다. 우리는 은혜와 평강을 다른 순서로 둘 수 없다. 평강은 은혜의 결과이다. 평강의 원인은 은혜이다. 은혜가 먼저 있어야 전쟁이 종결된다. 은혜가 먼저 있어야 다툼이 끝난다. 평강은 오직 은혜에서만 나온다. 그래서 '은혜와 평강'이다. 평강은 아담의 본성을 타고난 인간 스스로가 이룰 수 있는 것이 아니다. 오늘날 우리 가정에 평화가 있기를 원하는가? 오늘날 우리 사회에 전쟁이 종결되기를 원하는가? 오늘날 우리 교회에 다툼이 사라지기를 원하는가? 그렇다면 먼저 하나님이 주시는 은혜가 들어와야 한다. 은혜가 없기에 부모와 자녀 사이에, 여야 국회의원들 사이에, 성도들 사이에 분쟁과 다툼과 시기가 있는 것이다.

은혜·직분·헌신

은혜는 감정적 차원이 아닙니다
고전1:4~9 | 216장

고린도전서 서두에서 나오는 바울의 인사는 신학적인 면에서도 가치가 있다. 그는 하나님께서 고린도교회에 많은 은혜를 주셨음에 감사하였다(4절). 그 은혜는 예수 그리스를 통해서 온 것이다. 그리고 바울은 그 은혜가 무엇을 만들어내는 가에 대하여 밝혔다. 즉, 은혜 받은 사람은 어떤 특징이 있는가? '그 안에서'(5절)라는 말은 '은혜 안에서'라는 말이다. '은혜 안에서'사는 자는 어떤 특징이 있는가? 첫째는 모든 언변과 지식이 풍족해진다(5절). 즉, 예수님에 대해 담대하게 말하며 진리를 충분히 이해하게 된다. 둘째, 모든 은사에 부족함이 없게 된다(7절). 즉, 하나님의 뜻을 이루는데 필요한 모든 은총과 선물을 받게 된다. 그러므로 은혜 받은 자는 일 못한다고 핑계를 대지 않는다. 셋째, 마지막 때까지 견고하게 서게 된다(8절). 예수님께서 그가 죄와 허물이 없는 자로 바르게 설 수 있도록 끝까지 책임을 져주신다. 우리가 흔히 '은혜 받았다'라는 말을 하는데 이것은 감정적인 측면에서 말하는 경우가 많다. 그러나 성경은 은혜 받은 자는 담대히 예수님을 증거하고, 하늘의 은총과 은사를 받아 주의 사업을 이루어내고, 그리고 견고하며 흔들리지 않는 신앙을 가지고 있는 사람이라고 한다.

분쟁·교회

부분을 전체로 주장하는 사람들
고전1:10~17 | 458장

고린도교회의 문제는 '분쟁'에 관한 것이다(10~11절). 당시 고린도교회는 바울파, 아볼로파, 게바파 그리스도파로 나뉘어서 분쟁하고 있었다(12절). 바울은 "그리스도께서 나뉘었느냐"(13절)라고 질문하면서 나뉘고 분쟁하는 것은 예수님의 뜻이 아님을 강조했다. 그는 자신의 이름을 대면서 "바울이 너희를 위하여 십자가에 못 박혔느냐"(13절) 질문했다. 십자가에 달리신 하나님의 아들만이 진리의 기준이지 인간은 인간일 뿐이라는 것이다. 바울은 자신이 세례를 베풀려고 보내심을 받은 사람이 아니라 오직 복음을 전하라고 보내심을 받았다고 강조하였다(14~17절). 바울은 자신이 그런 유치한 주제에 대해서 토론하고 말싸움 하는데 시간을 헌신할 수 있는 사람이 아니라고 밝히면서 그 당파 문제를 일축해버렸다. 고린도교회 안에는 부분적인 진리에 빠져 전체적인 진리의 소중함을 잊고 사는 부류들이 많았다. 그래서 서로 싸우며, 서로 나뉘어졌다. 오늘날에도 자기의 사상이나 견해가 가장 바른 것처럼 생각해서 지나치게 주장을 하다가 전(순) 교회를 혼란에 빠뜨리는 사람이 종종 있다. 부분적인 진리에 도취되어서 그것이 마치 전부인양 너무 지나치게 강조하는 것은 항상 분쟁의 씨앗이 된다.

정체성 · 십자가

크리스천은 출세한 사람입니다
고전1:18~25 | 197장

바울은 "이 세상에 지혜자나, 학자나 이론가들이 어디 있느뇨?"라고 비꼬았다. 하나님은 세상의 지혜자나 학자를 통해서 자기를 알리신 것이 아니라 십자가를 통해서 자기를 알리시고 이 십자가를 전하는 전도라는 방법을 통해서 세상에 구원을 주시기를 원하신다(20~21절) 유대인들은 십자가를 연약함의 증거로 본다(23절). 유대인은 "예수는 매맞고 죽었다. 십자가는 패배의 상징이다. 그러므로 우리는 그것을 따를 수 없다"고 한다. 또한 헬라인들은 십자가를 미련한 것으로 본다(23절). 그들에게 성육신이란 불합리한 것이었다. 그러나 바울이 편지를 썼던 당시의 헬라 철학은 죽어있었고 생명의 소리가 없었다. 그들은 탐구하고 논증하지만 그들에게는 하나님이 없었다(21절). 그래서 하나님은 유대인이나 헬라인을 초월해서 하나님 자신이 '특별한 부르신 자'에게만 십자가의 능력과 지혜를 나타 내셨다(24절). 하나님은 세상에서 똑똑하다는 사람들, 강하다고 하는 사람들, 높다는 사람들을 택하지 않고 세상에서 무시당하고, 약한 우리들에게 십자가를 알리시고 십자가의 능력을 보여주셨다. 그러므로 크리스천은 특별한 사람이며 어떤 면에서는 대단히 출세한 사람들이다.

교회 · 평신도

교인의 구성 비율
고전1:26~31 | 222장

바울은 교회 안에 지혜자나 능력 많은 자나 문벌 좋은 자가 많지 않다고 했다(26절). 좋은 가문에서 태어난 자, 지성이 높은 자, 세력이 있는 자는 그 시대의 최상류 계급의 사람들을 가리킨다. 그런데 하나님은 지혜로운 자, 강한 자, 있는 자들을 택하지 않고 미련한 자, 천한 자, 멸시받는 자, 없는 자들을 택하여 교회를 세우셨다(27~28). 바울은 교회 안에 최상류의 사람들이 '없다'고 하지 않고 '많지 않다'고 하였다. 교회는 평범한 사람들로부터 출발하였다. 하나님은 평범한 자들을 데리고 교회를 시작하신다. 그러므로 교회 안에 그 어떤 크리스천도 자기 자랑을 할 수 없다(29절). 어떤 사람은 교회 주차장에 얼마나 많은 고급 외제차가 있느냐를 중요하게 생각한다. 어떤 사람은 교회에 의사, 법관, 교수, 사회적 명사가 얼마나 있는지를 중요하게 생각한다. 하나님의 진리를 담은 교회가 이러한 저급한 유물 사상으로 떨어지지 말아야 한다. 하나님은 평범한 사람들을 데리고 교회를 시작하셨다는 사실을 잊지 말아야 한다. 교회 안에 못나고, 가난하고, 배우지 못하고, 건강하지 못한 사람들의 구성 비율이 그 시대의 최상류 사람들보다 높아야 그 교회는 바람직한 방향으로 나가게 된다.

전도 · 성령님

전도는 테크닉이 아닙니다
고전2:1~5 | 196장

바울은 하나님께서 교회에게 맡기신 메시지가 무엇인지 말하였다. "예수 그리스도와 그가 십자가에 못 박히신 것 외에는 아무 것도 알지 아니하기로 작정하였음이라"(2절) 기독교의 최종 목표는 십자가이다. 그는 자신이 약하고 모자란 자이기 때문에 이 십자가를 알리는 방법을 유창한 말솜씨나 기교나 인간적인 재치가 아닌 성령님의 능력을 철저히 의지한다고 하였다(3~4절). 왜냐하면 사람의 신앙은 사람의 지식이나 지혜에서 나오는 것이 아니라 하나님의 선물이기 때문이다. 바울은 이 십자가를 알릴 때 인간적인 기교가 아닌 성령님의 능력에 철저히 의지하였다. 교회는 예배, 예전, 전도(선교), 기독교교육, 봉사(구제)를 위해서 존재한다. 그런데 이 다섯 가지 교회의 역할은 오직 한 가지를 위해서 존재한다. 그것은 십자가이다. 우리도 십자가를 전할 때 말씨나 문체의 아름다움에 신경쓰지 말아야 한다. 전도는 테크닉으로 하는 것이 아니라 성령님의 능력으로 하는 것이다. 입을 열기 전에 성령님의 도우심을 구하는 기도를 잠시 드린 후 자연스럽게 십자가에 대하여 말문을 열면 된다.

성경·영감

성서는 영감되었습니다
고전2:6~16(1) | 199장

하나님은 세상이 시작되기 전부터 자신의 지혜를 세상에 알리실 계획을 가지고 계셨다(7절). 그리고 마침내 하나님은 자신의 지혜를 세상의 통치자들에는 숨기시고 자신이 사랑하시는 사람들에게 성령님을 통해 알리셨다(8~10절). 이 알려주신 말과 글이 곧 성서이다. 성서는 사람의 말이 아니라 성령님이 가르쳐주신 말이다(13절). 그러나 성령님이 성서를 기록할 때 사람을 기계적으로 사용하지는 않았다. 성령님은 사람을 기계로 전락시키지 않았다. 그래서 '기계적 영감설'은 옳지 않다. 오히려 성령님은 인간의 특징을 사용하면서 자기의 뜻을 성서 속에 계시하셨다. 성령님은 어떤 이는 시적으로, 어떤 이는 산문적으로, 어떤 이는 우아한 문체로, 어떤 이는 금언적으로, 어떤 이는 논리적으로, 어떤 이는 역사적 사실을 객관적으로 서술하게 만드시면서 자신의 뜻을 오류없이 기록하셨다. 그러므로 성서는 하나님의 영감으로 기록된 책이다. 만일 성서가 영감되지 않았다면 우리는 인간이라는 불완전한 매체를 통해서 전달된 불완전한 책을 믿고 사는 셈이다. 그러나 성서가 영감되었다면 우리는 이 책에 우리의 전 인생을 걸어야 한다.

하나님의 뜻·성령님

하나님의 목소리를 듣는 사람
고전2:6~16(2) | 77장

　　이 세상에는 하나님의 마음을 아는 사람과 그렇지 못한 사람 두 종류의 사람이 있다. 하나님의 깊으신 마음까지도 아시는 성령님을 인격 속에 모신 사람은 하나님의 마음을 안다(10절). 성부 하나님의 마음을 성령 하나님께서 아시고 성령 하나님의 일을 성부 하나님께서 아신다(11절). 그 성령 하나님을 모신 사람이 어찌 성부 하나님의 마음을 모르겠는가?(13절). 그러나 '육에 속한 사람'은 하나님의 마음을 모른다(14절). '육에 속한 사람'은 '자연인'을 가리키는데 이는 정신력으로 사는 사람을 가리킨다. 이들은 정신력을 극대화하면 불가능이 없다고 믿는다. 그러나 자연인에게는 성령님이 없다. 그러므로 그는 하나님의 일을 분별할 수 없고 하나님의 사람에 대해서도 이해할 수 없다. 왜냐하면 하나님의 일은 영적으로만 분별 가능하기 때문에 그렇다(14절). 그러나 성령의 사람은 모든 것을 꿰뚫어 안다. 심지어 예수 그리스도의 생각까지 안다(16절). 그러나 정신력만 앞세우는 사람은 아무것도 모른다. 우리가 진정 영의 사람인가? 그렇다면 죄를 청소하고 마음을 집중하여 하나님의 소리를 기다리면 하나님의 일을 알 수 있다. 그리고 하나님이 원하시는 것이 무엇인지 알려 주신다.

성숙·성도의 삶

생명은 있지만 자라지 않는 교인
고전3:1~15(1) | 448장

바울은 아볼로파, 게바파 그리스도파, 바울파로 나뉘어서 파당을 짓고 패를 나누어 싸우는 고린도교인을 향하여 '형제들아'라고 불렀다(1절). 그러나 어린 아이로서 너희를 대하며 편지를 쓰고 있다고 하였다(1절). 또한 바울은 고린도교인을 향하여 '육신에 속한 자'라고 불렀다(3절). 바울은 "너희들은 나의 형제지만 아직 어린아이들이다. 너희들은 나의 형제지만 아직 육신의 때를 벗지 못했다"라고 한 것이다. 왜 이런 이율배반적인 호칭이 나오는가? 고린도교인들은 죽은 자들은 아니다. 그들에게는 생명이 있다. 그들은 예수 그리스도 안에서 새로 태어난 자들이다. 그래서 바울과는 형제관계가 된다. 그러나 그들이 하는 짓은 아직 어린 아이 수준이며 육신적이며 세속적이다. 바울이 고린도교인들을 형제라고 불렀지만 어린 아이를 대함같이 하겠다는 말은 대단히 정확한 말이다. 이것은 바울이 날카롭게 진단한 것이다. 바울이 만약에 우리의 신앙을 진단한다면 과연 어떤 판정을 내릴까? "당신은 예수 믿은 지 20년이 되었지만 오래전부터 발육이 멈춘 상태로 지내고 있습니다."라고 평가할까 아니면 "당신은 태어난 지 얼마 되지 않았지만 나의 신실한 형제입니다"라고 평가할까?

교육·섭리

참 기독교 교육자이신 하나님
고전3:1~15(2) | 294장

고린도교회는 바울과 아볼라와 게바를 우상시하는 각각의 그룹이 있었다(4절). 그러나 바울이나 아볼로나 모두 다 주인이 고용한 직원에 불과했다. 바울은 복음의 씨앗을 심는 일로, 아볼로는 그 씨앗에 물주는 일로 고용되었다(6절). 한 사람은 선교사요 한 사람은 기독교 교사이다. 그런데 이 직원들을 우상시했다는 고린도교회 이야기는 너무나 우습게 들린다. 그들은 유급 직원이었다. 그들은 주인이신 하나님에게 장차 그 수고한 댓가와 삯을 받을 자들이다(8절). 교회 안에도 하나님의 직원들이 있다. 이들이 바로 목사를 비롯한 각종 봉사자들이다. 이 직원들은 씨앗을 심고 물주는 자일 뿐 그 식물의 성장과는 아무 상관이 없다. 성장은 오직 하나님만이 관여하신다(6~7절). 그러므로 학교에서, 교회에서, 가정에서 행하는 모든 종류의 기독교 교육은 반드시 꽃이 피고 열매가 맺힌다. 왜냐하면 아무리 미비한 직원이 일을 맡았을 지라도 그 일의 결과는 항상 하나님이 책임지시기 때문이다. 그러므로 우리는 '안 된다'는 말을 하지 말아야 한다. 해보지도 않고 '여기 어른들은, 여기 아이들은 절대로 변하지 않는다'고 말해서는 안 된다. 기독교 교육의 주체는 하나님이시다.

지도자·선교

잘못된 건축가
고전3:1~15(3) | 463장

　　바울은 항상 이리저리 옮겨 다녔다. 그는 고린도에서 18개월, 에베소에서 3년. 데살로니가에서 약 한달 정도 머물렀다. 선교해야 할 곳은 많고 예수에 관한 이름조차도 듣지 못한 사람들이 무수히 많았기 때문이다. 바울은 어디를 가든지 예수 그리스도라는 터를 닦았다(10절). 그런데 그는 이 터 위에 누가 잘못된 집을 지을까 염려하였다(10절). 기독교 역사 가운데 교리를 곡해하여 어그러진 모습으로 설교하는 자들이 많이 있었다. 그들은 잘못된 건축가들이다. 물론 '그날'에 즉, 예수 그리스도께서 재림하시는 날에는 이런 잘못된 건축물들은 깨끗이 일소될 것이다(13절). 그리고 그날에는 이런 불충분한 건축자들이 구원에서 제외되는 것은 아니지만 심한 책망은 피하기 어려울 것이다(15절). 우리도 이 예수 그리스도라는 터 위에 불충분한 건축물을 놓을 가능성이 있다. 물을 잔뜩 타서 기독교를 싱겁게 만들 수도 있고 자기 기분에 맞는 기독교, 자기가 경험한 기독교, 자기 인기를 위한 기독교를 전할 수도 있다. 그러나 우리는 예수님에 대하여 말 할 때 예수님이 바로 옆에서 듣고 계신다고 확신하고 전해야 한다. 사실 예수님께서는 그렇게 듣고 계신다. 이렇게 함으로써만 우리는 잘못을 벗어날 수 있다.

성전·교회·성결

내가 하나님의 거룩한 성전입니다
고전3:16~17 | 208장

　성전 개념은 구약에서부터 유래한다. 이스라엘 백성들이 출애굽하여 광야에 거할 때 하나님이 그들을 만나주는 곳, 회막(성막)이 최초의 성전이다. 이 회막은 운반하는 이동식이었다. 그 다음 성전은 고정된 한 장소에 국한되었다. 그것이 바로 솔로몬이 건립한 예루살렘 성전이었다. 여기서 제사장의 중재하여 하나님은 정기적으로 사람들과 만나셨다. 그리고 이 건물 중심의 성전 개념은 신약 시대에 인격중심의 성전 개념으로 발전한다. 그러면 오늘날 성전은 무엇인가? 성령님을 그 인격 속에 모시고 사는 사람이 곧 성전이다(16절). 즉, 크리스천이 성전이다. 이제는 하나님은 건물을 통과하지 않고 직접 사람을 찾아오신다. 그래서 그 인격을 만나시고 그 인격의 예배를 받으시고 그 인격과 교제하신다. 눈에 보이는 교회는 건물이며 예배하는 처소이다. 우리는 눈에 보이는 교회를 에클레시아(그리스도의 이름을 부르는 사람들의 모임)라 부른다. 성전은 바로 '나'이다. 하나님은 '나'라는 성전이 거룩해지기를 원하신다(17절). 그러므로 성령님이 거하시는 나의 인격 즉, 나의 지.정.의가 매일 새로워지고, 정화되고. 거룩하여지는 성전정화 운동이 매일 매일 일어나야 한다.

지도자 · 설교 · 편견

교회 지도자에 편협하지 마세요
고전3:18~23 | 455장

"너희 중에 누구든지 이 세상에서 지혜 있는 줄로 생각하거든 어리석은 자가 되라"(18절) 여기서 지혜는 '영리함'을 가리킨다. 오히려 성서는 하나님에 대하여 '영리함' 보다 '어리석을 것'을 요구한다(18절). 고린도교인들은 자신들이 영리하여 지도자들의 설교를 지성적으로만 판단했다. 그들은 설교의 내용이나 영성보다 보다 설교자의 수사법, 설득력, 단어의 품격에 따라 설교자를 판단하고 '나는 누구에게 속했다'고 하며 당 짓는 일을 하였다. 그러나 바울은 "왜 지도자를 독점하려고 하느냐? 왜 너희들은 사람을 자랑하느냐? 왜 그렇게 소심한가? 이들이 다 너희들 것이다"라고 했다(21절). 고린도교회는 어떤 한 특정 지도자에 붙들려 있으므로 다른 지도자가 가지고 있는 장점의 혜택을 누리지 못했다. 바울은 더 나아가서 모든 우주와 생명과 사망과 지금 것이나 장래 것이나 모든 것이 다 너희들 것이라고 힘주어 말했다(22절). 바울은 "이 모든 세계가 너희에게 속한다. 그러므로 누려라. 누리기만 하면 이 모든 것이 너희의 것이 된다. 온유한 자가 땅을 기업으로 받는다고 하였으니 너희도 세상의 영리함을 따라 살지 말고, 온유한 자가 되라. 그리하면 이 모든 복을 받으리라"고 말했다.

목회자·섬김

목회자는 특권을 가진 노예입니다
고전4:1~5 | 462장

바울은 고린도교인들에게 아볼로나 게바를 당파의 지도자로 생각하지 말고 단지 그리스도의 일꾼으로, 그리고 하나님의 비밀을 맡은 청지기로 봐달라고 부탁하였다(1절). 일꾼은 배 밑에서 노를 젓는 노예를 가리킨다. 청지기는 주인의 집과 재산과 노예들을 감독하는 자이다. 그러나 청지기가 노예들을 감독한다 해도 그 집주인이 볼 때 그 청지기 역시 노예이다. 바울이나 아볼로 같은 교회 지도자들도 주인에게 충성해야 하는 노예에 불과한 사람이다(2절). 그런데 고린도교인들은 이런 지도자들을 독점하거나 우상시하였다. 바울은 고린도교인들이 자기를 어떤 지도자로 생각하든 개의치 않았다. 바울도 자기 자신에 대해서 믿지 않았다(3절). 그런데 누가 지도자를 평가하는가? 교회지도자에 대한 평가는 오직 예수님만이 하신다. 예수님이 오시기 전까지는 누가 좋은 지도자인가를 성급하게 결론을 내려서는 안 된다(4~5절). 우리는 교회 목회자들을 무시해서는 안 된다. 하나님께서 그들에게 주신 특권을 과소평가해서도 안 된다. 그들을 독점하거나 우상시하는 것도 안 되고 또한 그들을 대수롭지 않게 여기는 것도 잘못이다. 교회지도자는 하나님의 유별난 특권을 가진 노예이다.

목회자·편견·섬김

목회자를 구분하지 맙시다
고전4:6~13(1) | 447장

바울은 고린도교인들이 "기록된 말씀의 범위를 벗어나지 말라"는 말씀을 귀담아 듣고 어느 한 특정 지도자만을 옹호하고 다른 지도자를 얕보는 일을 하지 말라고 하였다(6절). 고린도교인들은 매우 교만하였다. 바울은 특히 이 부분에서 매우 어조를 높였다. "네게 있는 것 중에 받지 않은 것이 무엇이냐? 너도 받았은즉 어찌하여 자랑하느냐? 무슨 근거로 바울과 아볼로와 게바를 평가하느냐?" 바울은 나무라듯이 말하였다(7절). 우리는 우리와 다른 사람을 구별하여 주는 우리만의 독특한 케릭터가 있는데 그것도 하나님께 받은 것이다. 바울의 논조는 그것도 하늘에서 주신바가 아니면 받을 수 없다는 것이다. "그러므로 어찌하여 너희들이 자랑할 만한 권리나 있는 듯이 교만한가? 그러면서 어찌하여 지도자를 판단하느냐?" "너희는 부족함이 없다. 너희는 배부르며 왕노릇하고 있구나 나는 진정 너희들이 왕이 되었으면 좋겠다. 그래서 우리 같이 한번 왕노릇해보자"(8절)라며 바울은 화가 치민 듯이 비꼬면서 말하고 있다(8절). 오늘날 우리도 목회자를 평가하고 판단하고 편 가르기를 한다면 바울이 호랑이처럼 우리에게도 이와 같이 덤벼들 것이다.

목회자·편견·섬김

목회자를 과소평가하지 맙시다
고전4:6~13(2) | 453장

바울은 당시 하나님의 종들이 경험한 모든 내용을 기록하였다. 당시 하나님의 일을 하는 종들은 배고픔과 목마름으로 고생했으며 헐벗고 매맞으며 마땅하게 거할 곳이 없었으며 자기 손으로 일했고 모욕을 당했고 핍박을 받았고 세상의 더러운 것과 만물의 찌꺼기가 되었다(11~13절). 그 당시에 이것이 사실이었다. 바울은 이렇게 하나님의 종들이 걸어가는 자기 부인과 희생의 길을 말하면서 동시에 대조적으로 하나님의 종들에 대해 수군수군하며 돌아다니는 교인들의 교만하고 오만한 태도를 지적한다(10절). 여기서 주목할 것은 "모욕을 당한즉 축복하고 박해를 받은즉 참고"(12절)이다. 이것이 하나님의 종들이 취할 태도이다. 더 충격적인 말은 하나님의 종들이 세상 사람들 앞에 찌꺼기같이 되었다는 말이다(13절). 바울은 이러한 하나님의 종들을 교인들이 더 이상 피곤하게 그리고 비참하게 만들지 말라는 뜻으로 이것을 기록하였다. 오늘날 목회자들 중에 헐벗고 구타당하고 노숙하며 쓰레기를 뒤지며 사는 사람은 없다. 그러나 비록 부족하지만 자기를 부인하고 희생의 길을 걷고자 노력하는 목회자를 당시 고린도교인처럼 '보잘 것 없는 존재'로 보는 성도는 없어야 한다(9절).

고린도전서

기독교 · 성(性) · 인간관계

기독교 인간관
고전5:9~13 | 420장

교회는 음행하는 자들이 들어오는 곳이 아니다(9절). 탐하는 자, 약탈하는 자, 우상 숭배하는 자, 비방하는 자, 술 취하는 자들과는 사귀지 말며 함께 한자리에 앉아서 먹지 말아야 한다(10~11절). 특히 교회 밖에 그러한 사람들에 대해서는 어쩔 수 없지만 교회 안에 그러한 자들이 있다면 출교하여야 한다(12~13절). 고린도교회 안에는 이런 부류의 사람들이 많았다. 그중에서도 가장 심각한 것은 성적 범죄였다. 성적 범죄의 근원은 잘못된 인간관에 있다. 잘못된 인간관은 인간을 궁극적으로 짐승으로 보게 만든다. 인간을 짐승으로 보기에 그저 부리고 취하는 대상으로 생각한다. 이에 반해 기독교는 인간을 하나님의 형상을 가진 존재로 본다. 기독교는 어느 인간이든 그 안에 하나님의 형상이 있기에 그를 존엄히 여긴다. 기독교는 인간을 육체적인 필요나 욕망의 대상으로 보는 것이 아니라 육체와 동시에 영을 가진 존재로 본다. 기독교는 인간이 이 세상에 살고 있지만 이 세상을 초월한 것을 바라보고 사는 존재라고 생각한다. 다른 사람을 항상 하나님의 아들이요 하나님의 딸로 생각한다면 성적 범죄는 저절로 이 세상에서 사라질 것이다.

정체성·교회·분쟁

교회는 시시비비를 가려 주어야 합니다
고전 6:1~11 | 223장

바울은 교회 울타리 안에서 생긴 일을 가지고 세상 법정으로 들고 가는 교인에 대해서 강력히 규탄하였다(1절). 교인은 왜 이런 일을 해서 안 되는가? 교인은 즉, 성도는 장차 세상을 판단하고 심지어 천사까지도 심판할 권능을 가진 백성이기 때문이다(2~3절). 이것은 소위 하나님의 백성으로서 자존심 문제라는 것이다. 성도는 이러한 권능과 특권을 가진 백성인데 어떻게 교회가 경이 여기는 불의한 세상 법정의 심판을 받을 수 있느냐는 것이다(4절). 교회 내 분쟁이 발생하면 세상 법정에 가지고 가지 말고 차라리 교회 안으로 가지고 들어와야 한다. 바울은 다소 짜증석인 어투로 "너희 가운데 그 형제간의 일을 판단할만한 지혜 있는 자가 이같이 하나도 없느냐"(5절)고 질문하였다. 만일 교회 안에서 싸움을 해결 해 줄만한 사람이 없으면 차라리 불의를 당하고 손해를 보라고 한다(7절). 왜냐하면 이것이 이방인 재판정으로 가는 곳보다 낫기 때문이다. 교회는 교인끼리 생긴 분쟁에 대해서 판결해 주어야 한다. 이것을 외면하는 것은 교회의 의무를 저버리는 것이다. 교회는 교회 내 사건이 터지면 항상 시시비비를 가려서 억울하게 피해보는 사람이 없도록 해야 한다.

성전 · 성도의 몸

성도의 몸은 놀라운 몸입니다
고전 6:12~20 | 208장

"모든 것이 내게 가하나 다 유익한 것이 아니요"(12절) 라는 말의 문맥상의 의미가 무엇인가? 성도는 하나님께서 금하신 것 외에는 무엇이든지 할 수 있는 자유가 있다는 뜻이다. 그러나 그 중에 유익하지 않는 일이 있다면 그것을 거절해야 한다는 것이다. 먹는 문제를 예를 들어볼 때 하나님께서 음식을 먹을 수 있도록 식욕도 주셨고 위장도 주셨다. 그렇다고 하더라도 필요이상으로 먹어도 된다는 말이 아니다. 우리의 몸도 마찬가지이다(13절). 하나님이 우리에게 몸을 주셨다. 그러나 하나님께서 이것을 가지고 마음대로 음행을 저지르라고 주신 것이 아니다. 그러므로 하나님이 주신 몸으로 그런 죄를 저질러서는 안 된다(13절). 성도의 몸은 예수님의 지체이며 그분의 몸의 일부이다. 이 거룩하고 놀라운 몸을 창녀와 한 몸이 되게 해서는 안 된다(15~16절). 우리의 몸은 성령의 집이며 하나님께서 비싼 대가를 지불하고 산 몸이기에 이 몸의 주인은 하나님이시다. 그러므로 이 몸의 주인이신 하나님께 온전히 바쳐야 한다(19~20절). 성도의 몸은 위대한 것이며 놀라운 것이다. 이것은 하나님이 만드셨으며 하나님 자신이 거하시는 거처이다. 그러므로 이 몸을 창녀가 지배하게 만들어서는 안 된다.

목회자

자발적으로 하십시오
고전4:14~21 | 300장

바울은 고린도교인들을 부끄럽게 하려고 이것을 쓰는 것이 아니라, 부모의 마음으로 권한다고 하였다(14절). 그는 그동안 너무나 강한 어조로 고린도교인을 책망했던 것이 자기 개인의 분노심에서 비롯된 것이 아니라는 것을 밝혔다. 지금까지의 편지 내용들은 스승으로써 하는 말이 아니라 복음으로 그들을 낳은 아버지의 심정으로 말한다고 하였다(15절). 그는 고린도교인들이 자기를 본받아서 부디 모든 일에 자기와 같은 사상을 가지기를 원했다(16절). 그리고 그는 마지막으로 엄격한 질문을 던지면서 성도와 교회지도자의 관계에 대한 주제를 마친다. 바울은 자기가 곧 고린도에 도착할 텐데 매를 가지고 갈까 아니면 사랑과 온유한 마음을 가지고 갈까를 그들에게 물었다(21절). 이것은 전적으로 그들에게 달려 있다는 것이다. 그동안 자기의 가르침을 받아서 그들이 목회자를 판단하지 않고 겸손한 자리에 이르면 자기가 온유함으로 갈 수 있다고 하였다(21절). 바울은 부모의 심정으로 편지를 썼다. 진짜 부모라면 아이의 기를 죽여서 억지로 굽실굽실하게 만들지 않고 자발적으로 하게 만든다. 하나님은 항상 우리에게 이렇게 말씀하신다. '너희는 너희의 모든 잘못을 항상 자발적으로 고쳐나가도록 하라'

결혼·헌신·충성

그리스도인의 결혼관(1)
고전7:1~7 | 330장

남편은 아내에 대해 독단적으로 행동할 수 없으며 아내 역시도 그러하다. 부부는 언제나 같이 행동해야 한다. 그것은 성적인 면에 있어서도 마찬가지이다(4절). 부부는 영육 양면을 포함한 모든 일을 항상 같이 해야 한다. 그러나 신앙적인 수양을 해야 할 경우에 있어서는 잠시 예외가 된다. 부부가 얼마동안 온전히 기도에 전념해야 할 경우에는 육체적인 일을 일정기간동안 피하는 것이 좋다(5절). 그러나 그것도 부부가 합의해서 해야 하며 너무 장기간에 걸쳐서 하는 것은 좋지 않다(5절). 그렇지 않으면 유혹에 빠져 들어갈 수 있기 때문이다. 바울이 결혼을 경시하는 듯한 태도를 보인다. 자기처럼 가정을 가지지 않기를 권면하는 듯 보인다(7절). 바울은 산헤드린 회원이었다(행26:10). 산헤드린 회원은 반드시 기혼자여야 한다. 바울이 왜 홀로 되었는지는 모르지만 그는 결혼과는 담을 쌓고 재혼은 생각지도 않았다. 그가 가정을 가졌더라면 그처럼 여행을 많이 하지 못했을 것이다. 될 수 있으면 모든 사람이 자기와 같이 되었으면 하는 바울의 소원은 결혼이나 재혼을 무시하는 것이 아니라 예수님에게 그만큼 미치라는 뜻이다. 크리스천은 결혼보다 예수님을 중시해야 한다.

결혼·성결

그리스도인의 결혼관(2)
고전7:8~24(1) | 425장

바울은 미혼자나 과부는 결혼하지 않는 것이 좋지만 절제할 수 없거든 결혼하라고 하였다(8절). 또 기혼자는 이혼을 하면 안 되지만 이미 이혼을 했다면 재혼을 하지 말고 이혼한 배우자와 다시 재결합을 시도하라고 하였다(10~11절). 그리고 바울은 자기의 개인적인 소견이라고 밝힌 후 신자와 불신자의 혼인관계에 대해서 말하였다(12절). 만약에 신자와 불신자가 부부가 되었을 때 불신자 쪽에서 이혼을 요구하지 않으면 결코 그를 버려서는 안 된다(12~13절). 그러나 불신자인 한쪽이 이혼을 요구하면 그렇게 하라고 권면하였다(15절). 바울은 신자와 불신자가 신앙적인 갈등 때문에 도무지 같이 살 수가 없다면 갈리지는 것이 좋다고 하였다. 불신자인 한쪽이 이단에 빠져서 계속 하나님의 이름을 모독하고 더럽힌다면 어떻게 함께 살 수 있는가? 당시 고린도교인 중에 이 문제로 심각한 갈등이 야기되었던 것 같다. 그러나 바울은 불신 배우자가 신자 배우자 때문에 거룩해 진다는 아름다운 사상을 가지고 있다(14절,16절). 이 말이 중요하다. 불신 배우자가 아직 예수님의 사랑을 깨닫지 못하고 엉뚱한 길로 간다 해도 꾸준히 기도하고 노력하면 그도 언젠가는 거룩하여진다. 불신자와 결혼을 앞둔 사람은 이 말을 꼭 붙들어야 한다.

성결·성도의 삶

그대로 사십시오
고전7:8~24(2) | 288장

　각 사람은 하나님께서 부르신 처지 그대로 살아가야 한다(17절). 할례 받은 몸으로 예수님을 영접했다면 할례의 흔적을 지울 필요 없고 할례 받지 아니한 몸으로 예수님을 영접했다면 굳이 할례 받으려고 할 필요가 없다. 할례를 받았느냐 안 받았느냐가 중요한 것 아니고 하나님의 계명을 지키는 것이 중요하다(18~19절). 각 사람은 부르심을 받은 그때의 처지대로 크리스천이 되어야 한다(20절, 24절). 사람들은 크리스천이 되면 지금까지 하던 일을 그만 두거나, 지금까지 관계를 맺던 사람들과 손을 끊고 새로운 생활을 시작하는 사람들이 있다. 그러나 바울은 기독교의 기능이란 사람들에게 새로운 생활을 부여하는 것이 아니라 그의 옛 생활을 새롭게 하는 것이라고 한다. 하나님은 어떤 사람이 크리스천이 되었을 때 현실에 대해서 반감을 가질 것을 요구하지 않으신다. 또 삶의 터전을 박차고 나오라 하지 않으신다. 그대로 살라고 하신다. 그러면 이전의 믿지 않았던 상태와 믿고 난 이 후와 달라지는 것은 무엇인가? 지금까지 계속 해오고 있는 일을 그때부터 하나님을 위해서, 선교를 위해서 하면 되는 것이다. 예수님에게 눈을 떴다고 해서 신학을 하거나, 기도원에서 살라는 뜻이 아니다.

결혼·창조·섭리

결혼하십시오
고전7:25~40 | 559장

바울은 총각이나 처녀는 될 수 있는 대로 결혼하지 말 것을 부탁한다(25~27절, 32~34절, 38절). 그리고 재혼도 피하라고 한다(40절). 바울은 결혼이 죄는 아니지만 결혼 자체를 고난으로 보았다(28절). 바울이 왜 이런 글을 썼을까? 이 부분은 바울 당시의 시대적 정황을 알아야 한다. 바울이 고린도교회에 편지를 썼을 때 그의 마음에는 예수님의 재림과 세상 종말에 대한 임박성으로 가득 차 있었다(26절, 29절). 그래서 그는 소위 긴급 명령을 내렸던 것이다. 때가 멀지 않았으니 다른 일을 제쳐놓고 오직 예수님을 맞이할 준비만 하라는 것이었다. 이 일에 방해가 될 만한 요소는 그것이 아무리 중요하다 할지라도 버리라는 것이다. 이러한 바울의 주장을 오늘날 문자적으로 적용할 수 없다. 바울이 에베소서를 쓸 때는 바울도 인간적인 상황 속에서 결혼을 가장 중요한 것이라고 했다. 심지어 부부관계를 예수님과 교회의 관계로서 보기도 했다(엡5장). 성서 해석은 먼저 그 시대적 상황을 고려해야 한다. 결혼은 하나님이 제정하신 것이다(창2장). 그러므로 결혼해야 한다. 현대 크리스천들은 하나님이 제정하신 결혼을 하기 위해서 적극성을 가져야 한다.

이웃·사랑·성결

천상천하 유아독존은 없다
고전 8:1~13(1) | 432장

고린도교회에 헬라 예식에 따른 제사용 고기를 먹는 문제에 대하여 논란이 있었다. 어떤 지식이 있는 크리스천은 우상은 실지로 있지도 않은 것이며, 있지도 않은 것들에게 제사한 고기도 아무 의미 없다고 생각했다(4~5절). 그래서 그것을 거리낌 없이 먹었다. 그것은 그냥 고기일 뿐이었다. 그런데 어떤 무지한 사람은 이것을 지켜보며 실족하였다(7절). 이들은 지식이 부족해서 우상도 존재하며 그 고기도 우상이 먹은 고기라고 생각하였다. 여기서 바울은 중요한 크리스천의 윤리관을 소개한다. 이 무지한 사람들이 우상에게 받쳐진 고기를 먹는 크리스천을 보고 실족했다면 그만 두어야 한다는 것이다(9~10절). 크리스천의 윤리 기준은 지식이 아니라 이웃 사랑이다(1절). 바울도 만일 음식이 내 형제를 실족케 한다면 자기는 고기를 먹지 않겠다고 했다(13절). 만일 나의 미니스커트가 이웃을 걸려 넘어지게 한다면 안 입어야 한다. 만일 나의 울부짖는 방언소리가 다른 기도자에게 방해가 된다면 자제할 줄 알아야한다. 만일 나의 율동과 몸짓이 다른 사람의 눈살을 찌푸리게 한다면 그만 두어야 한다. 천상천하 유아독존은 크리스천의 윤리가 아니다.

사랑·무지

사랑이 무지를 고칩니다
고전 8:1~13(2) | 561장

지식은 교만에 빠지기 쉽게 한다(1절). 자기가 무엇을 좀 안다고 생각하는 사람이 있다면 그는 자신의 무지를 드러내는 것이다(2절). 지식은 좋은 것이지만 그만큼 위험 부담이 크다. 사람이 만일 자기가 많이 알고 있다는 사실에만 집착한다면 그 지식은 그를 자만하게 하고 우쭐하게 한다. 사람은 자기만큼 지식이 많지 않은 사람을 보면 동정심을 잃기 쉽다. 그런 지식은 참된 지식이 아니다. 그것이 설령 참된 지식이라고 할지라도 지적 우월감은 위험한 것이다. 바울은 여기서 지식 대신에 사랑을 앞세운다. 바울은 옳고 그른 것을 예리하게 분석하는 지적 능력 보다 사랑을 앞세운다. 바울은 옳고 그른 것을 날카롭게 분석한 후 사람을 정죄하고 몰아세우는 것보다 다소 무지해도 덮어주고 감싸주고 세워주는 사람을 추천한다. 사랑이 결국 덕을 세운다(1절). 사랑이 결국 무지를 고친다. 크리스천은 반드시 말해야 하고, 반드시 해야 하고, 반드시 지적해야 할 될 일이 있지만 사랑을 위해서 그것을 그만 둘 줄도 알아야 한다. 예수님이 죽으시기까지 사랑하신 연약하고 지식이 없는 이웃을 기다려주어야 한다(11절). 지식이 무지를 고치는 것이 아니라 사랑이 무지를 고친다.

목회자

목회자의 사례비는 정당합니다
고전 9:1~27(1) | 560장

바울은 격앙된 목소리로 자기를 힐난하는 자들에게 목회자로서의 자기 권리를 표명했다(3절). 그 내용은 다음과 같다. 바울 자신도 먹고 살 권리가 있다는 것(4절). 다른 사도들에게는 사례비를 주면서 어떻게 바나바와 자신은 생계를 위해 계속 일하게 하는지에 대한 것(6절). 양치는 목자는 그 양 젖을 먹을 권리가 있듯이 자기들도 그렇다는 것(7절). 타작마당에서 일하는 소에게 망대를 씌우지 말라는 것은 소가 아니라 목회자를 두고 하신 말씀이므로 하나님의 일꾼들은 일한 보수를 받는 것이 당연하다는 것(9~10절). 다른 설교자도 사례를 받을 권리를 가졌는데 자신에게도 그럴 권리가 있다는 것(12절). 하나님은 성전에서 일하는 하나님의 종들에게 제물의 분깃을 나누어 주도록 정하셨다는 것 등이다(13절). 그러나 바울은 자신도 이러한 권리가 있지만 한번도 그 권리를 주장하지 않고 스스로 일해서 생활비를 충당하였다(12절). 자존심 강하기로 소문난 사람다운 모습이다. 오늘날 교회에서 목회자에 대하여 무사례비를 주장하는 사람들이 간혹 있다. 목회자는 빈곤층으로 살아야 한다고 주장하는 사람들도 간혹 있다. 그러한 주장은 잘못된 것이고 비성서적인 부끄러운 주장임을 알아야 한다.

복음·선교·사랑

사람 가리는 사람은 실패한다
고전 9:1~27(2) | 492장

바울은 하나님의 일꾼으로 보수를 받을 권리가 있지만 이런 권리를 조금도 행사하지 않았다. 그 이유는 사례를 받지 않아서 굶어 죽는 것보다 복음을 무상으로 전하며 얻는 기쁨이 더 크기 때문이었다(15절). 그리고 그는 이런 식으로 복음을 전하지 않으면 자기에게 화가 미칠지 모른다고 생각했다(16절). 이어서 바울은 자기의 독특한 선교의 방법에 관해서 나누었다. 그는 어느 누구에게도 얽매이지 않은 자유로운 몸이지만 많은 사람을 얻으려고, 스스로 모든 사람의 종이 되었다고 하였다(19절). 바울은 전도대상자가 생기면 그 사람을 얻기 위하여 그 사람과 똑같은 처지까지 내려가서 그의 마음을 사로잡았다. 그래서 그는 율법 없이 사는 이방인도 되어보았고, 믿음이 약한 사람도 되어보았다(20~22절). 이것이 바울의 선교 방법이었다. 우리도 하나님의 선교를 위해서 누구와도 거리낌 없이 통할 수 있어야 한다. 복음을 위해서는 거지하고도 친구할 수 있어야 한다. 선교를 위해서 악취가 나는 사람과도 잘 수 있어야 한다. 크리스천은 사람을 가리지 않고 사귀는 기술을 가져야 한다. 선교를 위해서는 까다롭지 말아야 한다. 사람에 대해서 까다로운 사람은 전도하기 쉽지 않다.

인생 · 전쟁

인생은 전쟁이다
고전 9:1~27(3) | 348장

바울은 인생을 육상 경주에 비유하였다(24절). 경주라기보다 전쟁이라 해야 더 적절할 것 같다. 인생은 전쟁이다. 어떻게 하면 이 전쟁에서 승리할 수 있을까? 그 비결을 '자기 절제'이다(25절). 권투 선수는 상대가 없는 링에서 주먹을 휘두를 필요가 없다(26절). 권투 시합에는 라이벌(rival)이 있어야 한다. 그런데 인생 전쟁에서의 라이벌은 '자기 자신'이다. 바울도 이 라이벌과 매일 전쟁을 치렀다. 그는 자기가 구원에서 이탈되는 것을 방지하기 위해 자기 몸을 날마다 쳐댔다(27절). 전쟁 중에는 약한 군인이나 연습을 게을리 하는 군인은 살아남을 수 없다. 크리스천은 항상 자기 자신을 전쟁하는 인간으로 생각해야 한다. 그러나 그 전쟁 상대는 외부에 있는 것이 아니라 항상 자기 자신이다. 가공할 파괴력을 가진 공중 권세 가진 자들은 인간의 몸과 마음을 조종한다. 이들은 사람들에게 "인생에서 가능한 즐기고 취하라. 이것이 남는 장사다"라고 가르친다. 우리는 태어나면서부터 죽는 순간까지 전쟁을 한다. 이 전쟁은 하나님의 거룩한 꿈과 이상을 실현하기 위하여 자기 자신을 '꺾고 치는' 전쟁이다. 이 전쟁은 세상에 있는 전쟁 중에서 가장 이기기 힘든 전쟁이다.

유혹·승리

유혹과 빠져 나갈 길
고전 10:1~13 | 360장

　이스라엘 사람들은 광야시대에 구름의 인도를 받았으며 바다 밑으로 걸어 다녔으며 광야에서 만나를 먹었으며 반석에서 나오는 물도 마셨다1~4절). 그들은 하나님의 특권층이었다. 이와 같은 특권을 받았음에도 그들은 철저히 타락했다. 우상숭배와 음행으로 목숨을 잃었고 하나님을 시험하고 원망하다가 멸망하였다(7~10절). 이런 일들이 후대 사람들에게 본보기가 되었다(11절). 그러므로 하나님의 특권층인 사람들 즉, 자기가 선 줄로 생각하는 사람들은 조심해야 한다(12절). 특권층이라고 방심하는 사이에 넘어 질수 있다. 바울의 요지는 유혹은 반드시 온다는 것이다. 유혹은 인생에서 본질이다. 그러나 그는 인생에서 또 하나의 본질을 소개한다. 그것은 '피할 길'이다(13절). 유혹과 함께 하나님은 항상 '빠져 나갈 길'을 마련해 놓으신다. '빠져 나갈 길'이란 협착한 산길도로에서 가까스로 빠져 나올 수 있는 길을 의미한다. 적에게 포위된 군대가 가까스로 빠져 나갈 길을 발견했다면 얼마나 감사한 일이겠는가? 하나님은 자기의 자녀들에게 이런 감사를 허락하신다. 그러므로 크리스천은 유혹에 넘어가지 말아야 한다. 왜냐하면 유혹과 함께 '빠져 나갈 길'이 그 옆에 마련되어 있기 때문이다. 그래서 유혹을 참은 자, 이긴 자들이 생각보다 이 세상에 많이 있다.

우상숭배·사단

조상 제사 하지 마세요
고전 10:14~22 | 548장

바울은 성만찬에서 받은 잔을 마시는 것은 예수님의 피를 나누어 마시는 것이며 또한 받은 빵을 먹는 것은 예수님의 몸과 하나 되는 것이라고 하였다(16절). 그는 구약 시대에 하나님께 제사를 드리고 난 그 제물을 나누어 먹는 사람들은 모두 하나님의 제단에 참여한 사람들이라고 하였다(18절). 여기서 강조하는 것은 먹는 문제가 그만큼 중요하다는 것이다. 먹는 것은 단순히 음식을 씹어서 목구멍에 넘기는 행위가 아니라 그 음식과 관련된 사상을 함께 공유하는 것이다(20절). 그런 의미에서 우상에게 바쳐진 고기는 안 먹어야 한다(21절). 사단의 목적에 봉사한 고기에는 그 사단의 사상이 남아있다. 따라서 그것은 더러운 물건인 셈이다. 우상 자체는 아무것도 아니다. 우상 자체는 무(無)이다. 그러나 우상 숭배는 안 된다. 그것은 사단이 시키는 일이다. 우상 숭배는 사단과의 교제가 된다(20절). 조상 제사도 그와 같은 맥락에서 생각할 수 있다. 조상님 사진이 왜 문제가 되겠는가? 그러나 그 앞에 경배하는 것은 안 된다. 조상에게 경배하는 것은 사단에게 속아 넘어가는 행위이다. 그것은 곧 사단과 친구가 되는 것이다.

전도 · 이웃 · 사랑

사람이 하나님이다
고전 10:23~33 | 496장

    신자는 불신자가 초대하는 잔치에 갈 수 있으며, 거기서 주인이 내놓은 고기에 대해서 아무 말이 없으면 먹어도 된다(27절). 모든 음식은 하나님께서 주신 것이기 때문이다(26절). 반면에 주인이 이 음식은 우상에게 바친 것이라고 말하면 먹어서는 안 된다(28절). 주인이 그렇게 말한 것은 신자는 이런 류의 음식은 먹지 말아야 한다는 양심을 가지고 있기 때문이다. 그렇다면 신자는 그의 양심을 위하여 먹지 말아야 한다. '다른 사람 신경 쓸 것 없이 나만 옳으면 된다' 식의 사고방식을 해서는 안 된다. 크리스첸 무엇을 하던지 하나님께 영광이 되는 쪽으로, 그리고 사람을 걸려 넘어지게 하지 않는 쪽으로 행동을 선택해야 한다(31~33절). 크리스첸은 이 두 가지를 동시에 만족시켜야 한다. 성경은 이 두 가지를 따로 분리하지 않는다. 타인을 위하여 자기 권리를 포기할 때 그것이 곧 하나님께 영광 드린 것으로 규정한다. 말하자면 사람에게 한 것이 곧 하나님에게 한 것이다. 예수님도 이웃에게 베푼 작은 선행을 예수님 자신에게 한 것으로 규정하고 이웃에게 행한 작은 악행도 예수님 자신에게 한 것으로 규정한다고 하셨다(마25:35~40). 알고 보니까 우리의 이웃이 곧 우리의 하나님이다.

지도자·모범

바울을 본받읍시다
고전 11:1 | 445장

고린도 교인들에게 바울은 자신을 본받으라고 하였다(1절). 바울 자신의 인격과 행동이 모든 사람이 따라야 할 절대 규범이라도 된단 말인가? 바울은 복음을 위하여 자신의 모든 자유와 권리를 포기하였던 자신의 모습을 고린도 교인들이 닮기 원했다. 고린도 교인들은 목회자들을 우열로 가려 놓고 항상 파를 조성하였다. 그들은 걸핏하면 세상법정에 소송하며 재판하며 싸웠다. 심지어 음식 문제를 하나 놓고서도 치열한 공방을 하며 서로에게 모욕과 상처를 주었다. 그러한 그들에게 바울은 복음을 위하여 모든 권리를 포기하며 사는 자신을 배울 것을 권면했다. 그는 책임 있는 행동을 하였다 그러므로 그는 늘 많은 타인들에게 자신있게 자신을 본받기를 주장할 수 있었다. 우리도 항상 이러한 의무감을 가지고 있어야 한다. 우리는 알지 못하지만 교회 내 청년이나 학생이나 신앙이 미숙한 사람들은 항상 우리를 주시하고 있다는 것을 의식해야 한다. 우리가 어떤 모델이냐에 따라 약한 자가 강하게 되고, 결단하지 못하는 자가 확신을 가진 자가 되고, 유혹 당하는 자가 이기는 자가 된다. 그러나 우리가 잘못된 모델이 되면 그들의 운명도 달라지게 된다.

성서해석 · 성결

여자는 너울을 써야 합니까?

고전 11:2~16 | 420장

    이 본문은 21세기가 아닌 1세기의 눈으로 읽어야 한다. 바울은 여자를 남자에 종속된 존재로 보았다(3절, 8~9절) 그리고 여자는 반드시 교회 안에서 머리에 너울을 써야 한다고 하였다(5~6절, 13절, 15절). 바울 시대에 점잖은 여인들은 반드시 너울을 쓰고 다녔고 너울을 쓰지 않고 다니는 것은 상상도 할 수 없었다. 너울을 쓴 여자는 정숙한 여인이었고 이 여인은 어디를 가도 안전했다. 거리에서 너울을 쓴 여인을 쳐다보는 것은 무례한 일이었다. 너울을 쓰지 않은 여자는 창녀였다. 심지어 너울을 쓰지 않은 여자는 천사들에게도 성적인 유혹이 된다고 할 만큼 너울은 유대 사회에서 여자의 정숙과 순결을 지켜주는 강한 방패였다(10절). 바울이 왜 이런 유대관습을 교회 안에서도 지키라고 추천하고 있는 것일까? 고린도는 세계에서 가장 음란한 도시였다. 그러기에 바울은 미리 예방 주사를 놓고 있는 것이다. 그는 이 음란의 파도에서 교회를 지켜보고자 하였던 것이다. 그래서 엄격하게 기울어졌다. 엄격하게 기울어지는 편이 크리스천이 음란하고 방종하다고 비난을 듣는 것보다 나았기 때문이다. 이 본문은 오늘날 교회에서 '여자들이 너울을 써야 하느냐? 쓰지 않아야 하느냐?'의 문제와는 아무런 관련이 없다.

기독교 · 성도의 교제 · 평등

기독교 안에 차별이 없어야 한다
고전 11:17~34(1) | 468장

초대교회에 애찬식이 성행했다. 애찬은 교회공동체 사람들이 각자의 형편에 맞게 먹을 것을 가져와서 함께 나누어 먹었던 아름다운 관습이었다(20절). 그런데 고린도교회는 이 애찬이 잘못된 방향으로 흘러갔다. 그 교회에는 부자도 있고 가난한 자도 있었다. 음식을 많이 가져올 수도 있지만 거의 아무것도 가지고 올 수 없는 자도 있었다. 실지로 노예들은 이 애찬만이 한 주간에 한번 배부르게 먹을 수 있는 유일한 식사였다. 그런데 부자들은 음식을 나누어 주려 하지 않았으며 자기들끼리만 모여서 재빨리 먹어치워 버렸다(21~22절). 그 결과 교인들 간에 사회적 격차를 없애려던 애찬식이 오히려 그 격차를 더 심화하게 만드는 결과가 초래되었다. 이것이 고린도교회 내의 또 하나의 분쟁의 요소였다(18절). 고린도교회 안에는 여전히 수준차이와 차별이 존재하였다. 기독교 안에는 차별이라는 단어는 없어져야 한다. 크리스천은 자기와 다른 의견을 가진 사람과도 계속 교제할 수 있어야 한다. 크리스천은 자기보다 부의 수준이 떨어지는 사람과도 계속 사귈 수 있어야 한다. 크리스천은 학력 수준이 자기와 비교도 안 되는 사람과도 친구가 될 수 있어야 한다. 이것이 교회이다.

성만찬

성찬을 받는 자의 자세
고전 11:17~34(2) | 227장

성만찬은 예수님께서 직접 제정하신 것이다. 예수님은 "이 떡은 내 몸이며, 이 잔은 내 피로 값 주고 산 새 언약이다"라고 하셨다(24~25절). 이 성찬을 받는 것은 단순히 그 떡과 잔을 입에 넣는 것이 아니라 예수님의 죽으심을 예수님께서 오실 때까지 선포하는 행위이다(26절). 성찬식에서 받은 떡과 잔을 예수님께 대한 믿음과 존경심을 가지고 먹으면 그것이 단지 예수님의 죽으심을 기념하는 것이 아니라 예수님과 산 교제를 하는 것이다. 그러므로 합당치 않게 떡과 잔을 먹거나 마시지 말아야 한다. 만약에 그렇게 먹고 마신다면 그는 큰 죄를 짓는 것이다. 성찬을 분별없이 먹고 마시는 사람은 자기에게 내릴 심판을 먹고 마시는 것이다(27~29절). 이 거룩한 예식에 참여하는 자는 항상 자기를 살펴야 한다. 그러나 오해하지 말아야 할 것은 이 성찬은 완벽한 사람을 위한 것이 아니다. 이 세상에 죄 없는 사람이 있겠는가? 설령 죄가 있다 할지라도 그가 진정으로 죄를 회개하고 성찬을 받는다면 그 성찬은 언제나 그에게 길을 열어준다. 하나님을 사랑하며 사람을 사랑하는 자가 이 성찬을 받으면 그의 죄가 주홍같이 붉을 지라도 눈과 같이 희어질 뿐 아니라 예수님과 무한한 교제를 나누게 된다.

성령님·믿음

성령님이 믿게 합니다
고전 12:1~3 | 191장

바울은 성령님의 은총에 대하여 쓰고 있다. 그는 먼저 고린도 교인들이 예수님을 믿기 전에 우상 숭배에 빠졌던 것을 상기시켰다(2절). 그리고 바울은 하나님의 영으로 말하는 사람은 아무도 "예수는 저주를 받아라" 말할 수 없다고 말한 것으로 봐서 고린도 교인 중에는 과거에 그런 일을 한 사람이 있었던 것 같다(3절). 바울 당시 유대인들이 기독교 개종자들에게 "예수는 저주 받아라"는 말을 억지로 시키고 만일 그렇게 말하지 않으면 유대인 공동체에서 파문시켰다. 바울은 과거에 그들이 행하였던 두 가지 과오를 지적 한 후 그들이 예수님을 주(主)로 고백하고 있는 지금의 사실에 대하여 해석을 해주고 있다. 바울은 성령님을 힘입지 않고서는 아무도 "예수는 주님이시다" 말할 수 없다고 했다(3절). 지금 현재 그들이 예수를 주로 고백하고 있는 것은 그들의 지혜나 총명으로 한 것이 아니라 외부에서 들어온 어떤 인격체에 의해서 이루어진 것인데 그것이 바로 성령님이시다. 예수가 주시라는 것은 인간이 자기 힘으로 발견한 것이 아니다. 그것은 하나님께서 은총을 베풀지 않고서는 도저히 알 수 없다. 성령님이 과거 어느 순간에 나에게도 그렇게 하고 지나가셨다.

신유 · 은사

신유 은사에 대한 오해
고전 12:4~11 | 471장

　초대교회의 다양한 은사들은 성령님께서 부여하신 것이며 그 은사 자들의 주인은 한분이신 하나님이시다(4~6절). 은사의 종류로는 지혜와 지식의 말씀을 전하는 은사, 믿음의 은사, 신유의 은사, 능력 행함의 은사, 예언의 은사, 영분별의 은사, 방언과 방언 통역의 은사 등 다양하다(8~10절). 여기서 신유의 은사에 대해서 생각해 보겠다. 초대교회는 신유가 일상적이었다. 유대인이 병에 걸리면 의사에게 가기보다는 랍비에게 가는 것이 보통이었고 그렇게 해서 병이 낫는 경우가 많았다. 이 때는 병이 이렇게 고침 받는 시대였다. 그렇지 않았다면 바울은 병 고치는 은사에 대하여 언급하지 않았을 것이다. 그러나 21세기를 사는 현대에서 주의할 것이 하나있다. 하나님은 초대교회 때와는 비교도 안될 만큼 수많은 병 고치는 자들을 현대 세상에 두셨다. 그들을 의사라고 부른다. 하나님은 그들에게 병을 고치도록 특별한 은사를 부여하였다. 오늘날 하나님이 세우신 의사를 부정하고 신유만을 고집하는 자들이 있다. 이들은 하나님의 섭리를 부정하는 불신앙자들이다. 병이 나면 하나님이 세우신 의사를 찾아가야 한다. 그리고 병에서 빨리 회복되기 위하여 기도해야 한다(약5:16).

교회 · 지체 · 성도

크리스천은 예수님의 신체기관이다
고전 12:12~31(1) | 215장

사람의 몸에 다양한 신체 기관들이 있듯이 예수님의 몸에도 다양한 신체기관이 있다. 예수님의 신체 기관은 사람들로 구성되는데 유대인, 이방인, 노예, 주인도 있다(12~13절). 그러므로 이 각각의 신체기관들은 서로 싸우거나 무시하지 말아야 한다(18~21절). 교회 안에는 대학 교수도 있고 초등학교 졸업자도 있다. 대학교수가 예수님의 발가락일 수도 있고 초등학교 졸업자가 예수님의 눈일 수도 있다. 이것은 예수님 만 아는 사실이다. 그러나 한가지 분명한 사실은 이들은 서로 서로 돌보아야 할 사이이며, 고통을 분담해야 할 사이라는 사실이다. 사람은 "내 발이 아프다"고 말하지 않고 "내가 아프다"고 말한다. 그러므로 교회 내 어떤 한 사람이 아프면 교회 전체에 통증이 와야 한다. 크리스천 한 사람 한 사람은 예수님의 신체기관이다(27절). 그러므로 크리스천 한 사람 한 사람은 몸 되신 예수님을 기쁘시게 해야 한다. 예수님은 지금 사람의 형체를 가지고 계시지 않다. 때문에 예수님께서 무슨 일을 하고 싶을 때 이 세상에서 자기를 대신해줄 사람을 찾고 계신다. 우리는 문자 그대로 예수님의 몸이며, 예수님의 일을 해야 할 손이며, 예수님을 위해 말해야 할 목소리이어야 한다.

교회·성직·은사

교회 건물 관리자에 대하여
고전 12:12~31(2) | 215장

하나님은 초대교회에 다양한 은사자들을 세우셨는데 그 중에 사도와 선지자와 교사와 능력 행하는 자와 병 고치는 자와 다스리는 자와 방언하는 자들이 있다(28절). 이 중에 '다스리는 자'는 교회 관리에 종사하는 사람을 가리킨다. 오늘날로 말하면 교회 건물이나 차량을 관리하는 자들이라고 보면 된다. 성경은 교회 건물이나 차량을 관리하는 것을 직업이라고 하지 않고 은사라고 한다. 교회 안에는 말씀을 전하고 가르치는 목사와 전도사도 있고 교회 건물 및 시설들을 관리하는 자들도 있다. 이들은 다 하나님께서 필요에 따라 골고루 세우신 은사자들이며 예수님의 몸의 신체들이다(24절, 27절). 목사나 전도자는 전면에 나서서 사람들의 주목을 받으며 일한다. 그러나 교회 건물 및 시설을 관리하는 자들은 특별한 주목을 받지 못한다. 인간 몸 안에는 겉에서는 보이지 않지만 다른 어느 부분보다 중요한 기능을 담당하는 부분이 있듯이 '다스리는 자들'도 사람 눈에는 띄지 않지만 훌륭하게 교회에 봉사하는 사람들이다. 그들의 봉사가 아니면 교회는 유지될 수 없다. 그러므로 이들 스스로도 자신들은 하나님의 은사자라는 자의식을 가져야 하며 교회도 그렇게 여겨야 한다.

사랑·성도의 삶

사랑이 최고입니다
고전 13:1~13(1) | 286장

　　방언의 은사를 가진 사람도 사랑이 없으면 괴성을 지르는 타종교인이나 이단들과 구분이 안 된다(1절). 예언의 은사를 가진 사람도 사랑이 없으면 그의 메시지는 무섭고 위협적이라 어떤 사람도 깨우치지 못한다(2절). 많은 지식을 가진 사람도 사랑이 없으면 남을 멸시하게 된다(2절). 열렬한 믿음을 가진 사람도 사랑이 없으면 믿음이 약한 사람에게 잔인하게 된다(3절). 구제를 많이 하는 사람도 사랑이 없으면 남에게 모욕감을 주거나 하찮은 우월감에 빠진다(3절). 자기 목숨을 남을 위하여 불처럼 내어주는 사람도 사랑이 없으면 사후 자신이 얻게 될 칭송만 생각하는 것이다(3절). 세상에서 가장 높은 능력, 가장 높은 지식, 가장 높은 지위, 가장 높은 열정, 가장 높은 헌신보다 더 위에 있는 것이 사랑이다. 하나님은 '사랑을 가진 자'가 이 세상에서 가장 위대하고 가장 높은 사람이라고 하신다. 그러므로 이 세상 끝날 때까지 언제까지나 남아 있을 것은 사랑이다(13절). 성경 가운데 이 한 장만큼 선인들에게, 능력자들에게 반성을 촉구하는 곳은 없다. 반대로 이 한 장만큼 약하고 가진 것 없는 자들에게 위로와 용기를 주는 곳은 없다. 결국 사랑을 많이 했던 자가 저 나라에서 가장 큰 자로 살게 된다.

사랑·방언

예언과 방언과 지식은 폐합니다
고전 13:1~13(2) | 286장

바울은 사랑은 영원하지만 반대로 폐하여질 것들이 있다고 하였다. 그것은 예언과 방언과 지식이다(8절). 여기서 예언은 미래를 점치는 것이 아니라 하나님의 말씀을 가르치고 전하는 것을 가리킨다. 실은 사람이 가르치고 전하는 것은 완전한 것이 아니다(9절). 우리가 장차 하나님 나라에 가서 완전한 말씀을 만날 때 과거에 우리가 지상에서 가졌던 말씀이 부분적이었다는 사실을 알게 된다. 그래서 이 땅에서의 예언은 폐하여질 것들이다. '지식'도 마찬가지이다. 우리가 가지고 있는 현재의 지식은 유치한 것이다. 이 땅에서 사람이 깨닫고 생각하는 것들은 장성하지 못한 어린 아이 수준과 같다(11절). 이 땅에서의 지식은 마치 사물이 뚜렷이 비치지 않는 고린도 시대의 거울과 같다. 지금 현재 사람이 가지고 있는 지식은 장차 하나님 나라에 가서 확실히 만나게 될 그 지식에 비하면 수수께끼나 신비에 쌓인 것과 같다(12절). 그래서 이 땅에서의 '지식'도 폐하여 질 것들이다. 그러므로 '지식' 가지고 이 세상에서 우쭐할 필요가 없다. 자랑을 하려면 '사랑'을 가지고 해야 한다. 왜냐하면 가장 영원한 것은 사랑이기 때문이다. 결국 사랑을 많이 했던 자가 저 나라에서도 끝까지 남게 된다.

방언·가르침

방언 은사에 관하여(1)
고전 14:1~19 | 515장

　방언은 하나님을 향하여 말하는 것으로 인간을 향하는 것이 아니다(2절). 왜냐하면 그것은 인간이 알 수 없는 것이기 때문이다(2절). 방언 은사를 사용하면 자신의 영적인 경험을 풍성하게 할 수 있다(4절). 그러나 교회를 풍성하게 할 수는 없다. 왜냐하면 그것은 인간이 알 수 없는 것이기 때문이다. 반면에 하나님의 말씀을 전하는 은사, 즉 예언 은사는 교회에 유익이 된다(4절). 그래서 방언 은사보다 예언 은사를 더 사모해야 한다(5절). 피리는 제대로 화음의 법칙에 따라 소리를 내야 아름다운 멜로디를 만들어 낼 수 있지만 만일 그렇지 않으면 짜증나는 잡음만 낼 뿐이다(7절). 서로 말이 통하지 않는 두 사람이 만나서 계속 말만한다면 서로가 외국인이 되는 것이다(11절). 이 세상에 많은 소리가 있는데 그 소리는 다 의미가 있어야 한다(10절). 방언이 의미있는 것이 되기 위해서는 통역 은사가 있어야 한다(13절). 통역 은사를 받지 못했다면 방언을 폭포수처럼 쏟아내는 것보다, 의미있는 분명한 다섯 마디 말하는 것이 낫다(19절). 성경은 방언 은사를 사모하는 것도 중요하지만 보다 의미있고 감동적인 말씀을 잘 전하는 은사를 사모할 것을 장려한다.

방언·교회

방언 은사에 관하여(2)
고전 14:20~25 | 423장

바울은 고린도 교인들에게 생각하고 사고하는 데에 있어서는 제발 유치해지지 말라고 한다(20절). 고린도교회 내 방언 문제로 상당히 골치가 아팠던 모양이다. 여기서 바울은 방언과 예언(하나님의 말씀을 전하는 은사)을 날카롭게 대조한다. 방언은 믿는 자들을 위해 주신 것이 아니라 믿지 않는 자들에게 하나님의 살아계심의 표징으로 주신 것이다(22절). 교회 내에 믿는 자들 사이에서 하는 방언의 무가치함을 우회적으로 표현한 것이다. 그러나 예언은 믿지 않는 사람보다는 믿는 사람들에게 필요한 것이다(22절). 바울은 한 예를 든다. 어떤 한 믿지 않는 사람이 교회에 들어왔을 때 무수한 방언 소리들을 들으면 아마 그는 '이들은 미친 사람이다'라고 생각한다는 것이다(23절). 또 어떤 한 믿지 않는 사람이 교회에 들어왔을 때 예언의 소리 즉, 하나님의 말씀의 소리를 들으면 그는 양심의 찔림을 받고 죄를 고백하고 '하나님께서 참으로 여러분과 함께 계십니다'라고 고백하게 된다는 것이다(24~25절). 방언은 교회 내에서 하는 것이 아니다. 그 당시나 지금이나 방언에 관한 성경의 가르침을 죽어도 듣지 않고 자기 고집대로 하는 자들이 많다. 이들은 성경 위에 앉아 있는 불신앙의 사람들이다.

방언·교회

방언 은사에 관하여 (3)
고전 14:26~33 | 288장

　　교회 안에 있는 모든 은사는 그 개인을 위한 것이 아니라 교회의 덕을 세우기 위해서 있다(26절). 방언과 예언도 마찬가지이다. 방언은 어느 때에 하는 것이 좋은가? 방언은 방언 은사를 가진 두 세 사람이 있을 때 해야 한다. 그리고 그 두 세 사람 중에 반드시 그 방언을 해석 할 수 있는 사람이 있을 때에만 해야 한다(27~28절). 이 두 가지가 동시에 충족되어야 한다. 그렇지 않으면 교회에서 절대로 방언하지 말고, 하고 싶으면 혼자 해야 한다(28절). 예언 은사도 마찬가지이다. 하나님의 말씀을 말하는 은사는 누구나 가진 것이지만 그 경우도 두 세 사람이 있을 때 이것을 행사해야 하며 말씀을 전하는 중에도 항상 다른 사람에게도 기회를 주며 같이 은혜를 나누라는 것이다(30~31절). 왜냐하면 하나님은 자유를 원하시지만 무질서는 바라지 않으시기 때문이다(33절). 은사를 받은 자는 누구나 교회 안에서 사용해야 한다. 그러나 동시에 교회가 그것 때문에 무질서 속으로 빠져 들어가서는 안 된다. 방언을 말하고 싶을 때가 있다. 그때는 이렇게 해야 한다. 방언 통역 은사를 가진 사람을 포함해서 두 세명의 방언 은사자들을 찾아야 한다. 교회 안에 방언 통역 은사를 가진 사람들이 있다.

성서 해석

성서 해석의 원리
고전 14:33~36 | 203장

바울은 여자들은 교회에서 잠자코 있어야 하며, 혹 질문 사항이 있으면 집에서 자기 남편에게 물을 것이지 교회에서 묻는 것을 금기하였다(34~35절). 바울이 이 서신을 쓴 시대는 여자의 지위가 이 정도였다. 이 세상에 자기가 태어나서 자란 가정이나 사회의 문화와 사상에 영향 받지 않고 사는 사람은 없다. 바울도 예외는 아니다. 그도 여성의 지위에 관해서는 당시 통념을 완전히 벗어날 수 없었다. 이 본문은 성서를 어떻게 대하고 어떻게 해석 하느냐의 문제에 있어서 좋은 본이 되는 본문이다. 성서는 하늘에서 하나님이 완제품으로 만들어서 사람에게 보낸 책이 아니다. 성서는 인간이 기록한 책이며 그 인간이 살아가는 시대의 정치, 경제, 사회, 문화적 배경 속에서 기록한 것이다. 여기에 하나님의 영감이 들어가서 인간이 알아야 할 꼭 필요한 하늘의 지식을 담았다. 그러므로 성서 해석은 반드시 그 본문이 쓰여진 배경을 아는 것이 중요하다. 이 본문을 문자적으로 해석한다면 오늘날 여성들은 무조건 교회에서 한마디 말도 하지 말아야 한다. 성서를 문자적으로 해석하지 말아야 한다. 영해(靈解)란 것도 있을 수 없다. 그러므로 성서해석은 제대로 공부한 전문성 있는 사람에게 맡겨야 한다.

분파·교회

신령한 자가 교회를 어지럽힌다
고전 14:37~40 | 212장

바울은 누구든지 자기가 '신령한 자'라고 생각하면 자신이 써 보내는 편지가 예수님의 명령이라는 것을 알아야 한다고 한다(37절). 마지막으로 바울은 열심히 예언하며 방언하되 자신이 앞서 가르쳐준 그 원리 안에서 하라고 강조했다(39~40절). 그는 사람들이 가지고 있는 은사를 억제하고자 하는 생각은 조금도 없었다. 그가 목적하는 바는 오직 교회의 질서였다. 고린도교회의 큰 고통 중 하나는 소위 '신령하다는 자들'(37절), '은사 받은 자들', '기도 많이 한다는 자들'의 무질서와 유치한 경쟁이었다. 이런 자들이 사도의 가르침을 무시하였다. 그렇지 않았다면 바울이 자신의 말을 예수님의 가르침으로 받아 달라고 간곡히 권유할 리가 없다(37절). 그들은 교회에 앉아서 '바울의 가르침이 제일 낫다' '게바의 가르침이·더 위이다' '아볼로의 가르침이 더 뛰어나다' 하면서 교회에 파당을 조성하였던 사람들이다(1:12). 그들은 말할 수 없을 만큼 교만한 사람들이었다. 그들은 하나님의 말씀 위에 앉아있는 사람들이었다. 교회를 어지럽힌 장본인들이 바로 이러한 자들이었다. 이럴 바에 신령 한자가 되지 말아야 한다. 아니 기독교 안에 '신령한 자'는 없다. 신령한 자 사상은 무속(샤마니즘)에서 온 것이다.

부활·기독교

부활에 관하여(1)
고전 15:1~11 | 159장

복음의 요점을 굳게 믿으면 구원을 받는다(3절). 이 복음의 핵심은 예수님의 죽으심과 부활인데 바울은 부활의 증거를 구체적으로 제시한다. 예수님께서 성경대로 사흘만에 살아나셨는데 게바와 열두 제자와 오백명이 넘는 형제자매들에게 일시에 나타나셨고, 그 오백명 가운데는 대다수의 사람들은 지금도 살아 있고, 또 야고보와 모든 사도들에게 나타나셨으며 맨 나중에는 달이 차지 못하여 난 자와 같고 사도라고 불릴 자격도 없는 자기에게도 나타나셨다고 하였다(4~8절). 바울은 예수님의 부활이 너무나 명확하고 분명한 사실이라는 것을 예수님께서 자신의 부활체의 모습을 여러 사람에게 보이신 그 일을 통해서 증명하였다. 이를 통해서 바울은 고린도 교인 중에 부활을 안 믿는 사람들의 입을 가장 확실한 방법으로 틀어막았다(12절). "부활을 의심한다면 나에게 오라. 부활을 직접 목격한 사람들이 지금도 대다수 살아 있다. 정 안 되면 내가 그들의 주소라도 가르쳐 줄 수 있다"는 것이다. 부활에 관해서 무엇보다 중요한 것은 그것을 역사적으로 믿는 것이다. 봤다는 사람이 수백명에 이른다. 이들의 입을 통해서 지금까지 그 사실이 전해져 내려오고 있다.

부활

부활에 관하여(2)
고전 15:12~19 | 160장

　고린도 교인 중에 예수는 믿지만 부활 자체를 부정하는 사람들이 있었다(12절). 그들은 부활 교리 자체를 믿지 않았다. 바울은 그들에게 부활 사상을 믿지 않는 것은 예수도 부활하지 않은 것으로 믿는 것과 같은 것이며 그렇게 된다면 기독교는 붕괴된다고 하였다(13~14절). 죽은 사람이 살아나는 일이 이 세상에 없다면 예수님도 살아나지 않았을 것이다(15~16절). 고로 예수님이 부활하셨다면 이 세상에 있는 부활 사상은 진리이다. 그리고 이 세상에 죽은 사람이 다시 사는 법칙이 존재하는 것이다. 예수님이 살아났다는 사실을 믿지 않으면 예수님에 대해 모든 것을 다 믿고 받아드린다 해도 그의 믿음은 제로(zero)이며 그는 여전히 죄 가운데 살고 있는 것이며, 그는 여전히 지옥 자식이며, 가장 불쌍한 사람인 것이다(16~19절). 죽은 사람이 사는 기이한 법칙이 이 세상에 없다면 예수님의 부활도 일어나지 않았다. 그러나 예수님의 부활이 진실이라면 이 세상 그 어떤 곳에서 또 다른 부활이 발생한다. 이 세상에는 사람이 다시 살아나는 법칙이 있다. 이것은 하나님이 정하셨다. 예수님이 첫 시범 케이스였다. 그렇다면 그 다음은 우리 차례가 된다. 우리가 제2의, 제3의 부활의 주인공이 되는 것이다.

부활·재림

부활에 관하여(3)
고전 15:20~28 | 167장

　예수님의 부활은 앞으로 있을 모든 믿는 자들의 부활의 표시이다. 이것을 바울은 첫 열매라고 하였다(20절). 사람은 아담의 혈연인 까닭에 누구나 예외 없이 죽어야 하지만 예수님 안에 있는 사람은 예외이다(22~23절). 성도의 부활에는 순서가 있다. 예수님께서 제일 처음 부활 하셨고 그 다음 그의 재림이 있을 것이다. 그리고 성도의 부활이 일어나고 그 후에 종말이 온다. 순서는 재림, 성도의 부활, 종말이다(23~24절). 종말이 오면 예수님은 모든 통치를 끝내고 자기 나라를 하나님께 돌려드린다. 예수님 통치의 시기는 성도의 부활 때 만기가 된다. 예수님은 죽음을 물리치고 모든 믿는 자에게 부활이라는 선물을 안겨다 주시고 난 후 왕의 자리를 하나님께 내어 드리고 자신은 하나님의 영광 아래에 들어가게 된다(24~29절). 우리의 부활의 때가 언제인가? 예수님의 재림 때이다. 예전에 죽은 자들이 언제 살아나는가? 예수님이 재림 하실 때이다. 그러므로 재림은 우리의 부활의 신호탄이 된다. 예수님의 재림 시에 우리는 그리운 옛 얼굴들을 다시 대면하게 된다. 믿고 죽은 부모, 형제, 친척, 친구들을 다시 만날 수 있는 복은 지상에서 유일하게 믿는 자에게만 주어졌다.

부활·기독교

부활에 관하여(4)
고전 15:29~34 | 169장

바울이 29절에서 말하고 있는 "죽은 자를 위하여 세례를 받는다"는 것이 무슨 뜻인가? 초대교회에 예수 믿고 세례 받고자 하였던 사람이 만일 죽었을 경우에 때로는 그 사람을 대신해서 다른 사람이 세례를 받았던 것을 말한다. 그리하면 죽은 자들도 장차 부활한다고 믿었다. 바울은 이 관습이 진리냐 거짓이냐에 대해서는 관심이 없다. 단지 이 관습을 통해서 부활의 중요성을 깨우치고자 하였다. 부활이 없다면 죽은 자를 위하여 세례받는 이 관습도 무효라는 것이다. 부활이 없다면 기독교의 모든 것은 무효이다. 만일 우리의 생이 이 현생뿐이라면 굳이 고통당하고 고난당할 이유가 없다. 지금의 생이 전부라면 마음껏 먹고 마시고 즐겁게 노는 것이 낫다. 바울은 자신의 실제 경험을 들어 말하였다. 만일 모든 것이 허무로 돌아간다면 바울 자신이 야수 같은 에베소 사람들과 싸우며 고통을 당할 필요가 없었다(32절). 우리는 부활이 없다는 사람들과 상종하지 말아야한다(33절). 부활이 없다면 기독교도 없다. 부활이 없다면 나가서 신나게 놀거나, 열심히 돈 벌거나, 열심히 도서관에 앉아있는 것이 낫다. 부활을 믿지 않는다면 굳이 교회 다닐 필요가 없다.

부활

부활에 관하여 (5)
고전 15:35~49 | 172장

    누가 '죽은 사람이 다시 살아난다면 어떤 몸으로 살아나는가?' 바울에게 질문했다(35절). 여기에 바울은 씨앗을 예로 들어서 설명했다. 땅에 떨어진 씨앗은 죽지만 전혀 다른 형체인 새싹으로 나온다(37절). 부활도 이와 같다. 부활은 죽어서 다른 형체로 살아 돌아오는 것이다. 우리의 몸도 죽으면 보이지 않게 된다. 그러나 그 몸은 다른 형체로 살아서 돌아온다. 다른 형체로 살아서 돌아오는 것이 부활이다. 어렵게 생각할 필요가 없다. 이 세상에는 인간, 짐승, 새, 물고기 등 세상에 속한 육체가 있다(39절). 그러나 그것과 상반되는 육체가 있는데 그것은 하늘에 속한 육체이다(40절). 부활은 무엇인가? 이 세상에 속한 육체는 없어지고 하늘에 속한 육체로 돌아오는 것을 말한다. 인간은 모두 아담과 같이 흙으로 지어진 몸을 가지고 있지만 예수님의 소유가 된 사람은 모두 예수님과 같은 몸, 곧 하늘에 속한 육체로 돌아온다(48~49절). 이 세상에서는 모든 것이 사라진다. 청년의 젊음과 미도 마찬가지이다. 그러나 우리는 아무것도 잃지 않는다. 우리에게는 끝나는 것이 아무것도 없다. 현재나 미래나 우리는 항상 존재하는 자가 될 것이다. 물론 형체는 약간 달라지겠지만….

부활·종말

부활에 관하여(b)
고전 15:50~58 | 177장

크리스천은 언젠가는 죽지 않는 새로운 몸 상태로 질적으로 변화된다(51절). 왜냐하면 일반적인 몸 상태로는 하나님 나라에 들어갈 수 없기 때문이다(50절). 그러면 언제 그런 일이 일어나는가? 예수님께서 다시 이 세상에 오실 때이다(52절). 그는 나팔 소리와 함께 오시는데 그때 눈 깜짝할 사이에 이미 죽었던 모든 크리스천들은 새로운 신체를 가지고 살아난다. 그때 살아 있는 크리스천들도 한 순간에 새로운 신체로 덧입는다. 죽었든지 살았던지 상관없이 예수님과 관계있는 모든 사람의 몸은 썩지 않는 몸 상태로, 영원히 죽지 않는 상태로 변한다(53절). 그때는 체질 정도가 변화는 것이 아니라 몸 자체에서 근원적인 변화가 일어난다. 이로 인해 크리스천은 죽음을 정복하게 된다(54절). 바울은 예수님의 재림이 임박한 것으로 믿었다. 그래서 자기 당대에 이러한 일이 일어날 것으로 기대했다. 그러나 예수님의 재림은 지연되어 오늘날까지 이르렀다. 언젠가는 예수님의 재림이 있을 것이다. 그때에 옆에서 자고 있는 아내의 몸이 변화되고, 함께 일하던 동료의 몸이 변화될 것이다. 이 한바탕 대 소동이 있을 때 나와 당신도 거기에 주역으로 있어야 할 것이다.

교회·헌금

따로 저축해 두세요
고전 16:1~12(1) | 210장

바울은 헌금 문제에 대해서 말문을 열었다. 그는 갈라디아 여러 교회들에게 매주 첫날에 항상 가난한 사람들을 도울 수 있도록 수입에 따라 얼마씩을 따로 저축해 두라고 가르쳤는데 고린도 교인들에게도 그와 같이 하라고 분부하였다(1~2절). 그래서 자기가 갈 때 부랴 부랴 갑자기 헌금하는 일이 없도록 하라는 것이었다. 그리고 그는 마게도냐를 지나서 고린도교회에 갈 터인데 가면 얼마동안 거기서 지낼 것이고, 어쩌면 겨울을 나게 될지도 모르겠다고 하였다(5~6절). 그러나 오순절까지는 에베소에 머물러 있겠다고 자신의 상황을 통보했다(8절). 그는 고린도 교인들에게 헌금 액수는 정해주지 않았다. 그러나 경제적인 형편에 따라 항상 그 일부를 가난한 자들을 위해 저축해두라고 하였다. 바울의 교회관은 편협한 개교회주의가 아니었다. 그는 교회는 자기 교회뿐 아니라 다른 교회에 대해서도 책임을 져야 할 의무가 있다는 것을 가르쳤다. 여기에 모든 교회에 배워야 할 진리가 있다. 교회는 "무엇을 얼마만큼 소유할 수 있을까"를 생각하는 기관이 아니라 "무엇을 얼마만큼 줄 수 있을까" 이것을 고민하는 기관이다. 이것은 우리 개인에게도 적용해야 한다.

분파·휴가

잠시 떠나는 것도 좋습니다
고전 16:1~12(2) | 325장

바울은 예루살렘에 있는 가난한 성도들을 위한 헌금에 대하여 말문을 연 뒤 마지막으로 자신의 협력자 두 사람을 추천하였다. 첫째는 디모데였다. 고린도교회 상황은 노련한 바울도 다루기 힘든 형편이었으므로 젊은 디모데에게는 여간 어려운 일이 아닐 것이다. 그래서 바울은 고린도 교인들에게 그를 얕보지 말고 그가 하고 있는 일을 존중하라고 하였다(10~11절). 사람은 그가 하고 있는 일을 영광스럽게 만드는 것이 아니라 그 일이 그 사람을 영광스럽게 한다. 그리고 바울은 아볼로를 추천하였다. 고린도교회에는 아볼로를 따르는 아볼로파가 있었다(1:12). 아볼로는 그것을 알았기 때문에 고린도교회와 멀리 떨어져 있었던 것 같다(12절). 교회가 한 사람으로 인해 문제가 생기고 시끄러워지면 거기로부터 멀리 떨어져 있는 것이 좋다. 교회에서 혹시 '나' 한 사람 때문에 분란이 생기면 자숙하고 그곳으로부터 잠시 떨어져 있는 것이 좋다. 그 분쟁의 중심에 날마다 들어가서 진두지휘하고 회의를 주재하고 사람을 끌어드리는 것 보다 초연한 자세로 있는 것이 좋다. '나' 한 사람 때문에 가정에서 혹은 직장에서 문제가 발생할 때 그 문제에 대해서 침묵을 지키고 떠나 있는 것이 지혜롭다.

군인·전투·정체성

사자처럼, 양처럼
고전 16:13~14 | 323장

바울은 편지의 마무리 부분에서 고린도 교인들에게 군사적인 명령을 내렸다. "깨어 믿음에 굳게 서서 남자답게 강건하라. 너희 모든 일을 사랑으로 행하라"(13~14절). 이 문장들은 모두 군사적인 용어이다. 불침번을 서는 보초병처럼 항상 깨어있고 공격을 받으면 한 발자국도 물러서지 말고 남자답게 싸우라는 말은 부하들에게 내리는 장교의 명령이다. 그런데 그 다음 문장에서 바울은 조용하며 여성적인 어투로 전환한다. "너희 모든 일을 사랑으로 행하라"(15절). 여기서 크리스천의 윤리관 두 가지를 발견할 수 있다. 크리스천은 기독교 신앙을 위협하는 자들 앞에서는 한 치의 양보도 없이 사자처럼 달려들어 싸워야 한다. 그런 경우가 아닐 때에는 교회 안에 있는 사람들에 대해서는 친구가 되고 동지가 되고 사랑하는 사람이 되어야 한다. 크리스천은 이 두 가지를 다 가지고 있어야 한다. 적에 대해서는 사자처럼 맹렬해져야 하고 동지에 대해서는 양처럼 순해져야 한다. 크리스천에게는 결코 뒤로 물러서지 않는 용기와 결코 부족하지 않는 사랑을 가지고 있어야 한다. 그런데 이 두 가지를 동시에 가지기가 쉽지 않다. 사람의 성향이라는 것은 항상 어느 한 곳으로 기울어지기 마련이기 때문이다.

교회 · 성도의 삶

교회가 존경해야 될 사람

고전 16:15~18 | 316장

바울은 아가야에서 처음으로 그리스도인이 된 스데바나와 그의 가족들이 지금도 도처에서 많은 믿음의 동료들을 돕고 있다고 전했다(15절). 스데바나와 그의 가족들은 에베소에 있는 바울에게 고린도교회에서 일어나고 있는 일들에 대해서 생생한 정보를 주며 바울을 도왔던 사람들이다. 스데바나와 그의 가족들은 사실 고린도교회가 해야 될 일을 대신 감당함으로 교회의 부족한 면을 채워주었다(17절). 그래서 바울은 스데바나와 그 가족들이 고린도교회를 방문할 때 고린도교회는 그들을 알아주며, 그들의 가르침을 잘 따르며 감사를 표해주기 바란다고 부탁하였다(16절, 18절). 교회는 교회를 위해 자신을 바친 사람에게 존경을 보내야 한다. 당대에 이름을 날린 위대한 사람이 아니다 할지라도 묵묵히 교회에서 봉사하며 자신의 일생을 드린 사람들이 많다. 교회는 그와 그의 후손들에게도 따뜻한 마음을 가지고 있어야 한다. 사람들은 은연중에 현재의 공식적인 지도자만 높이고 그가 그러한 지위에 있을 때에만 그의 가족들을 따뜻하게 대하는 경향이 있다. 그러나 평신도라 할지라도 일생을 교회를 위해 헌신한 사람이 보이면 그의 노고와 업적을 알아주고 존경과 사랑을 보내야 한다.

교회·가정

우리 집은 교회입니까?
고전 16:19~20 | 560장

바울은 편지를 마치면서 아굴라와 브리스가와 예배를 드리러 그의 집에 모이는 사람들이 고린도 교인들에게 문안 인사한다고 적었다(18절). 그리고 고린도 교인들이 앞으로 그들과 만날 기회가 주어졌을 때 거룩한 입맞춤으로 서로 인사하기를 당부하였다(20절). 여기서 주목할 사항은 "아굴라와 브리스가와 그 집에 있는 교회가…"(20절)하는 대목이다. 아굴라와 브리스가의 집을 가리켜 '교회'라고 하였다. 기독교 초기에는 교회가 건물이 없었다. 예수를 믿고 크리스천이 된 사람들은 항상 개인의 집에서 예배를 드리고 교제를 가졌다. 아굴라와 브리스가는 어디를 가든지 그들의 집이 교회가 되었다. 그들이 로마에 있을 때 바울은 그들의 집에 있는 '교회'에게 문안을 보냈다(롬16:3~5). 아굴라와 브리스가는 항상 자신의 집을 교회로 만들었다. 그들은 항상 자신의 집을 사랑의 공동체로 만들었다. 이렇게 초대교회의 첫 시작은 항상 가정이었다. 오늘날 우리의 가정도 이와 같이 만들어야 한다. 오늘날 우리의 가정도 항상 사람을 환영하고 반기며 고독하고 소외되고 슬픔과 실망에 빠진 사람들이 자주 찾는 안식처가 되어야 한다. 그러면 예수님은 항상 그 가정의 보이지 않는 손님으로 와 계신다.

저주 · 복음

주님을 사랑하지 않으면 저주를 받는다
고전 16:21~24 | 94장

바울은 편지의 맨 마지막 부분에 와서 자신이 친필로 문안한다고 하는 것으로 봐서 그는 대필자의 손에서 펜을 가져와 자기 손으로 직접 이 마지막 부분을 기록하고 있는 것 같다(21절). 바울은 눈 병으로 고생을 해서 항상 대필자로 하여금 자신이 구술한 내용을 적도록 하였다. 바울은 이제 아주 엄중하고 단호한 한마디 문장을 기록하고 있다. "만일 누구든지 주를 사랑하지 아니하면 저주를 받을 지어다"(22절). 누구든지 예수를 사랑하지 않는 자가 있다면 그는 저주를 받을 것이라는 말은 악담처럼 들린다. 바울이 친필로 쓴 이 마지막 문장은 편지를 마무리하는 마지막 인사로서는 어울리지 않는다. 그러나 이 말을 가만히 묵상하여 보면 이 말은 너무나 자명하고 분명한 말이다. 사람이 예수를 사랑하지 않으면 망하고 저주 받는 것 외에는 달리 소망이 없다. 만일 누구든지 예수님을 사랑하지 않고 그에게 마음을 쏟지 않으면 그에게는 아무것도 없다. 바울은 이 엄청난 문장에 자신의 확신을 담았다. '예수를 사랑하지 않으면 저주는 받는다'는 이 대명제를 감정 없이 받아드려야 한다. 이 말은 악담이 아니라 진리이다. 이 말을 기분 나쁘게 듣는 사람은 말 그대로 저주 앞에 놓여있는 사람이다.

고난·담대함

떠들지 맙시다
고후 1:1~11 | 390장

사람이 예수님을 위해서 고난을 당하면 당할수록 예수님께 받는 위로와 격려도 더 풍성하다(3절). 고난이 크면 위로도 크다는 것이다. 바울은 자기의 개인적인 간증 이야기를 한다. 자기가 아시아에서 목숨까지 위태로운 환난을 겪었지만 다시 살리시는 하나님만 의지하였다고 고백한 후 하나님은 사망에서 사람을 건지시는 분이기 때문에 계속해서 자기를 위해서 하나님께 중보기도 해줄 것을 고린도 교인들에게 부탁하였다(8~11절). 바울은 자기가 무슨 환란을 당했는지 구체적으로 설명하지 않았다. 사람은 흔히 자기가 겪은 일을 가장 중요한 것처럼 말하는 경향이 있다. 지극히 간단한 수술을 받은 사람이라도 사람들 앞에서 그것을 두고두고 대화의 화재로 삼으려는 사람이 있다. 어떤 힘든 고비를 겪고 난 후 그때의 흥분과 위험과 그리고 위험을 모면했던 무용담에 대하여 계속 말하려는 사람이 있다. 그러나 진짜 고난당한 사람은 아무 말 하지 않는다. 바울은 '이러다 죽는 구나'하는 생각이 들 정도로 위급한 순간이 있었다(9절). 바울의 고난에 비해서 아무 것도 아닌 고난을 당하는 우리는 너무 떠들지 말아야 한다. 그냥 바울처럼 하나님만 더 굳게 신뢰하면 된다.

성결·성도의 삶

숨길 것이 없는 자는 복이 있나니
고후 1:12~14 | 455장

바울은 자기가 어떤 일을 할 때는 항상 순수하고 성실한 마음으로 하는데, 그 부분에 대해서 양심에 거리낌이 없이 기쁘게 말할 수 있다고 하였다(12절). 특히 그는 고린도 교인들을 대할 때는 더욱더 그러한 마음으로 하였다(12절). 바울은 자기가 쓰는 편지도 애매한 말이 없이 솔직담백한 말로 표현했으므로, 비록 지금까지 자기를 오해하는 사람이 있을지라도 예수님께서 다시 오시는 그 날에는 자기의 진실을 알게 될 것이라고 하였다(13~14절). 고린도 교인 중에 바울의 말과 행동에는 항상 숨은 동기가 있을 것이라고 의심하는 사람들이 있었던 것 같다. 바울의 편지에는 항상 진실이 담겨있지 않다고 의심하는 사람들이 있었던 것 같다. 이에 대한 바울의 대답은 자기는 하나님의 거룩함과 진실함으로 살아왔다는 것이다. 그는 자기의 모든 행동은 이해타산과 계산에 빠른 인간적인 속성은 없으며 오직 하나님의 은혜에 의해 지배받아 왔다고 하였다. 바울의 솔직담백한 사람이었다. 그는 숨길 것이 없는 사람이었다. 그래서 그는 행복한 사람이었다. 우리도 이렇게 살아야 한다. 숨길 것이 없는 사람은 복이 있나니 그에게 평화가 주어질 것이다.

설교자·청중

설교자를 의심하는 자들
고후 1:15~22 | 463장

바울은 전에 자기가 마게도냐를 거쳐서 고린도를 방문하고자 한다는 계획을 고린도교회에 알린 적이 있는데 그 계획을 한 번 연기한 적이 있다(15~17절). 바울은 그 계획이 바뀐 것이 자기가 경솔한 탓이었겠는가? 아니면 자기도 세상 사람처럼 '아니오'라는 뜻으로 '예'라고 한 것이었겠는가를 물었다(17절). 고린도 교인들 중에 일부가 바울이란 한 입으로 '예'와 '아니오'를 동시에 할 수 있는 인간이라고 비난하였고 그가 전한 복음도 믿기 힘들다고 말하였다. 이에 대해 바울은 하나님께서 진실하신 것처럼 자기가 '예'라고 한 것은 그대로 '예'인 것이라고 하였다(18절). 더 나아가서 바울은 자기와 실루아노와 디모데와 예수님도 '아니오'라는 뜻으로 '예'라고 할 분들이 아님으로 자기와 동료들을 신뢰해 주기를 간절히 요청하였다(19절). 하나님은 모든 약속을 지키시는 분이기에 자기와 동료들을 충성스러운 사도로 임명하여 복음을 전하게 하신 하나님을 믿고 자기들을 신뢰하라고 부탁하였다(20~21절). 오늘날 우리도 고린도 교인들과 같이 설교자를 무조건 의심하는 과오를 범하지 말아야 한다. 그러나 말씀을 전하는 자도 자신의 인격에 따라 그 말씀 자체의 신뢰성의 여부가 결정된다는 사실도 알아야 한다.

용기·담대함

입을 열 때는 열어야 합니다
고후 2:1~4 | 344장

　바울은 고린도 교인들에게 또 다른 고통을 주지 않기 위해서 그곳을 방문하지 않기로 결심하였다(1절). 바울은 자기를 기쁘게 해줄 수 있는 사람은 고린도 교인들인데 그들에게 고통을 준다면 자기를 기쁘게 해줄 사람들에게 슬픔을 안겨주는 셈이 된다고 하였다(2절). 여기서 바울의 사랑의 마음이 잘 묻어난다. 그러나 그는 그들을 마냥 용납하지는 않았다. 그래서 그곳을 방문하는 대신에 눈물로 편지를 쓰고 있다(4절). 그리고 자기의 편지를 읽고 근심하지 말고 하나님의 사랑으로 충만하여지기를 부탁했다(4절). 그는 사람을 함부로 책망하지 않았다. 그러나 반드시 책망이 필요할 때는 과감하게 책망하였다. 우리는 남의 기분을 상하게 하지 않으려는 속성 때문에 책망을 회피할 때가 있다. 우리는 타인과 항상 좋은 관계를 유지하려는 속성 때문에 책망을 주저할 때가 있다. 우리는 괜히 책망했다가 말썽이라도 일어나면 곤란하기 때문에 책망하지 않으려 한다. 그러나 말썽을 피하면 더 큰 말썽이 일어날 때가 있다. 사람이 살아가다 보면 과감히 입을 열어야 할 때가 있다. 크리스천은 비겁한 친절로 자기 안전을 도모해서는 안 된다. 입을 열 때는 과감히 열 줄 알아야 한다.

징계·형벌·사랑

죽이는 형벌은 옳지 않습니다
고후 2:5~11 | 95장

바울이 고린도교회를 방문했을 때 그에게 유독 반기를 든 사람이 있었다. 이 사람 때문에 대다수 고린도 교인들이 큰 상처를 받았다(5절). 그래서 고린도교회는 그에게 징계를 내렸다(6절). 그런데 문제가 발생했다. 그 징계가 너무 약했다고 생각해서 그에게 더 큰 형벌을 가하자고 주장하는 사람들이 생겨났다. 이에 대하여 바울은 그 정도의 징계로 족하니 더 이상의 형벌은 마땅하지 않으며 그를 용서해 줄 것을 호소하였다(7~8절). 왜냐하면 과도한 징계는 그 사람을 절망으로 몰아넣어 오히려 사단의 먹이가 될 수 있기 때문이었다(11절). 바울의 주장은 형벌이 결코 사람을 죽이는 것이 되어서는 안 된다는 것이었다. 지나친 형벌은 사람을 분노에 휩싸이게 하고 이성을 상실하게 만들어서 사단에게 자기 몸을 맡기게 만든다. 우리가 종종 자녀, 믿음의 후배나, 회사의 부하 직원에게 형벌을 내릴 때가 있다. 이 때 잊지 말아야 할 것은 형벌은 사람을 격려하기 위한 것이 되어야지 사람을 절망으로 몰아넣는 것이 되어서는 안 된다는 것이다. 형벌을 내리는 사람은 이 형벌이 당사자에게 과도한 것이 아닌가를 생각해야 한다. 형벌을 내리는 자는 항상 이성과 합리를 잊지 말아야 한다.

전도·향기

전도하면 냄새가 풍깁니다
고후 2:12~17 | 497장

디도는 고린도교회에 분쟁이 생겼을 때 바울이 파송한 목회자이며 따라서 바울은 그에게서 그곳 소식을 많이 들을 수 있었다. 본문은 바울이 드로아를 떠나서 마게도냐에서 디도를 만나 고린도교회 사정을 듣게 된 경위를 설명한 듯하다(12~13절). 바울은 자기가 항상 주 안에서 승리하고 예수 그리스도를 전하는 냄새를 나타내게 하신 하나님께 감사하고 있다(14절). 그리고 그는 그 냄새의 성격을 표현하기를 그 냄새는 구원받은 자들에게는 생명에 이르는 냄새지만, 구원받지 못한 자들에게는 사망에 이르는 냄새라고 하였다(15~16절). 바울은 이 부분을 기록할 때 전쟁에서 승리하고 돌아오는 로마의 개선식을 염두에 두었다. 로마의 개선 행렬 뒤에는 향이 타는 향로를 흔들며 따라가는 무리들이 있다. 이 냄새는 개선군에게는 기쁨의 냄새겠지만, 포박당해 끌려가는 포로들에게는 죽음의 냄새이다. 왜냐하면 그 냄새는 곧 다가올 처형을 의미하기 때문이다. 전도는 세상에 냄새를 발산시키는 행위이다. 전도를 하면 할수록 사단과 그 수하에 있는 모든 사람들은 죽음의 냄새를 맡게 된다. 전도를 하면 할수록 그들은 그 지독한 냄새로 인해서 괴로워하고 고통을 받게 된다.

정체성·성도의 삶

크리스천은 광고 모델입니다
고후 3:1~11(1) | 442장

바울 당시에 사람을 소개할 때 추천서나 신원증명서 같은 것을 첨부하여 보내는 일이 종종 있었다. 그런데 바울은 그러한 추천서가 자기에게는 필요가 없다고 하였다(1절). 그는 자기의 신원을 증명할 수 있는 것은 고린도 교인들이라고 했다(2절). 그들이 개과천선한 것이야말로 바울에게는 추천서와 같은 것이었다. 누가 바울이란 사람을 알기 원한다면 바울이 지도하고 가르친 고린도 교인들을 보면 그가 어떤 사람인가 알게 된다는 것이다. 그리고 나서 그는 더 큰 주장을 펼친다. 고린도 교인 한 사람 한 사람이 예수님을 소개하는 소개장이라는 것이다(3절). 그들 한 사람 한 사람이 예수님을 소개하는 광고모델이라는 것이다. 세상 사람들이 고린도 교인을 보고 예수가 어떤 분인지 알게 된다는 것이다. 모든 크리스천은 그가 의식하던, 의식하지 못하던 기독교의 광고모델이다. 기독교의 명예는 크리스천의 손에 달려 있다. 크리스천의 비리가 세상 메스컴에 종종 알려지는 경우가 있다. 이 때 기독교는 엄청난 타격을 받는다. 세상 사람들은 교회가 길러낸 사람들을 보고 교회를 판단한다. 우리는 집 밖으로 나갈 때 자기 스스로가 기독교의 광고 모델이라는 사실을 인식해야 한다.

개혁·도전

새 것에 마음을 엽시다
고후 3:1~11(2) | 585장

바울은 옛 언약인 율법과 새 언약인 성령의 법을 대비하였다. 이 둘의 차이는 극명하다. 돌 판에 새겨진 율법은 사람을 죽이고 성령은 사람을 살린다(6절). 모세가 율법을 받았을 때, 물론 일시적이긴 하였지만 그 얼굴에 찬란한 광채가 빛나서 사람들이 감히 그 얼굴을 쳐다보지도 못했다. 이 율법의 심부름꾼도 그렇게 영광스러웠다면 성령의 심부름꾼은 얼마나 더 영광스럽겠는가?(7절). 사람을 정죄하는 율법에도 영광이 있다면 사람을 무죄로 석방하는 생명의 성령의 법에는 얼마나 더 큰 영광이 있겠는가?(8~9절). 그러나 유대인들은 옛 언약인 율법을 택했다. 그리고 새 언약인 성령의 법은 거절하였다. 그들은 최선이 왔는데도 차선을 선택했다. 이것이 인간의 습성인지도 모르겠다. 인간은 여전히 옛것에 집착하는 경향이 있다. 인간은 예전부터 이미 있었던 것은 옳은 것이고 그동안 한번도 있어본 적이 없는 것은 나쁜 것이라고 생각한다. 이러한 성향 때문에 하나님이 우리에게 새롭게 열어주시는 영광을 못 보는 일이 없어야 한다. 교회와 크리스천은 항상 흥분된 마음으로 새로운 도전, 새로운 시도, 새로운 모험을 준비해야 한다.

성도의 삶·형상

눈을 고정시킵시다
고후 3:12~18 | 455장

모세가 시내산에서 율법을 들고 내려올 때 그의 얼굴을 수건으로 가린 것은 빛나던 그의 얼굴의 영광이 점차 사라지는 것을 백성들이 보지 못하도록 하기 위한 것이었다(13절). 여기서 바울이 나타내고자 하는 것은 하나님과 인간과의 옛 언약, 즉 율법의 영광은 본질적으로 사라질 수밖에 없는 것이라는 것이다. 그런데 유대인들은 구약의 말씀을 읽을 때, 아직도 수건으로 그 얼굴을 가려서 그 진리를 깨닫지 못하였다(14~15절). 구약의 말씀들은 그 예수를 지시하는 것인데 불구하고 그들은 그 수건을 계속 쓰고 있으므로 그 진리를 보지 못하였다. 누구든지 예수님께로 돌아가면 그 수건은 벗겨지게 되어있는데도 말이다(16절). 바울은 그 수건을 벗어버리고 예수님에게 주목하면 그분의 형상이 삶 속에서 나타난다고 하였다(18절). 말하자면 그리스도를 주목하면 그를 닮는다는 것이다. 마치 인기스타를 숭배하면 그의 옷 모양, 머리모양, 그의 몸짓을 흉내 내듯이 말이다. 우리가 예수님에게 우리의 눈을 항상 고정하면 그의 인격이 우리의 삶 속에서 나타난다. 우리의 삶 속에서 예수님의 성품이 나타나지 않는 것은 우리의 눈이 항상 다른 곳을 향해 있기 때문이다. 즉, 그에게 관심이 없기 때문이다.

사단·기도·전도

유독 안 믿는 자들
고후 4:1~6 | 350장

바울은 자기가 복음을 전할 때 간교한 행동도 하지 않았고 그것을 비뚤어지게 전하지도 않았고 그리고 진리를 밝혀 드러내었다고 자부하였다(2절). 그럼에도 불구하고 복음을 받아드리지 않는 자들이 있었다. 그래서 바울은 복음이 가려졌다면 그것은 멸망하는 자들에게나 가려졌을 것이라고 하였다(3절). 기본적인 양심이 있는 사람이라면 그럴 리가 없다는 것이다. 그러면 그렇게 복음을 받아드리지 않는 자들이 생기는 이유가 무엇인가? 그것은 이 세상의 신이 그들의 마음을 혼미하게 하여 복음의 광채를 비치지 못하게 하였기 때문이다(4절). 즉, 사단이 그렇게 한 것이다. 그러나 복음을 받아드리는 자는 그 자신이 스스로 받아드린 것이 아니라 하나님이 그들의 마음속에 당신의 빛을 비추셔서 하나님의 영광을 깨달을 수 있게 해주신 것이다. 우리 주변에 복음을 유독 심하게 받아드리지 않는 사람들이 있다. 지나칠 정도로 마음 문을 닫아 버린 사람들이 있다. 그런데 이것은 그들 스스로가 만들어내는 것이 아니다. 사단이 그렇게 하는 것이다. 그러므로 우리는 전도할 때 반드시 첨부해야 할 기도가 있다. '하나님 저들을 악에서 구하옵소서' 이 기도를 전도와 함께 항상 병행해야 한다.

복음·인도·정체성

복음을 가진 자의 특권
고후 4:7~15 | 85장

　예수를 믿는 자는 보배를 가진 자이다(7절). 그 보배 즉, 복음은 깨질 위험이 있는 질그릇에 담겨있다. 바울이 질그릇 같은 존재인 인간에게 주신 복음의 특권을 잘 알고 결코 우쭐대지 말라고 한다. 바울은 복음을 가진 자의 특권에 대해서 말하였다. 복음을 가진 자는 아무리 짓눌려도 찌부러지지 않고, 절망 속에서도 실망하지 않으며, 궁지에 몰려도 빠져 나갈 길이 있으며, 맞아 넘어져도 죽지 않는다(8~9절). 보배를 가진 자도 죽음을 몸으로 경험할 수 있지만 그러한 때도 그 몸 안에서 예수의 생명이 살고 있다(10~11절). 이것은 복음을 가진 자의 삶의 역설이다. 복음을 가진 자도 죽음을 경험한다. 그러나 동시에 생명도 경험한다. 예수님을 죽음에서 다시 살리신 하나님이 그렇게 하신다(14절). 복음을 가진 자도 죽음을 경험한다. 그러나 하나님이 그를 다시 살리시는 이유는 그로 하여금 하나님께 감사하는 마음이 넘쳐서 하나님께 영광이 되게 하려는 것이다(15절). 우리도 살아가다 보면 무엇을 어떻게 해야 할 지 모를 때가 있다. 그러나 그때도 우리에게 어떻게라도 해 볼 수 있는 길이 열린다. 그것이 언제 일지 모르지만 하나님이 보시기에 좋은 그 시간이 반드시 우리 앞에 이른다.

복음 · 정체성 · 여행

늙어갈수록 새로워지는 자
고후 4:16~18 | 301장

바울은 계속해서 복음(보배)을 가진 자의 특징에 대해서 말한다. 복음을 가진 자에게는 세가지 특징이 있다. 첫째, 겉사람은 낡아가나 속사람은 날로 새로워지는 특징이 있다(16절). 둘째, 이 땅에서 겪는 일시적인 고난 보다 저 나라에서 얻을 영광을 더 크게 생각하는 특징이 있다(17절). 셋째, 이 땅의 유한한 것들을 바라보는 것이 아닌 저 나라의 영원한 것을 바라보는 특징이 있다(18절). 사람은 일생을 통해 외모는 늙어가고 육신의 힘은 쇠약해진다. 이것은 예수를 믿는 자나 안 믿는 자나 동일하다. 그러나 믿는 자는 세월이 흐를수록 그의 영혼은 힘을 얻고 새로워진다. 세월이 흐를수록 육체적인 아름다움은 덜해 가지만 영적인 아름다움은 더해 간다. 그러므로 크리스천은 나이 먹는 것을 두려워해서는 안 된다. 해마다 한 살씩 먹어가지만 그 만큼 하나님께 더 가까이 나아가고 있는 것이기 때문이다. 크리스천은 이 세상에서 받는 고난이 다음 세상에서 누릴 영광에 비해 아무것도 아니라는 확신을 가져야 한다. 지금 이 세상에서 받는 고난을 다음 세상에서 누릴 영광을 생각하며 지워야 한다. 크리스천이 나이를 먹는 것은 즐겁고 신나는 여행길이 되어야 한다.

죽음·장례

죽는 것은 이사하는 것입니다
고후 5:1~7 | 235장

장막집이 무너진다는 것은 죽음을 가리킨다. 죽는 날은 기쁨의 날이다. 왜냐하면 죽으면 육신을 벗고 그 영혼이 하나님의 집으로 가기 때문이다(1절). 이 집은 하나님이 손수 지으신 집이다(1절). 영혼이 하나님의 집에 안착한다는 것이 얼마나 기쁘고 가슴 벅찬 일인가? 예수 믿는 자는 하나님의 집을 동경해야 한다(2절). 우리가 육신을 입고 사는 동안은 여러 가지 인생의 짐에 눌려 신음하게 된다(4절). 아무리 행복한 생을 사는 사람이라도 기본적인 분량의 고난이 있다. 사람마다 차이가 있을 뿐이지 기본적으로 져야 할 인생의 무게들이 있다. 대부분 사람은 그것을 짊어지고서라도 오래 살기를 바란다. 그러나 이 짐을 벗고 하나님을 대면하러 가는 그 길은 기쁘고 감격스러운 길이다. 그렇다고 일부러 죽을 필요는 없다. 일부러 건강을 해치고, 병원을 등질 필요는 없다. 한 가지 분명한 사실은 우리가 육신을 입고 있는 동안 하나님과 멀리 떨어져 산다는 것이다(6절). 이 땅에 사는 동안은 하나님과 가깝기 어렵다. 그러나 죽으면 달라진다. 죽으면 하나님과 가까워진다. 죽으면 하나님과 친해진다. 그러므로 크리스천의 죽음은 하나님과 친해지는 나라로 이사 가는 것이다.

상급·천국

장수보다 상금이 중요합니다
고후 5:8~10 | 246장

　바울은 하나님의 집에 대한 기대와 동경에도 불구하고 이 세상을 가볍게 살아서는 안 된다고 하였다. 육신의 장막을 벗고 하나님이 지은 집으로 갈 운명에 놓인 사람이라도 이 세상을 가소롭게 여기면 안 된다. 크리스천의 이 세상에서의 삶의 목표는 분명하다. 그것은 하나님의 영광을 위한 삶이다(9절). 왜냐하면 사람은 자기가 행한 일에 대해서 심판대 앞에서 머지않아 판결을 받아야 하기 때문이다(10절). 그 나라에서 안착하는 것도 중요하지만 그 나라에서 받을 상급도 신경써야 한다. 크리스천은 장수보다 상급에 초점을 맞추어야 한다. 크리스천은 오래사는 것보다 어떻게 사느냐에 초점을 맞추어야 한다. 크리스천은 지상에서 살지만 동시에 그의 마음은 하늘에 있는 사람이다. 바람처럼 지나가는 이 생에서 낙(樂)보다 영원한 곳에서 누릴 영광을 생각하며 지내야 한다. 이 생에서의 기쁨과 낙에 치중한 사람은 저 세상에서 받을 것이 하나도 없다. 다시 말하면 이 세상에서의 시간이 영광의 면류관을 얻느냐 잃느냐의 운명을 결정한다. 우리는 언젠가 하나님의 판결을 기다려야 한다. 이것을 생각할 때 인생이란 매우 무섭고 엄중한 것이 된다.

성도의 삶·정체성

새로운 피조물
고후 5:11~19 | 211장

　바울은 하나님께서는 자기가 진실하다는 것을 잘 알고 계시므로 고린도 교인들에게도 자기가 그렇게 알려지기를 원했다(11절). 바울은 사람들로부터 여러번 미쳤다는 말을 들었다(행26:24). 이에 대해 그는 자기가 미쳤다면 하나님을 위해 미쳤고 자기가 온전하다면 고린도 교인을 위해 온전한 것이라며 자기의 진정성을 계속 강조하였다(13절). 그는 크리스천의 삶의 원동력에 대해서 말을 하였다. 예수님은 만민을 위해 죽으셨다. 그러므로 모든 크리스천은 그 분 안에 있다. 따라서 크리스천은 자기를 위해서 죽으신 예수님을 위해서 살아야 한다. 그의 옛 자아는 이미 십자가에서 죽었으므로 하나님의 손에 의해 새롭게 창조된 인간성으로 살아야 한다(15~17절). 이 모든 것은 다 하나님께로부터 왔다. 하나님은 예수님을 통해 인간과 화해하셨고, 이를 믿는 사람들에게 하나님의 화해의 말씀을 세상에 전할 임무를 주셨다(18~19절). 오늘 우리는 이처럼 다른 인격으로 살고 있는가? 우리는 세상의 기준에 의해서 사물을 보고 사람을 대하는 존재가 아니다. 우리는 하나님의 화해의 말씀에 따라 생활해야 할 표준을 부여 받은 사람이다. 오늘날 우리의 행동이 얼마나 여기에 부합되고 있는가?

복음·예수님

자식을 버리신 하나님
고후 5:20~21 | 258장

바울은 대사관의 자격으로 간곡히 부탁하였다. "너희는 하나님과 화목하라"(20절) 바울은 자기를 예수 그리스도의 대사관으로 여겼다. 한 나라의 대사는 그 나라를 대표하는 사람이다. 바울은 자기가 예수 그리스도를 대표하는 사람으로 믿었다. 그는 사람들을 예수님 나라의 시민이 되게 하는 책임자라는 의식을 가졌다. 그는 예수님 나라의 이념과 통치 구조를 세상에 알리는 메신저라는 책임을 가지고 있었다. 그는 이 책임 의식을 가지고 복음에 대해서 한줄 간략히 기록한다. "하나님께서는 죄를 모르시는 예수 그리스도를 죄 있는 자로 여기시고 우리를 무죄 선언을 받게 하셨다"(21절). 이보다 더 정확하게 복음을 설명할 수 있을까? 하나님께서 자기 아들을 세상에 보내신 것은 세상을 사랑했기 때문이다. 얼마만큼 세상을 사랑하셨는가? 죄없는 자기 아들에게는 사형죄를 뒤집어 씌우고, 사형 선고 받은 세상 잡배들에 대해서는 무죄를 선고하실 만큼…. 하나님은 자기 아들에게 있는 무죄를 인간에게 전가시키시고 인간에게 있는 유죄를 자기 아들에게 전가시키셨다. 인간에게 있는 유죄가 그에게 감과 동시에 그에게 있었던 '의'는 인간에게로 옮겨 왔다.

직분자·삶의 목적

직분을 소홀히 여기는 사람
고후 6:1~10 | 488장

바울은 하나님의 충실한 일꾼이라는 자기 직분이 타인들에 의해 비방 받지 않게 하려고 노력하였다(3절). 물론 바울은 많은 비방을 받았다. 그러나 그것은 그의 인격의 결함 때문이 아니라 사람들의 편견과 오해에서 비롯된 것이었다. 그는 자기의 직분이 비방받지 않기 위해서 노력한 사항들을 열거하였다. 그는 철저히 사람에게 거치는 장애물이 되지 않도록 처신하였다(3절). 그는 환난과 궁핍과 역경과 매질과 옥살이와 폭동과 심한 노동과 불면과 굶주림을 견디었다(4~5절). 그는 순결과 끈기와 착한 마음과 꾸밈없는 사랑과 진리의 말씀과 하나님의 능력으로 살았고 수치와 비난이 있어도 하나님의 일꾼답게 살았고 슬픔을 당해도 기뻐했고 비록 가난했지만 많은 사람을 부요하게 했다(6~10절). 그가 이렇게 산 이유는 오직 하나, 자기 자신을 위해서가 아니라 자기 직분을 위해서였다. 더 정확히 말하면 자기에게 직분을 주신 하나님께 욕이 돌아가지 않게 하기 위해서였다. 우리에게도 여러 가지 직분이 주어졌다. 만약에 우리가 세상에서 경거망동한다면 그 욕은 직분을 주신 하나님께 고스란히 돌아간다. 만약에 우리가 이 직분을 헌신짝처럼 여긴다면 우리 스스로가 하나님을 비방하는 셈이 된다.

마음·인격

속은 편안 하십니까?
고후 6:11~13 | 382장

바울은 고린도 교인들에게 "우리의 마음이 너희를 향해서 열렸다"고 하였다(11절). 바울이 고린도 교인들을 향한 마음은 항상 오픈되어 있었다. 그들을 향한 바울의 사랑의 온기는 늘 준비되어 있었다. 사실 바울과 고린도교회와의 관계가 악화된 것은 바울 탓이 아니었고 그들 탓이었다. 그들은 바울에 대해서 항상 마음이 협소하였다(12절). '협소하다'는 말은 '창자가 좁아졌다'는 말이다. 이 표현은 적절한 것 같다. 마음이 어둡고 기분이 상하면 위와 장의 기능이 나빠져서 소화불량이 된다. 늘 불쾌한 사람은 그의 심장, 간도 불쾌하다. 늘 웃고 밝은 사람은 항상 소화가 잘되고 피가 잘 돈다. 이런 장기들은 사람의 감정과 밀접한 관계가 있다. 그래서 바울은 강조한다. '여러분도 마음을 넓게 여십시오'(13절) 말하자면 '창자를 편안하게 만들라'는 것이다. 그들은 그동안 마음이 옹졸하였기에 바울을 오해하였고 그와 불편한 관계를 가졌다. 크리스천은 늘 마음을 넓게 열어야 한다. 크리스천은 항상 좋은 창자를 가지고 있어야 한다. 요즘 우리의 몸 상태는 어떤가? 소화가 안 되고 가슴이 답답한가? 그렇다면 우리의 마음이 혹시 옹졸하여 누군가와 잘못된 관계를 맺고 있지 않은지 살펴보아야 한다.

성전·성결

성도는 하나님의 성전이다
고후 6:14~7:1 | 216장

바울은 고린도 교인들에게 거룩함을 온전히 이루어 자기 자신을 깨끗이 지키라고 하였다(7장1절). 왜냐하면 그들의 몸은 일반인의 몸과 다른 하나님의 거룩한 성전이기 때문이다(16절). 하나님의 성전은 더럽혀져서는 안 된다. 그래서 그들은 믿지 않는 자와 멍에를 메어서 안 되며 벨리알(마귀)과 친해져서도 안 되며, 부정한 것을 만져서도 안 되었다(14~17절). 바울이 강조하는 것은 고린도 사회에 만연했던 우상숭배와 음란에 물들지 말라는 것이다. 고린도 교인 한 사람 한 사람은 하나님의 성전이었다. 그들은 순결의 표상이었다. 그러므로 불결과 섞일 수 없었다. 크리스천이 된다는 것은 하나님의 성전이 되었다는 의미이다. 하나님의 성전은 본질적으로 이 세상과 구별되는 것이다. 하나님의 성전 안에는 근본적으로 이 세상과 공존할 수 없는 것들이 있다. 그것은 불결이다. 크리스천이 된다는 것이 얼마나 괴로운 일인지 모른다. 하나님의 성전으로 산다는 것이 만만치가 않다. 왜냐하면 때로는 부정과 연루된 직장을 나와야 하기 때문이다. 때로는 세속적인 재미와 오락을 끊어야 하기 때문이다. 심지어는 가족과도 연을 끊어야 하기 때문이다.

유혹·악행

죄를 조장하지 말아야 합니다
고후 7:2~4 | 463장

바울은 자기가 지금까지 아무에게 해를 끼친 일이 없고, 아무도 망쳐 놓은 일이 없고, 아무도 이용해 먹은 일이 없으니 고린도 교인들이 자기에게 마음 문을 열기를 호소했다(2절). 그동안 고린도 교인들이 바울에 대한 많은 오해가 있었다. 그런 오해와 질시 속에서도 바울은 그들과 죽어도 같이 죽고 살아도 같이 살기로 작정하였다(3절). 바울은 고난 중에도 고린도 교인들을 생각하며 위로를 받았다(4절). 그는 하나님의 일을 하는 데 있어서 진취적이며 박력적인 사람이었지만 사람을 해치는 일은 하지 않았다. 스스로 죄 짓는 것보다 남을 죄짓게 만드는 것은 죄 질이 상당히 나쁘다. 다른 사람을 유혹하는 일, 다른 사람을 죄로 몰아넣는 일, 약한 사람에게 악행을 저지르게 하는 일은 무서운 죄이다. 창녀가 더 나쁜가? 포주가 더 나쁜가? 당연히 포주이다. 창녀는 스스로 죄 짓는 죄인이지만 포주는 죄를 조장하는 죄인이기 때문이다. 우리는 어떤 이의 약을 올려서 그가 분노를 가지게 하거나 복수심을 가지게 만들어서는 안 된다. 우리는 누군가의 생활의 궁핍함을 이용해서 그에게 부정을 저지르도록 조장해서는 안 된다. 우리는 자기의 세속적인 오락 생활에 그 어떤 이도 끌어 드려서는 안 된다.

근심·승리

근심의 두 종류
고후 7:5~16 | 382장

바울이 전에 고린도교회를 방문했을 때 바울 때문에 교회에 잡음이 생겼다. 그때 그는 분노의 편지를 디도 편에 보냈다. 그 후에 바울이 마게도냐에서 디도를 만나 고린도교회의 불화가 해소되었고 자기에 대한 오해도 풀렸다는 소식을 들었다. 그 편지로 인해 그들이 철저히 회개하였다(7~9절). 바울의 분노의 편지를 받은 고린도교회가 처음에는 속이 상했다. 그러나 나중에는 하나님의 뜻을 이루어 내는 계기를 마련했다(10~11절). 바울은 예전에 디도에게 고린도교회에 대해서 자랑한 적이 있었는데 그것이 빈말이 아니었다는 것을 고린도교회가 증명해주어서 체면이 섰다(14절). 그리고 바울은 고린도교회가 디도를 지도자로서 순종해주고 맞이해 준 것에 대해 감사하였다(15절). 고린도교회는 바울의 편지를 받고 처음에는 분노하고 근심했다. 그러나 나중에는 바른 길을 갔다. 이것이 하나님의 뜻대로 하는 근심이다. 하나님 뜻대로 하는 근심은 항상 사람에게 선이 된다. 반면에 세상 근심은 사람의 피를 말리다가 죽게 만든다(10절). 지금의 우리의 근심이 하나님이 주신 것인지 세상이 준 것인지 생각해야 한다. 그 발생지가 하나님이라면 우리는 미래에 대해서 좋은 기대를 가져도 된다.

행함·실천

선심쓰면 선심으로 돌아온다
고후 8:1~15 | 455장

　예루살렘 교회는 초대교회의 어머니같은 교회였다. 이 교회가 어려움에 처해있는데 바울은 고린도 교인들에게 그 교회를 위하여 헌금해 줄 것을 당부하고 있다. 마게도냐 교회는 가난하였지만 자기들이 가지고 있는 모든 것을 다 털어서 아낌없이 모금해준 것을 상기하며 고린도 교인들에게도 그렇게 해 줄 것을 당부하였다(1~5절). 그는 하늘의 영광을 버리고 이 세상에 내려오신 예수님의 희생을 들어서 고린도 교인들도 그러한 희생정신을 발휘해 줄 것을 당부하였다(9절). 그는 또한 고린도 교인들이 지금까지 모금하는 일에 앞장 서 왔듯이 이번 일에도 그렇게 해 줄 것을 부탁하였다(10~11절). 그는 예루살렘 교회에 대한 연민이 연민으로만 끝나지 말고 실제로 행동해 줄 것을 호소하였다. 사람은 자주 누군가를 불쌍히 여긴다. 그러나 비극은 실행하지 않는다는 것이다. 누군가를 도와야 겠다는 충동은 항상 일어난다. 하지만 인색함으로 끝나는 경우가 있다. 선심을 써야겠다는 감동은 항상 생긴다. 그러나 아무 것도 하지 않음으로 끝나는 경우가 있다. 우리가 남을 헤아리면 우리도 헤아림을 받는다. 선심은 선심으로 돌아오고, 인색은 인색으로 돌아온다는 사실을 잘 기억해야 한다(14~15절).

돈·일꾼·행정

돈 문제는 정확하게 합시다
고후 8:16~24 | 560장

바울은 가난한 예루살렘 교회를 돕기 위한 헌금을 가지고 갈 때 자기와 같이 동행할 사람들의 명단을 언급기록하였다. 그 명단에는 디도가 들어있다. 그는 바울의 요청을 기꺼이 받아들였을 뿐 아니라 대단한 열성을 내어 자진해서 고린도교회로 가는 자였다(16~17절). 디도 외에 두 사람이 동행하였는데 한 사람은 복음 전도자로서 경력과 명성이 있는 자이며(18~19절), 또 한 사람은 검증을 거친 열정적인 사람이었다(22절). 바울이 예루살렘 교회에 왜 혼자 가지 않고 여러 사람을 동행하려하고 있는가? 돈이 걸려 있는 문제이기 때문이다. 그는 헌금의 일부를 자기가 착복하였다고 거리낌 없이 비난하는 사람들이 있다는 것을 알았다. 따라서 바울은 헌금을 예루살렘으로 가져갈 때 다른 사람들로 하여금 같이 가게 하면 감히 그런 비난을 할 수 없을 것이라는 알았다(20절). 바울의 목적은 자기가 하나님 앞에서 뿐 아니라 사람들 앞에서도 공정하다는 것을 밝히고자 하였다(21절). 그는 치밀하고 정확하고 신중한 사람이었다. 교회 일은 이렇게 해야 한다. 교회 일은 은혜로 할 때가 있고 치밀하고 정확하게 해야 할 때가 있다. 특히 돈과 관계된 일은 정확하고 분명하게 해야 한다.

교회 · 일치 · 하나님 나라

타교회도 칭찬합시다
고후 9:1~5 | 208장

바울은 예루살렘교회 성도들을 위하여 헌금을 모금하고 있다. 바울은 고린도 교인들이 미리 헌금을 준비하도록 가르쳤다(5절). 그렇게 미리 준비시키지 않으면 그들이 시일이 다다라서 허둥지둥될 가능성이 있기 때문이다. 그는 독특한 방법으로 그들을 독려하였다. 그는 마게도냐 교회의 예를 들어서 고린도 교인들도 적극적으로 헌금해 줄 것을 부탁하였다(3절). 물론 그는 마게도냐 교인들을 헌금에 적극적으로 동참시키기 위해서도 같은 방법을 사용했다. 바울은 얼마 전에 헌금을 착실히 준비하여 바친 고린도 교인들의 이야기를 널리 선전하여 마게도냐 교인들도 헌금에 적극적으로 동참시킨 바가 있었다(2절). 그런데 이번에는 반대로 그것을 사용하였다. 바울은 한 교회가 앞서서 잘한 일을 칭찬하고 그 칭찬을 통해서 다른 교회도 그것을 본받기를 원했다. 우리에게도 이런 자세는 필요하다. 교회는 다 예수 그리스도의 교회이다. 우리는 이웃 교회가 잘하는 일이 있으면 그것을 찾아내서 칭찬해야 한다. 이것은 개인에게도 적용된다. 우리는 다른 사람의 장점을 찾아서 선전해야 한다. 그것은 그렇게 살지 못하는 사람들에게 큰 도전이 되기 때문이다.

구제·헌금·기독교

구제하는 자가 더 복 받는다
고후 9:6~15 | 211장

    헌금은 기쁜 마음으로 바쳐야 하며 하나님은 그런 사람을 기뻐하신다(7절). 헌금에 있어서 바울의 중요한 사상 중 하나는 하나님께서 사람에게 헌금할 수 있는 능력과 정신도 함께 허락하신다는 것이다(8절). 바울은 구약 성서를 인용해서 하나님께서 뿌릴 씨와 먹을 빵을 농부에게 마련해 주시는데 하나님께서 고린도 교인들에게도 그런 뿌릴 씨를 마련해 주신다는 것이다. 그리고 그것으로 인해 먹을 빵 즉, 축복의 열매를 받게 하신다는 것이다(9~10절). 구제는 반드시 거기에 상응하는 보응을 받는다(6절). 구제가 미치는 좋은 영향이 참으로 많다. 구제는 가난한 사람의 궁핍을 덜어주고 그들이 하나님께 감사하게 만든다(12절). 그리고 구제는 기독교가 진실된 종교라는 것을 사람들로 하여금 인정하게 만든다(13절). 말하자면 사람들은 어떤 믿는 자가 이웃에 대해서 사랑을 실천하는 것을 보고 그가 믿는 기독교가 참 진리의 종교인 것을 알게 된다는 것이다. 그리고 구제의 또 다른 장점은 구제받은 사람이 구제하는 사람을 위해 중보기도하게 만든다(14절). 도움 받은 자가 도움 준 자를 위하여 얼마나 간절히 기도하겠는가? 어떤 면에서 볼 때 구제는 구제받는 자보다 구제하는 자가 더 유익인 것 같다.

기독교·무기

기독교의 무기
고후 10:1~18(1) | 360장

    고린도 교인들이 바울에게 퍼부은 비난의 내용은 바울이 자기들 앞에서는 겁쟁이가 되고 자기들과 떨어졌을 때에는 강경하다는 것이었다(1절). 한마디로 이중인격자라는 것이다. 그리고 바울의 도덕성도 의심하여 그가 속된 생활을 하고 있을 것이라고 의심하였다(2절). 바울은 이러한 비난에 대해서 처음에는 상당히 강경한 태도를 취할 작정이었으나 마음을 바꾸어 고린도 교인들을 만나면 온유한 태도를 취하기로 작정하였다(2절). 그는 자기를 당당히 밝힌다. 자기는 세상에서 살고 있는 한 자연인이지만 그러나 이 세상의 속된 것과 싸우는 존재라고 밝혔다(3절). 그리고 자기는 이 전투에서 강력한 무기를 사용하는 데 그 무기는 견고한 성뿐 아니라 이 세상의 잘못된 이론과 하나님을 아는 데 장애가 되는 모든 오만도 쳐부수어 그것을 모두 다 예수 그리스도 앞에 복종시킬 수 있는 무기라고 하였다(4~5절). 사실 바울은 가는 곳 마다 이 무기를 들고 그런 역사를 이루었다. 그는 기독교의 힘과 기독교의 무기가 무엇인지 보여 주며 다녔다. 그는 가는 곳마다 세상의 우상과 이교와 악한 관습과 문화를 타파하였다. 우리 손에도 그 무기가 있다. 그러면 우리가 가는 곳에도 그와 같은 일들이 벌어지고 있는가?

교만·자화자찬

자화자찬 하는 자들
고후 10:1~18(2) | 255장

고린도 교인들은 바울의 외모를 조롱했다(7절). 바울에게 전도를 받은 '데클라'라는 여인이 쓴 글에서 바울은 키가 매우 작고 뚱보에 대머리이며 매부리코에 맞붙은 눈썹에 휘어진 다리를 가지고 있었다고 전한다. 고린도 교인들은 바울이 다른 교회에 대해서는 주인 행세를 해도 괜찮지만 자기 교회에서는 그렇게 안 된다고 하였다(8절, 13~14절). 그들은 바울이 글은 제법 쓰지만 말이 시원찮다 라고까지 비난하였다(10절). 그들은 사사건건 그를 괴롭혔다. 더 기가 막히는 것은 그들은 스스로 자기들이 영적으로 특별한 존재라고 여겼던 것이다(7절). 이에 대해 바울은 착각을 중단하라고 하였다. 그는 그들이 자기들이 스스로 만든 척도를 가지고 자기들끼리 재어보고 스스로 특별하다고 착각하는 자들이라는 것이다(12절). 바울의 요지는 간단하다. 사람이 예수님에게서 칭찬받아야지 스스로 자축하는 것은 꼴 볼견이다. 어떤 사람 중에는 스스로 자기가 신앙의 달인이며 대가라고 착각하는 자들이 있다. 이렇게 착각에 빠져 자화자찬 하는 자들을 주의해야 한다. 우리가 넓은 세상 밖으로 나가 보면 나보다 더 잘나고, 더 뛰어난 고수들이, 하나님께서 인정하는 고수들이 얼마나 많은지 모른다.

목회자 · 사례비

불순한 의도의 사례금
고후 11:1~15 | 29장

바울은 고린도 교인들이 거짓 사도들에게 속아 넘어간 것을 꼬집었다. 마치 하와가 뱀의 유혹에 넘어간 것처럼 고린도 교인들은 거짓 사도들에게 넘어갔다(3~4절). 그는 거짓 사도들이 자기보다 말은 잘 할 수 있으나 자기는 그들보다 예수 그리스도를 아는 지식에 있어서는 비교할 수 없다고 하였다(5~6절). 계속해서 그는 자기를 오해하는 고린도 교인을 향해서 부득불 자기의 권위를 내세운다. 그는 고린도에 있을 때 마게도냐 교인들로부터 사례비 지원을 받고 고린도교회에게는 그것을 요구하지 않은 것은 고린도교회에 폐를 끼치지 않기 위함이었고 앞으로도 계속 그렇게 하겠다고 말했다(8~10절). 그는 거짓 사도들의 실상을 고하는데 힘을 썼다. 사탄도 자기를 광명의 천사로 가장하듯이 그들도 자기들이 의의 일꾼으로 가장하고 있지만 언젠가는 그들의 실체가 드러날 것이라고 하였다(13~15절). 바울은 자기를 오해하는 고린도교회로부터 일체의 사례비를 거절했다. 만약에 그것을 받으면 그 사람의 잘못을 책망하는 설교를 할 수 없기 때문이다. 책망 받을 것이 많은 그들에게 그는 현명하게 처신했다. 어떤 사람 중에는 목회자에게 순수한 마음이 아닌 불순한 의도로 사례하는 경우가 있다.

복음·목회·선교

복음 때문에 약자가 되어보셨습니까?
고후 11:16~33 | 491장

바울은 고린도 교인들이 거짓 사도들을 받아주는 것을 비꼬았다(19절). 그는 '그들이 너희를 종으로 삼고, 업신여기고, 착취하고, 뺨을 쳐도 참아주는데, 나는 마음이 약해서 그런 짓은 못 하겠다'고 하였다(20~21절). 그는 이 시점에서 부득불 자기 자랑을 하지 않을 수 없었다(21절). 자기도 거짓 사도들과 마찬가지로 히브리인이며 이스라엘인이며 아브라함의 후손이며 그리스도의 일꾼이지만 그들과는 차원이 다르다고 하였다(22~23절). 자기가 하는 일의 양은 그들과 비교할 수 없으며 그동안 복음 때문에 39대의 매를 다섯 번 맞았고. 배를 타고 가다 세 번 파선하였고, 가는 곳 곳마다 죽음의 고비와 살해 협박을 당했으며, 여러번 뜬 눈으로 밤을 지새웠으며, 여러번 기근과 갈증과 추위에 떨었으며, 어려움에 처한 여러 교회 생각에 심적 고통을 많이 받았으며, 심지어 다메섹에서 광주리를 타고 창문으로 탈출하는 사례까지도 있었다고 하였다(23~33절). 바울이 왜 이렇게 자기 자랑을 하고 있는가? 자기를 위해서가 아니고 자기가 전한 복음을 위해서이다. 그는 복음을 위해서 약한 것밖에 자랑할 것이 없었다(30절). 우리도 복음을 위해서 이렇게 약자가 되어본 적이, 손해 본 적이 있는가?

천국·공평

공평하신 하나님
고후 12:1~10 | 563장

　바울은 14년 전에 자기가 황홀한 체험을 하였던 것을 편지에 적었다. 그의 영이 그의 몸을 빠져나가 낙원에 도달하였으며 거기서 여러 광경을 목격하였고 말로 표현할 수 없는 말을 들었다(2~4절). 그 후에 그에게 고뇌가 찾아왔다. 그는 그 고뇌를 '육체의 가시, 사탄의 사자'라고 표현했다(7절). 그는 간절히 그것을 제거해달라고 기도했다(8절). 그러나 하나님은 그 가시를 제거해 주시지 않고 단지 "내 은혜가 네게 족하다"(9절)고만 말씀하셨다. 하나님은 바울이 그동안 너무 충분한 은총을 받았다는 것이다. 과할 정도로 받았다는 것이다. 바울은 전무후무하게도 천국을 직접 볼 수 있는 영광을 누렸다. 그것은 아무에게나 주어지는 영광이 아니었다. 그런데 만약에 그가 그 기도마저 응답받았다면 그의 마음 깊은 곳에서 자만심이 자리 잡았을 것이다(7절). 그러므로 하나님은 하나쯤의 고통은 참고 가며, 그것을 통해서 그가 더 강하게 되기를 원하셨다. 하나님은 공평하신 분이다. 만약 우리가 지금까지 하나님께 적게 받았다고 생각되면 장차 많이 받을 것을 기대해도 좋다. 그러나 지금까지 하나님께 충분히 받았다고 생각하면 장차 우리가 감뇌하고 감수해야 할 일들이 있을 것을 각오해야 한다.

난관·치욕·은혜

넉넉한 은혜
고후 12:11~13 | 538장

바울은 아무리 내키지 않아도 자기가 하나님에게서 받은 권위를 내세우지 않으면 안 된다고 판단했다. 그는 자기의 권위를 이렇게까지 주장할 수밖에 없게 만든 장본인들은 바로 고린도교인들이라고 하였다(11절). 그는 먼저 자칭 자기들이 특출하다고 주장하는 거짓 사도들에 비해 전혀 못한 것이 없음을 밝혔다(11절). 왜냐하면 그는 그들이 하지 못하는 표징과 기적들을 보여 주었고 거짓 사도들과 달리 교회에 폐를 끼치는 일을 하지 않았기 때문이다(12~13절). 바울은 쑥스럽지만 이렇게까지 자기를 알리는 이유는 자기에 대한 불신은 괜찮지만 자기가 전한 복음을 불신하는 것은 용납할 수 없었기 때문이다. 그는 화를 내지 않았다. 흥분하지도 않았다. 단지 그들의 불신과 조롱에 맞서 차분히 글을 적어 내려가고 있다. 바울은 그 생애 중에 많은 반대자들과 대결했지만 굴복한 일은 없었다. 아무리 가혹한 반대에 부딪혀도 그는 후퇴하는 일은 없었다. 이것은 그의 은혜의 넉넉함에서 나왔다. 그 은혜의 넉넉함으로 그는 고린도교인들의 잔혹한 중상과 모략을 이겨냈다. 우리도 만약에 이같은 넉넉한 은혜를 가질 수 있다면 자기에 대해 사람들이 오판을 하든 말든 개의치 않고 오직 하나님 한분에게만 전념할 수 있을 것이다.

헌금·구제

자기 자신을 줍시다
고후 12:14~21 | 457장

바울은 조만간 고린도교회를 방문할 계획이었지만 그 교회에 폐는 끼치고 싶지 않았다. 그가 고린도교회에 바라는 것은 돈이 아니라 사람들이었다(14절). 그는 돈 아니라 그들의 인격을 원했다. 바울은 고린도 교인들에게 계속되는 오해를 받았다. 그가 가장 많이 들었던 말은 '사기꾼'이었다(17~18절). 그래서 그는 자기의 청렴성을 주장하지 않을 수 없었다(18~19절). 그리고 그는 조만간 고린도교회를 방문할 때 이 부분에 있어서 자기를 실망시키지 말 것을 부탁하였다(20~22절). 여기서 바울은 기독교의 구제의 원리를 규정하였다. 그가 그들에게 구하는 것은 '돈'이 아니라 '그들 자신'이었다. 그래서 그는 돈이 아니라 그들 자신을 기부하라고 하였다. 구제는 돈만 주는 것으로 끝내서는 안 된다. 가난한 이웃을 대하는 가장 안이하고 쉬운 방법은 돈만 주는 것이다. 물론 이렇게 하는 것만으로도 훌륭하고 잘하는 일이다. 그러나 그것이 100% 온전한 구제라고는 할 수 없다. 진정한 구제는 물질뿐 아니라 자기 자신을 주는 것이다. 자기 자신을 준다는 말은 마음과 뜻을 다하여 그 대상을 사랑하고 헌신하고 섬긴다는 뜻이다.

구원·믿음

예수 믿는지 자주 체크하세요
고후 13:1~13 | 85장

바울은 고린도교회를 세 번째 방문할 예정인데 그때는 두 번째 방문 때처럼 범죄한 사람들을 절대로 용서하지 않겠다고 경고했다(1절). 그는 잘못된 상황을 더 방치할 수 없다고 생각했다. 그래서 마침내 수술용 칼을 들기로 작정하였다. 그는 편지를 마무리 하면서 몇 가지 부탁을 하였다. 스스로 자기가 믿음 안에 있는지 점검해 볼 것, 바울이 하나님께 버림받은 자가 아니라는 사실을 알아 줄 것, 악을 저지르지 말 것, 온전해 질 것 등을 권면했다(3~9절). 그는 또 고린도 교인들에게 세 가지 희망을 가지고 있다. 그들이 완전을 향해서 나아갈 것을, 자기의 권면의 말씀을 잘 들어 주기를, 그들이 화해와 평화 속에 살기를 희망하였다(11절). 끝으로 축복의 말씀으로 끝맺었다. "주 예수 그리스도의 은혜와 하나님의 사랑과 성령의 교통하심이 너희 무리와 함께 있을지어다"(13절) 그는 통렬하게 싸운 뒤에 해 맑은 축복의 말씀으로 마무리 하였다. 그의 마지막 권고 가운데 유난히 눈에 띄는 것이 "너희는 믿음 안에 있는가 너희 자신을 시험하고"(5절)라는 말씀이다. 이미 예수 믿고 있는 자에게 예수 믿고 있는지 점검하라는 것이다. 이것을 점검하지 않고 방치하면 위험한 사태가 생길 수 있기 때문이다. 어떤 사람은 자기가 예수 믿고 있다고 착각하며 살다가 무덤까지 가는 사람이 있다.

> 은혜 · 평강

은혜와 평강
갈 1:1~5 | 28장

어떤 사람들이 갈라디아 교인들에게 바울은 가짜 사도이므로 그의 말을 들을 필요가 없다고 했다. 바울에 대한 이런 악평은 그가 12사도가 아니라는 것과 교회의 지도자로부터 공식적인 인준을 받지 못했다는 사실에 기초한다. 그러나 바울은 다메섹 도상에서 예수님을 직접 만나서 사도직을 수여받았다. 그는 갈라디아교회에 보내는 편지 서두에 이를 염두에 두고 그 사실을 기록했다(1절). 그리고 그는 편지 서두에 갈라디아 교인들에게 은혜와 평강을 기원하였고, 예수님께서 인류를 구원하기 위해서 대신 죽으셨다는 사실을 기록하였다(3~4절). 여기서 '은혜'란 결코 인간이 그것을 받기에 합당하지 못하지만 하나님께서 그저 주시는 선물을 가리킨다. '평강'은 재난이 없는 상태라는 의미를 넘어서 넘치는 기쁨과 순결의 상태를 의미한다. 하나님은 인간에게 항상 은혜와 평강 주시기를 원하신다. 은혜 받을 자격이 없어도 주시고 평강 받을 자격이 없어도 주신다. 은혜와 평강은 반드시 예수님을 통해서 얻는다. 즉, 예수님에 대한 믿음이 없으면 은혜와 평강은 없다. 혹시 현재 우리의 마음과 삶에 은혜와 평강이 없는가? 그렇다면 우리가 예수님과 바른 관계가 형성되어있는지부터 점검해야 한다.

이단·기독교 역사

이단 공부를 합시다
갈 1:6~10 | 340장

갈라디아교회에 기독교를 유대교적으로 변형시킨 이상한 사상을 전하는 자들이 있었는데 많은 사람들이 여기에 현혹되었다(6~7절). 그것은 예수를 믿어도 할례와 율법을 준수해야 한다는 사상이었다. 이것이 소위 '다른 복음'이었다(8절). 이것은 인간의 선한 행위로 구원을 얻을 수 있다는 사상이다. 그러나 바울은 인간이 할 수 있는 일이란 없고 하나님의 사랑과 자비에 자신을 맡기는 것뿐이라고 하였다. 그는 자기가 전한 복음에 다른 것을 첨가하는 자는 저주를 받을 것인데 그것은 천사라도 예외가 아니라고 경고했다(8~9절). 또 한편 갈라디아교회 안에 바울이 사람들에게 인기를 얻으며, 비위를 맞추는데 익숙한 사람이라고 주장하는 사람도 있었다. 바울은 이것을 단호히 거부하였다. "내가 지금까지 사람들의 기쁨을 구하였다면 그리스도의 종이 아니니라"(10절) 2000년 기독교 역사 속에 항상 '다른 복음'이 있어왔다. 복음이 있는 곳에 항상 가짜들이 붙어 있다. 복음을 믿는 자의 의무 가운데 하나는 이 가짜들을 근절하는 것이다. 믿는 자는 누구나 예배, 전도, 봉사와 더불어 가짜들로부터 복음을 수호해야 할 의무를 가진다. 그러므로 적을 알아야 한다. 이단에 대해서 공부해야 한다.

소명·군사

전투병으로 부름 받았습니다
갈 1:11~17 | 350장

바울은 자기가 전한 복음이 사람에게 받은 것이 아닌 하나님께로부터 받은 것이라는 것을 증명할 필요가 있었다(11~12절). 그래서 그는 자기 생애 중에 있었던 급격한 삶의 변화를 내세웠다. 자기는 전에 유대교 신앙과 율법에 열렬한 광신자였고, 교회에 대해서 악랄하고 잔인한 박해자였음을 고백했다(13~14절). 그는 자기의 부끄러운 과거를 회고하기를 두려워하지 않았다. 그는 하나님께서 자기를 모태로부터 따로 세워서 부르셨고, 그 부르신 이유는 하나님의 아들을 이방인에게 전하게 하기 위한 것으로 확신했다(15~16절). 그리고 그는 이 부르심의 목적을 수행하기 위해서 아라비아와 다메섹으로 가서 준비과정을 가졌다(17절). 하나님께서 그를 부르신 이유는 일을 시키기 위해서였다. 그는 자기가 부름 받은 것은 영광을 얻게 하기 위한 것이 아니라 일을 하게 하기 위한 것이라는 것을 알았다. 그는 누리기 위해서 부름 받은 것이 아니라 싸우기 위해서 부름 받았다. 하나님은 가장 어려운 전투에 그를 투입하기 위해서 불렀다. 이것은 우리에게도 해당되지 않겠는가? 하나님이 우리가 매 주일 교회만 왔다 갔다하는 존재로 부르시지 않고 사단과의 치열한 전투에서 싸울 전투병으로 부르셨다.

공로 · 성결 · 전도

우리의 선한 행실이 복음을 구합니다
갈 1:18~24 | 500장

바울은 기독교로 개종한 뒤 초대교회 지도자들과 접촉이 없었고 단지 게바와 야고보를 만난 정도였다(18~19절). 얼굴이 알려지지 않은 바울에 대해서 사람들은 한때 복음의 박해자였으나 지금은 복음의 전도자라는 사실 정도만 알고 있었다(23절). 그는 예루살렘과 시리아와 길리기아 지방으로 갔던 사실을 기록했다(18절, 21절). 예루살렘에는 유대교의 배신자이며 가장 큰 적인 바울을 타도할 날만 기다리는 유대인들이 있었다. 길리기아 지방에는 바울이 자란 곳인 다소가 있었다. 그곳에 기독교로 개종한 바울이 방문하기에 위험한 지역이었다. 그러나 그는 이러한 위협 앞에서도 복음을 들고 그곳까지 진출하였다. 그가 왜 이러한 사실을 갈라디아 교인에게 인식시켰던 것일까? 그것은 자기의 사도성을 부인하는 자들에게 자기가 전한 복음의 독자성을 증명하기 위해서이다. 남들이 감히 생각할 수도 없는 일을 해낸 자신을 알려야만 자기에 대한 악평을 그치고, 복음의 진정성을 증명할 수 있기 때문이었다. 여기에 우리가 배워야 할 교훈이 있다. 우리도 항상 선을 쌓아 놓아야 한다. 그것은 누가 기독교에 대해 시비를 걸어올 때 복음의 진정성과 진실성을 주장하는데 귀한 자료가 되기 때문이다.

결단성·겸손

결단과 공손을 함께 갖춥시다
갈 2:1~10 | 549장

바울이 예루살렘으로 갔을 때 거기에 거짓 사도들이 들어와서 바울이 전하는 복음을 소멸시키고자하였다(4절). 이런 분위기 가운데 바울은 14년 동안 이방인 사역을 마친 뒤 디도를 데리고 예루살렘으로 올라가서 공식적으로 선교보고를 하였고 교회 지도자들에게는 개인적으로 설명했다(1~3절). 당시 지도자들이 바울에게 새로운 것은 제시해주지 못했지만 베드로는 자기가 유대인에게 복음 전하는 일을 맡은 것 같이 바울이 이방인에게 복음 전하는 일을 맡은 것을 공인하였다(6~7절). 또 바울은 초대교회의 기둥같은 지도자로 알려진 야고보와 베드로와 요한을 찾아가서 선교 보고를 하였고 마침내 그들에게도 인정을 받았다(9절). 그때부터 그는 이방인 사역자로서 한결 자유롭게 활동할 수 있게 되었다. 바울은 결단력이 있는 사람이었지만 무례한 사람은 아니었다. 자기가 전한 복음이 정당하지만, 초대교회 지도자들이 그것을 이해하지 못할 때 그는 찾아가서 정중히 상의하였다. 그는 일을 마음대로 처리하는 사람이 아니었다. 우리도 어떤 프로젝트가 있을 때 반드시 교회의 절차와 관례를 따라야 한다. 결단성 있게 밀고 나가는 것도 중요하지만 공손함도 갖추어야 한다.

율법·공로·은혜

자기 업적을 드러내는 크리스천
갈 2:11~21 | 254장

게바와 바나바는 이방인들과 음식을 먹고 있을 때 율법과 할례를 주장하는 사람들이 들어왔을 때 슬며시 도망친 사실이 있었는데 이를 두고 바울이 심하게 책망하였다(11~14절). 여기서 바울은 다시 복음과 율법에 대해서 가르친다. 바울은 사람이 하나님과 올바른 관계를 가질 수 있는 것은 율법을 지키는 것에 있지 않고 예수님을 믿는 것에 있다고 가르쳤다(16절). 사람이 예수님을 믿는 것은 하나님과 올바른 관계를 가지기 위함이다. 만일 그가 전에 헐어버린 율법을 다시 세운다면 그는 스스로 법을 어긴 사람이 된다(18절). 그러므로 바울은 이제부터 자기가 사는 것은 자기를 위해서 몸을 내어주신 하나님의 아들을 믿는 믿음으로 산다고 고백했다(20절). 만일 사람이 율법을 통해서 하나님과 올바른 관계를 맺는다면 예수님의 죽음은 헛것이다(21절). 오늘날 크리스천 중에도 율법으로 돌아가고자 하는 사람이 있다. 교회에서 조금이라도 성과를 거둔 사람은 자기를 다른 사람과 비교하려는 유혹이 있다. 자기가 이룬 업적으로 하나님을 만족시킬 수 있다든지, 또는 자기의 공로로 다른 사람보다 자기가 훌륭하다는 것을 나타내고자 하는 유혹이 있다. 그런 사람은 진정 복음 안에서, 은혜 안에서 사는 자라고 볼 수 없다.

율법·은혜

오직 믿음으로
갈 3:1~14 | 250장

갈라디아 교인들이 율법주의에 빠져서 그들이 받은 성령의 은사를 잃어버릴 위험에 놓였다(1절). 이에 바울은 "성령으로 시작하였다가 육체로 마치려고 하느냐"며 질타했다(3절). 그들에게 많은 기적이 나타났다. 바울은 하나님께서 그렇게 많은 기적을 행하신 것은 그들이 율법을 행하였기 때문인가 아니면 복음을 듣고 믿어서 된 결과인가를 물었다(5절). 결국은 믿음이었다. 아브라함이 하나님을 믿으니 의롭게 되었다(6절). 율법으로는 아무도 의롭게 되지 못하고 오직 예수님을 믿는 자가 의롭게 된다. 오히려 율법에 근거하여 살려고 하는 자는 다 저주 아래에 있다(10절). 왜냐하면 사람은 100%율법의 요구를 만족시킬 수 없기 때문이다. 율법의 결과는 저주이다. 그러나 예수께서 율법의 저주를 자기가 대신 받아 나무에 달려 죽으셨다. 그리고 우리를 율법의 저주에서 속량해 주셨다(13절). 이것은 이방인에게도 적용되었다. 하나님께서 아브라함에게 내리신 복을 이방인들에게도 미치게 하시고 그들이 믿을 때 약속하신 성령을 받게 하셨다(14절). 세계의 모든 종교는 거의 다 행위 구원을 주장한다. 힌두교, 유교, 불교, 이슬람교가 그렇다. 말하자면 율법의 요구를 100% 달성해보려고 노력한다. 얼마나 어리석은 짓인가?

율법·죄용서

율법이 죄를 깨닫게 했습니다
갈 3:15~22 | 252장

바울은 율법에 대해 설명한다. 세상 관례에도 사람이 일단 계약을 맺으면 그것을 무효화 할 수 없다(15절). 하나님께서는 아브라함과 그의 후손들에게 약속하셨을 때 '네 후손에게'라는 말을 쓰셨는데 그 한 사람의 후손은 예수님을 가리킨다(16절). 하나님은 430년 전에 이미 예수님에 관한 약속을 주셨는데 그 약속이 430년 후에 율법이 생겼다고 해서 무효화될 수 없다(17절). 우리가 장차 받을 하늘나라의 축복은 율법에 의존하지 않는다(18절). 그러면 하나님께서 왜 율법을 주셨는가? 그것은 예수님이 오실 때까지 죄가 무엇인지 알게 하려고 주신 것이다(19절). 만일 율법이 사람을 살릴 수 있는 것이었다면 하나님은 율법을 통해서 사람들과 올바른 관계를 맺기 원하셨을 것이다(21절). 그러나 성경은 온 세상이 죄에 갇혀 있기 때문에 예수님을 믿는 사람들만이 그 믿음으로 약속된 선물을 받을 수 있게 된다고 가르친다(22절). 오늘날 크리스천 중에도 예수를 믿어도 천국에 대해 확신을 못 가지는 사람들이 있다. 자기 생애를 돌아보면 죄가 너무 많아 부끄럽다는 것이다. 현재 믿음만 있으면 그의 죄 많은 과거는 무(無)가 된다. 율법은 그가 죄가 많은 사람이란 것을 뼈저리게 느끼게 해준 것뿐이었다.

율법 · 복음 · 은혜

믿으면 국적이 달라집니다
갈 3:23~29 | 260장

바울은 이미 예수 안에 사는 갈라디아 교인들의 특권과 지위에 대하여 설명한다. 바울은 믿음이 오기 전에는 사람은 율법의 감시를 받으면서, 장차 그 믿음이 나타날 때까지 갇혀 있었다고 하였다(23절). 그래서 율법은 예수님께서 오실 때까지 가정교사 역할을 하였다(24절). 그런데 그는 그 믿음이 이제 왔으므로, 그들은 더 이상 가정교사 아래에 있지 않는다고 하였다(25절). 그러므로 그들은 모두 그 믿음으로 말미암아 예수님 안에서 하나님의 자녀가 되었다(26절). 그들은 모두 세례를 받아 예수님과 하나가 되었고, 예수님을 옷으로 입은 사람들이 되었다(27절). 그러므로 그 믿음 안에 있다면 유대인과 헬라인의 구분이 없으며 종도 없고 자유인도 없고 남자도 없고 여자도 없고 다 한 형제들이다(28절). 바울은 갈라디아 교인들이 예수님께 속해있다면 아브라함의 후손이요 약속을 따라 정해진 상속자들이라고 하였다(29절). 그러므로 그들은 더 이상 율법에 현혹되면 안 되었다. 율법에 속으면 그들이 받은 특권과 지위를 잃게 된다. 믿는 자들은 모두 다 아브라함의 후손들이다. 비록 한국인이라도 그 약속을 믿으면 아브라함의 후손이 된다. 약속을 믿으면 한국인과 중동인이 한 가족이 된다.

이단·타종교

타종교는 어린 아이이다
갈 4:1~7 | 263장

상속자는 아버지의 재산의 주인이지만 그 아버지가 정해 준 때까지 보호와 관리를 받는다(1~2절). 갈라디아 교인들도 어렸을 때에는 유치한 유대교의 율법에 얽매여 있었지만 하나님께서 독생자 예수님을 보내시어 율법의 지배를 받고 사는 그들을 구원하셨고 또 그들에게 하나님의 자녀가 되는 자격을 얻게 하셨다(3~5절). 바울은 그들에게 "너희는 이제 하나님의 자녀가 되었으므로 하나님께서는 너희의 마음속에 성령님을 보내주셔서 하나님을 아빠라고 부를 수 있게 해 주셨다"고 하였다(6절). 그러므로 이제 그들은 종이 아니라 하나님의 자녀가 되었고 하나님의 상속자가 된 것이다(7절). 삶이 아직 율법에 예속된 사람은 아직 어린아이이다. 그러나 예수님이 오셔서 율법의 지배로부터 인간을 해방시켰다. 이를 진심으로 받아드리고 믿는 자는 비로소 어른이 된다. 하나님은 어른에게 유산을 상속하신다. 행위나 수양이나 고행으로 자기 구원을 이루려는 모든 타종교는 어린 아이와 같다. 아버지는 어린 아이에게는 상속하지 않는다. 어른이 되서 자기 지각이 생길 때 상속한다. 크리스천은 성인이다. 크리스천은 이 땅에서도 자녀의 혜택을 누리고 저 땅에서도 상속의 기쁨과 영예를 누린다.

이단

신천지와 안상홍은 거짓말을 하고 있다
갈 4:8~11 | 450장

예전에 갈라디아 교인들이 하나님을 알지 못했을 때, 하나님이 아닌 것들에 종노릇 하였지만 지금은 하나님을 알고 있고 또 그들이 하나님께서 인정하는 사람들이 되었음에도 불구하고 율법으로 되돌아가서 날과 달과 계절과 해를 지키는 유치한 교훈에 빠져있다(9~10절). 여기서 '날'은 안식일을 가리키고, '달'은 특별한 행사가 있는 달을 가리키고, '절기'는 율법에서 준수하는 유월절, 오순절, 초막절과 같은 절기를 가리키고, '해'는 7년마다 돌아오는 안식년을 가리킨다. 그들은 예수를 믿고 새 약속과 은혜의 빛 속에 거하는 백성이 되었음에도 불구하고 계속 율법으로 회귀하려는 습성을 떨치지 못했다. 바울은 그동안 열심히 복음을 전하고 가르쳤던 그 수고가 어리석고 유치한 습성에 빠진 그들에게 헛된 것이 되지 않을까 심히 염려하였다(11절). 요즈음 신천지나 안상홍같은 이단 집단은 구약의 절기 즉, 유월절을 준수할 것을 강하게 주장한다. 그들은 유월절 준수를 구원과 연결시키기 까지 한다. 이는 "약하고 천박한 초등학문"(9절)이다. 또 그들의 행위는 예수님의 십자가의 희생을 헛된 것으로 만든다(11절). 신천지와 안상홍이 얼마나 말도 안 되는 집단인지 본문이 잘 말해준다.

거짓열정

열정이 좋은 것만은 아니다
갈 4:12~20 | 453장

갈라디아 교인들은 바울이 한 때 병들었을 때에 그를 외면하지 않고 천사처럼, 예수님처럼 따뜻하게 대해 주었고, 눈이라도 빼 줄 정도의 뜨거운 사랑을 가지고 있었다(13~15절). 바울은 그러했던 갈라디아 교인들에게 자기가 진실을 말한다고 해서 자기를 원수처럼 대해도 되느냐고 물었다(16절). 갈라디아 교인들을 다시 율법의 종으로 돌아가게 만드려는 거짓 사도들이 교회 안에 들어왔다. 이들은 겉으로는 굉장히 열정적이었던 것 같다. 그러나 그것은 결코 선의에서 나온 것이 아니고 바울과 갈라디아교회를 떼어놓고 갈라디아 교인들이 자기들을 추종하게 만드려는 의도에서 나온 것이었다(17절). 그는 율법으로 되돌아가고자 하는 갈라디아 교인들 속에 다시 그리스도의 형상이 이루어지게 하기 위해서 아이를 해산하는 산모의 진통을 겪고 있다(19절). 그는 지금 이 상황 속에서 도저히 부드러운 어조를 말할 수 없다는 심정을 토로하였다(20절). 거짓 사도들은 열정적이었다. 그러나 그 열정에는 진리와 복음이 없었다. 오늘날에도 열정적인 크리스천이 있다. 그러나 열정이 무엇을 향한 열정인가를 살펴야 한다. 하나님의 영광과 복음을 위하지 않는 열정은 자기를 드러내기 위한 열정일 가능성이 많다.

율법·복음

아브라함의 두 아들

갈 4:21~5:1 | 143장

　　아브라함은 두 아들을 두었는데 하나는 여종의 몸에서 났고 하나는 본부인의 몸에서 났다(22절). 여종에게서 난 아들은 인간적인 육정의 소생이었고, 종이 될 아들이었고, 본부인에게서 난 아들은 약속의 아들이었다(23절). 종이 될 자식을 낳은 사람은 하갈이며, 사라는 약속의 자녀 이삭을 낳았다(26~27절). 갈라디아 교인은 이삭과 같은 약속의 자녀이다(28절). 아브라함 당시 육정으로 난 종의 자식 이스마엘이 성령으로 난 약속의 자식 이삭을 박해하였는데 지금이 그와 같은 상황이다(29절). 여기서 종의 자식은 율법을, 약속의 자식은 복음을 가리킨다. 바울은 율법이 복음을 박해하고 있는 상황을 그렇게 묘사했다. 바울은 구약성서를 인용하여 "여종과 그의 자식을 쫓아내어라. 종의 자식은 결코 본 자식과 같은 상속자가 될 수 없다."고 했다(30절). 즉, 율법을 쫓아버리라는 것이다. 복음으로 태어난 갈라디아 교인들은 종이 아니라 자유인이기 때문에 다시는 종의 멍에를 메지 말아야 한다(31절). 율법을 자기 생의 중심으로 삼는 자는 노예처럼 살게 된다. 율법을 만족시키기 위해서 얼마나 피곤한 삶을 살아야할까? 그는 항상 주인을 기쁘게 해야 한다. 그러나 복음 안에, 은혜 안에 사는 자는 자유롭고, 여유가 있다.

죄의 속성

고속도로를 타면 돌아올 수 없다
갈 5:2~12 | 144장

바울은 만일 갈라디아 교인들이 할례를 받으면 즉, 율법의 일부를 용납하면 나중에 율법 전체를 용납하게 된다고 하였다(3절). 율법으로 의로운 자가 되기를 원하면 그 사람은 예수님과의 관계가 끊어졌고 은총에서 벗어난 사람이다(4절). 할례의 유무가 중요한 것이 아니라 믿음이 중요하다(6절). 신앙의 본질은 행위가 아니라 믿음이다. 적은 누룩이 온 반죽을 부풀게 한다(9절). 누룩이 일단 들어가면 부풀게 되어있다. 그러므로 처음부터 누룩같은 율법의 유혹이 자리 잡지 못하게 해야 한다. 그는 갈라디아 교인들의 마음을 교란시키는 자는 심판을 받을 것이라고 하였다(10절). 바울은 거친 말투로 이 부분을 끝내고 있다. 그는 할례를 주장하는 사람들이 있다면 그 지체를 아예 잘라버리라고 하였다(12절). 그는 그들에게 율법을 주장하는 사람들이 아직은 큰 영향을 주고 있지 못하지만 만약에 그것을 조금이라도 허용한다면 할례를 명시한 율법 전체에 복종하게 될 것이라고 하였다. 조금이라도 문을 열면 나중에는 전체를 다 열어야 한다. 10%만 허용해도 나중에는 100%를 수용해야 한다. 죄의 고속도로를 일단 올라타면 종착역까지 간다. 그러니 처음부터 그쪽으로 진입하지 말아야 한다.

이웃·비난·멸망

물어뜯으면 피차 망합니다
갈 5:13~15 | 397장

바울이 지금까지 강조한 것은 교리적인 부분이었었다. 이제부터는 실질적인 교훈을 주고 있다. 갈라디아 교인들은 충분히 오해를 할 수 있었다. 율법이나 행위가 아닌 믿음으로 구원을 받으니 이제부터 자기 욕망대로, 자기 본성대로 살아도 되지 않겠냐고 갈라디아 교인들이 반문할 수 있었다. 이 때 바울은 "하나님께서는 자유를 주시려고 여러분을 부르셨지만 그 자유로 육정을 만족시키는 기회로 삼지 말고 사랑으로 서로 종이 되며, 이웃을 네 몸같이 사랑하며, 서로 물어뜯지 마십시오. 그러면 피차 멸망할 터이니 조심하십시오"라고 말했다(13~15절). 교리도 중요하지만 일상생활도 중요하다는 것이다. 여기서 재미있는 표현이 나온다. 그것은 서로 물어뜯으면 피차 멸망한다는 말이다. 누군가를 격렬하게 힐난하는 것으로는 결코 그 삶의 문제가 해결될 수 없다. 더 나아가서 그렇게 하면 결국 망하게 된다. 여기서 '피차'라는 말이 중요하다. 어떤 한 사람을 물어뜯으면 물어뜯기는 사람뿐 아니라 물어뜯는 사람도 망한다. 그러므로 누군가를 격렬하게 힐난하기 전에 꼭 이것을 생각해야 한다. 누군가를 힐난하려 한다면 자기도 망할 각오를 하고 그렇게 해야 한다.

인간 본성·원죄

성령님이 이끄시는 삶
갈 5:16~24 | 463장

바울은 율법의 지배를 받지 않으면서 의롭게 사는 길은 성령님께서 이끄시는 대로 살아가는 것이라고 하였다(16~17절). 성령님께서 이끄시는 대로 살면 율법의 지배를 받지 않는다(18절). 이어서 바울은 육정이 만들어내는 목록들을 열거하였다. 그것은 음행, 추행, 방탕, 우상 숭배, 마술, 원수 맺는 것, 싸움, 시기, 분노, 이기심, 분열, 당파심, 질투, 술주정, 흥청대며 먹고 마시는 것이다(19~20절). 이런 것을 일삼는 자들은 결코 하나님 나라에 들어갈 수 없다(21절). 예수님에게 속한 사람은 육체의 정욕을 이미 십자가에 못 박은 사람이므로 그의 삶의 열매는 사랑, 기쁨, 평화, 인내, 친절, 선행, 진실, 온유, 절제이다(22~24절). 바울은 인간의 본성을 잘 간파하였다. 인간은 태어나는 순간부터 복잡한 존재가 된다. 모든 인간은 아담의 후손으로 태어난다. 인간은 태어나서 얼마 있지 않아서부터 죄에 눈 뜨기 시작한다. 그리고 위에 열거한 죄들을 하나씩 하나씩 알아가고 그것들과 운명을 같이 한다. 이것은 크리스천이라도 예외가 아니다. 크리스천은 비록 하늘로부터 태어난 사람이기도 하지만 상당 부분은 땅의 본성을 가지고 있다. 크리스천도 성령님께 자신의 모든 인격을 의탁하지 않으면 위험해질 수 있다.

겸손·화평

잘난 체 안 하면 싸움이 없습니다
갈 5:25~26 | 408장

지금까지 바울은 육정의 일과 갈라디아 교인들이 추구해야 할 성령의 열매에 대해 설명할 때 항상 '너희'란 말로써 교훈 하였다(2절, 7절, 10절, 12절, 13절, 18절). 그런데 바울은 이제 이 부분을 결론지으면서 자신까지 포함하는 '우리'란 표현을 사용하여 권면의 효과를 높이고 있다. "만일 우리가 성령으로 살면 또한 성령으로 행할지니"(25절) "너희는 성령으로 살아라"가 아니라 "우리가 함께 성령으로 삽시다"라는 말은 큰 감화력이 있다. 여기서 '행하다'는 말은 '행렬을 지어 걸어가다'는 뜻으로 성령님의 인도를 따라 살면 그분과 같이 인생길을 걸어가게 된다는 의미이다. 성령님과 함께 보조를 맞추어 걸어가는 인생길이 얼마나 은혜로우며 복된 길일까? 이어서 바울은 "헛된 영광을 구하여 서로 노엽게 하거나 서로 투기하지 말지니라"(26절)고 하였다. 여기서 '헛된 영광'은 '잘난 체'를 의미한다. 육정이 시키는 대로 사는 사람의 특징은 잘난 체이다. 잘난 체 잘하는 사람의 주변은 항상 노여움이 있고 투기가 있다(26절). 잘난 체 하는 사람의 주변은 항상 시끄럽다. 우리가 항상 잘난 체하지 않고 살 수 있다면 우리에게 싸움을 걸어오는 사람이 없을 것이고 우리가 질투받는 일도 없을 것이다.

사랑·화평·충성

짐을 집시다
갈 6:1~5 | 407장

바울은 갈라디아 교인들에게 타인의 잘못을 온유한 마음으로 바로잡아 주어야 한다고 지적하였다(1절). 사람은 다른 사람의 죄를 엄격하게 심판하고자 하는 경향이 있다. 이것은 선한 사람에게 더욱더 두드러지는 현상이다. 선하다고 평가받는 사람들은 다소 냉정하며 비동정적이다. 그러나 어떤 경우든지 사람이 넘어졌으면 그 사람을 일어서게 하는 것이 참 크리스쳔의 짐이며 이렇게 하는 것이 그리스도의 법을 성취하는 것이다(2절). 또 사실 아무 것도 아닌 사람이 자기가 무엇이나 된 것처럼 자만심을 가져서 안 된다(3절). 바울은 여기서 이러한 자만심을 피할 수 있는 길을 말하였다. 자만심을 피하는 길은 자기가 한 일을 남과 비교하지 않고 자기가 한 일만 생각해야 한다는 것이다(4절). 자만심을 피할 수 있는 또 하나의 방법은 자기가 성취한 바를 타인과 비교할 것이 아니라 자기가 이상으로 생각하는 바와 비교하여야 한다. 비교하고 싶으면 가장 높은 기준과 비교해야 한다는 것이다. 참 크리스쳔은 이 부분에서도 각각 자기의 짐을 져야 한다(5절). 이 짐은 우리가 절대로 남에게 넘겨주지 말아야 한다. 이 짐은 모든 크리스쳔이 남에게 빼앗기지 말고 자기가 즐겁게 져야 한다.

선행·상급·보상

때가 되어야 매겨집니다
갈 6:6~10 | 378장

바울의 윤리적인 가르침은 특별한 해석이 필요 없을 만큼 명료하다. 사람은 무엇을 심든지 심은 대로 거둔다(7절). 자기 육체에다 심는 사람은 육체에서 썩을 것을 거두고, 성령에다 심는 사람은 성령에게서 영생을 거둔다(8절). 자기 육체에 공을 많이 들인 사람은 그 육체가 썩고 나면 결국 남는 것은 없다. 반면에 하나님을 위해서 땀 흘린 사람은 공정한 평가를 받게 된다. 그러므로 옳은 일에 투자하는 사람은 결코 낙심할 필요가 없다. 왜냐하면 그것을 포기하지 않는 한, 때가 되면 그 노고의 대가를 거두기 때문이다(9절). 그러므로 기회가 되는 대로 모든 사람에게 선한 일을 하고 특히 믿음의 식구들에게는 그렇게 해야 한다(10절). 사람은 100% 순수할 수 없다. 그래서 하나님은 사람에게 보상을 제시하고 따라오라 하신다. 그런데 우리가 일생동안 옳은 일을 많이 하였지만 너무 오래 기다리고 있다고 생각할 수 있다. 답이 너무 늦다고 생각할 수 있다. 그러나 낙심하지 말고 계속해서 옳은 일을 해야 하는 이유는 하나님의 정확하고 공평한 저울위에 올려진 그 인생의 값이 곧 매겨지기 때문이다. 옳은 일 중에서 특히 사람에게, 특히 동료 크리스천들에게 하는 선행이 중요하다고 한다.

십자가 · 할례

십자가 때문에
갈 6:11~16 | 80장

바울은 갈라디아 교인들을 미혹시키는 자들의 정체를 알았다. 그들이 갈라디아 교인들에게 할례를 집요하게 주장했던 이유는 박해를 피하기 위해서였다(12절). 로마 정부는 기독교는 박해했지만 유대교는 인정해 주었고 유대교의 종교적인 관습까지도 허용하였다. 할례는 유대교의 중요한 관습이었다. 따라서 할례는 곧 안전을 보장받을 수 있는 가장 좋은 길이었다. 그들은 할례를 정치적으로 이용하였다. 바울은 할례를 주장하는 사람들의 정체에 대해서 한 가지 더 폭로했다. 할례를 주장하는 그들은 정작 그들 스스로는 할례를 중요하게 생각하지 않고 있다는 사실이다(13절). 그러면 그들이 왜 할례를 주장하였는가? 자기들의 힘의 위용을 자랑하고 싶었던 것이다(13절). 그들은 누군가를 조종하고 굴복시키는 재미와 쾌감을 가지기를 원했다. 그러나 바울에게 있어서 유일한 자랑과 즐거움은 십자가뿐이었다(14절). 그에게 있어서 중요한 것은 할례냐 무할례냐가 아니라 예수님으로 말미암아 새 사람이 되는 것이었다(15절). 크리스천은 항상 십자가로 자기 자랑을 삼아야 한다. 십자가 때문에 웃고, 십자가 때문에 행복하고, 십자가 때문에 의욕이 생기고, 십자가 때문에 피곤하지 않는 자가 크리스천이다.

설교 · 은혜

목회자의 마음
갈 6:17~18 | 206장

바울은 자기 몸에 예수의 흔적을 가지고 있으니 더 이상 자기를 괴롭게 하지 말라고 하였다(17절). 이 말로 인해 바울의 손에 실지로 못자국이 있을 것이라고 보는 사람들이 있었다. 당시에 노예의 주인은 자기의 노예들이 자기 재산임을 나타내기 위하여 낙인을 찍었다. 아마 바울은 자기가 예수님을 위하여 육신과 마음에 받은 상처들이 예수님의 노예로서의 표식이라는 것을 말했다. 그는 이 세상에 그 누구보다도 더 많이 예수님을 위해서 헌신하였던 흔적을 지니고 있는 사람이기에 더 이상 자기의 사도성을 부인하지 말라고 강경하게 호소하였다. 그리고 바울은 이 편지의 마지막 말을 은혜로운 축복의 말로 마쳤다. "형제들아 우리 주 예수 그리스도의 은혜가 너희 심령에 있을지어다 아멘"(18절). 바울은 때로는 논쟁하기도 하고, 때로는 책망하기도 하고, 때로는 화를 내기도 하였다. 그러나 이것은 모두다 부수적인 것들이다. 목회자 바울이 성도들에게 가장 하고 싶었던 말은 항상 '은혜'라는 말이었다. 이것이 목화자의 마음이다. 오늘날 우리 교회의 목회자도 이 부분에서 크게 벗어나지 않는다. 그러므로 청중들은 오해를 하지 말고 목회자의 설교의 진위를 가려서 들어야한다.

평강·감사

평강의 출처는 하나님입니다
엡 1:1~2 | 428장

바울의 편지 서두는 거의 일정하다. 그는 자기가 사도라는 사실과 예수님으로부터 사명을 위임받은 사실을 항상 언급한다. "하나님의 뜻으로 말미암아 그리스도 예수의 사도 된 바울은"(1절) 또 바울은 "하나님 우리 아버지와 주 예수 그리스도로부터 은혜와 평강이 너희에게 있을지어다"(2절)라고 하였다. 그는 거의 모든 편지 서두에 은혜와 평강을 기원한다. '은혜'는 공로 없이 받는 것을 가리킨다. 그래서 선물이다. 선물 받을 만한 가치가 있어서 받은 것이 아니라 그냥 받는 것이다. 그래서 은혜는 항상 과분한 것이다. 평강은 단순한 어려움이나 고난이 없는 상태를 가리키는 것이 아니다. 평강은 인생을 참으로 살만한 것으로 만들어 주는 모든 내적인 힘을 의미한다. 평강은 외부적인 환경이나 조건과 상관이 없이 인간 내부에서 만들어지는 것이다. 그는 이 두 가지가 사람에게 있기를 항상 기원하였다. 100평짜리 아파트에서 살아도, 통장에 많은 액수의 돈이 있어도 평강이 없을 수 있다. 그러나 감옥에서 살아도, 하루 두 끼만 먹어도 평강이 있을 수 있다. 이 사실을 어떻게 설명할 수 있는가? 이 세상에서 평강의 출처는 오직 하나님 한분 외에는 없다는 것으로만 설명 가능하다.

에베소서 195

거룩·소명

다르게 불렀습니다
엡 1:3~14(1) | 528장

하나님은 세상 창조 전에 그리스도 안에서 우리를 택하시고 사랑해 주셔서, 하나님 앞에서 거룩하고 흠이 없는 사람이 되게 하셨고 또 예수 그리스도를 통하여 우리를 하나님의 자녀로 삼으시기로 예정하셨다(4~5절). 하나님은 어떤 이를 창세 전부터 예수님을 믿기로, 그리고 거룩하고 흠이 없는 삶을 살도록 하기 위해서 예정하시고 불러내신다. 그래서 그 부름받은 사람은 하나님의 영광스러운 은혜를 찬미하지 않을 수 없다(6절). 여기서 '거룩하다'는 말은 '다르다'라는 뜻과 '분리하다'라는 뜻이 포함된 단어이다. 즉, 하나님은 우리를 창조 이전부터 보통 사람과 다르게 하기 위하여 분리하셨다. 교회는 보통 건물과 다르기 때문에 거룩하다. 주일은 보통 날과 다르기 때문에 거룩하다. 성직자는 보통 사람과 다르기 때문에 거룩하다. 하나님은 우리를 보통 사람과 달리 거룩하고 흠이 없게 하기 위해서 불렀다. 그러면 오늘 우리는 보통사람과는 어떻게 다르며, 얼마나 거룩하게 살고 있는가? 보통사람에 비해 전혀 다르게, 거룩하게 살지 않고 있다면 우리가 과연 하나님께서 예정하신 자인지 아닌지를 물어야 한다. 다르게 불렀는데 전혀 안 다르다면 안 불렀을 가능서도 있지 않겠는가?

소명·예정

나는 신비로운 비밀을 위해 부름 받았다

엡 1:3~14(2) | 528장

하나님은 신비한 비밀을 믿는 자들에게 알게 하셨다(9절). 그 신비한 목적과 비밀은 이 세계에 있는 무질서한 것들을 그리스도 안에서 하나로 통일되게 하는 것이다(10절). 그것은 세계 도처에 있는 분열과 싸움을 말살하고 이것을 하나로 묶는 통일된 나라를 장차 이루는 것이다. 하나님은 이 신비한 비밀을 우리에게 알게 하셨고 그것을 위해 일할 자로 예정하시고 부르셨다(11절). 바울은 여기서 성령님의 역할에 대하여 매우 위대한 사실을 보여준다. 하나님께서 성령님을 보내주셔서 우리가 그분의 인침을 받은 것을 '성령님의 구속의 보증금'이라고 했다(12~13절). 보증금이란 어떤 거래를 할 때 기한 내에 반드시 잔금을 지불하겠다는 보증으로 미리 지불하는 매매대금의 일부분이다. 성령님이 바로 그와 같은 분이시다. 우리가 이 세상에서 가지는 성령님에 대한 경험은 장차 하늘에서 누릴 기쁨을 미리 맛보는 보증이다. 하나님께서 우리에게 성령님을 경험하게 하신 것은 하나님의 목적과 비밀이 반드시 이루어질 것을 확신하라는 이유에서이다. 오늘날 나는 이 세상의 모든 전쟁과 증오와 분열을 없애고 하나님의 통일된 나라를 만들어가기 위한 역군들로 예정되었고 부름 받았다.

교회·지체·일꾼

어느 파트에서 일하세요?

엡 1:15~23 | 540장

바울은 에베소교회에 하나님의 영적 지혜와 통찰력이 내려지기를, 그리고 그들의 마음의 눈이 밝아져서 무엇을 소망하며 살아야 할지를, 그리고 그들이 받을 복이 얼마나 큰 것인지를, 그리고 믿는 자안에서 강한 힘으로 활동하시는 하나님의 능력이 얼마나 위대한지를 알게 하기 위해 기도했다(17~19절). 그리고 바울은 교회와 예수님과 하나님과의 관계에 대해서 설명하였다. 하나님의 계획은 만물을 예수님 앞에 복종케 하는 것이며 그가 만물을 충만케 하는 것이다(22~23절). 즉, 그 분 안에서 모든 인류가 한 가족이 되며, 통일되게 하는 것이다. 그런데 예수님은 이 위대한 과업을 스스로 하시는 것이 아니라 자기의 몸인 교회를 통해서 하신다. 예수님은 교회의 머리요 교회는 그의 몸이다(22~23절). 머리는 머리 자체로서는 의미가 없다. 머리가 명령을 내리면 움직일 수 있는 몸이 있어야 한다. 예수님이 명령을 내리면 교회는 바로 그의 손, 발, 목소리가 되어야 한다. 하나님의 계획은 교회에 달려있다. 다른 말로 하면 하나님의 계획이 교회의 구성원인 '나'에게 달려있다는 말이다. 그러면 나는 오늘 예수님의 어느 파트에서 일하고 있는가? 손 파트인가? 발 파트인가? 목소리 파트인가?

성도의 삶

믿는 자는 선행을 해야 합니다
엡 2:1~10 | 460장

　에베소 교인들도 전에는 세상의 두목과 악령의 지시대로 살았고 바울도 전에는 본능적인 욕망을 따라 살았다. 그러므로 그들은 하나님의 진노를 살 수밖에 없는 자들이었다(2~3절). 그러나 긍휼의 하나님께서는 그들을 예수님을 통해서 다시 살려주셨는데 그것은 하나님께서는 자기의 은총이 얼마나 풍성한지 보여주시기 위함이었다(4~7절). 이처럼 구원은 하나님의 은총이지 자기 힘으로 되는 것이 아니다(8절). 그리고 바울은 크리스천은 선행을 위하여 그리스도 예수를 통해서 창조하신 작품이라고 하였다(10절). 다소 이해하기 힘든 문장이다. 도대체 무슨 말인가? 인간은 어떠한 선행으로도 구원 얻을 수 없다. 그런데 어떻게 인간이 선행을 위하여 지으심을 받을 수 있단 말인가? 여기에 위대한 역설이 있다. 만약 어떤 한 위인이, 내가 사랑받을 자격도 없는데 나를 사랑하였다면 나는 그러한 사랑을 받을 자격이 있는 사람으로 살고자 노력하지 않겠는가? 바로 이것이다. 우리가 선행을 위하여 지으심을 받았다는 말은 우리가 하나님의 놀라운 사랑을 받을 자격이 있는 사람으로 살아야 한다는 의무감을 주는 말이다. 크리스천은 선한 일을 하라고 하나님이 지은 자이다. 믿음으로 구원받은 자의 다음 차례는 선행이다.

예배 · 아버지

매일 나갑시다
엡 2:11~ 22 | 472장

　이스라엘 공동체에서 제외된, 약속의 언약과 무관한, 세상에서 아무 소망이 없었던, 할례받지 않은 이방인을 예수님은 자기의 피로 하나님과 가까워지게 하셨다(11~13). 예수님은 유대인과 이방인의 담을 허물고 화해를 시키셨던 평화의 전도자였다(14절). 예수님은 이방인과 유대인 양쪽 모두를 하나님 아버지께 직접 나가게 하셨다(18절). 그러므로 이방인들도 이제부터 나그네가 아니요, 하나님의 시민이요, 하나님의 한 가족이요, 그리고 예수님의 안에서 성전으로 지어져 가게 되었다(19~21절). 그들은 이제 아무 거리낌 없이, 누구의 중보 없이 직접 하나님께 나갈 수 있게 되었는데 여기서 '나간다'라는 말은 어떤 사람을 왕 앞에 데리고 나갈 때 사용하는 말이다. 이방인들에게는 너무 큰 희소식이었다. 덕분에 우리도 하나님께 나갈 수 있게 되었다. 이 권리를 예수님께서 우리에게 주셨다. 오늘 우리는 하나님께 얼마나 자주 나가고 있는가? 오늘 우리는 하나님께 무엇을 들고 나가고 있는가? 우리는 우리의 근심을 가지고, 우리의 사연을 가지고, 우리의 고독을 가지고, 우리의 슬픔을 가지고 매일매일 그분께 나갈 수 있다. 그러면 항상 우리를 기다리고 계시는 왕이신 아버지를 만날 수 있다.

하나님 나라 · 섭리

하나님 사업은 항상 완성됩니다
엡 3:1~13 | 210장

　전 인류를 향한 하나님의 놀라운 비밀은 이방인이 복음을 통하여 유대인과 공동 상속자가 되고 한 몸이 되는 것이다(6절). 하나님께서는 이 놀라운 비밀을 과거 세대에서는 일반 사람들이 아닌 선지자들에게만 알리셨고 지금은 지극히 작은 자인 바울에게 알리셨다(3~8절). 바울은 교회와 이방인들에게 이 하나님의 놀라운 경륜과 비밀을 전달하기 위해 부름 받았다(8~9절). 그러므로 그는 이 부분에 있어서 분명한 확신을 가지고 조금도 주저함 없이 하나님께 나아가며, 이 일을 감당하는데 있어서 환난까지도 각오한다고 말하였다. 그는 자기가 환란 당하는 것을 에베소 교인들이 보아도 낙심하지 않기를 바랐다(13절). 그는 이 편지를 옥중에서 썼다(1절). 그는 곧 심문을 기다리며 독기를 품은 박해자들과의 대결을 기다리고 있는 중에 이 편지를 썼다. 에베소 교인들은 이 이방인을 위한 투사가 갇혔기 때문에 하나님의 사업이 방해를 받을 것이라고 생각했다. 그러나 바울은 자기가 갇혔다고 하나님의 사업이 불리해지지 않는다고 하였다. 하나님의 사업은 인간보다 위대하다. 하나님이 우리를 통해서 이루시려는 일이 분명하다면 그 어떠한 방해가 있다 해도 그것은 완성된다.

성령님·성도의 삶

성령충만한 자와 그렇지 못한 자
엡 3:14~19 | 189장

바울은 하늘과 땅에 있는 대가족의 아버지이신 하나님 앞에서 무릎을 꿇고 기도드린다(14~15절). 바울은 하나님께서 에베소 교인들의 심령 속에 성령님을 허락하셔서 그들을 굳세게 하여주시기를 간구하였다(16절). 그리고 그들의 믿음을 보시고 예수 그리스도가 그들의 마음속에서 사실 수 있기를 간구하였다(17절). 그렇게 되면 에베소 교인들은 비로소 사랑을 기초로 하여 살아가게 되고, 하나님의 사랑이 얼마나 넓고 깊고 높은지를 깨닫게 된다(17~19절). 에베소 교인들이 이렇게 충만해져야 하나님의 신비로운 계획과 비밀을 수행할 수 있게 된다. 심령 속에 성령님이 충만히 거하지 못하는 사람은 하나님을 모르고 그의 뜻도 알 리 없다. 그러나 성령님이 충만한 사람은 하나님 사랑의 범위가 무한하다는 사실을 안다. 하나님의 사랑의 범위 밖에 있는 인간은 하나도 없다는 것을 안다. 하나님께서 인간을 위해 가시지 못할 장소는 없고, 인간을 구원하기 위해서 하시지 못할 일이 없다는 것을 안다. 성령님이 충만한 사람은 인간을 향한 하나님의 사랑의 범위가 얼마나 넓고 깊고 높은지 안다. 반면에 성령님을 모시지 못한 자는 이러한 하나님에 대한 이해가 전혀 없다.

승천·은사

예수님의 승천의 목적
엡 3:20~4:16(1) | 195장

하나님께서 불러 주신 자들은 그 부르심에 합당한 덕목들을 갖추어야 하는데 그 덕목들은 겸손, 온유, 오래 참음, 용납, 서로 하나 되는 것 등이다(1~3절). 교인들에게는 그리스도의 몸도, 성령님도, 소망도, 믿음도, 세례도, 하나님도 하나이듯 서로 서로 하나 되는 것이 중요하다(4~6절). 이러한 교인들에게 예수님께서 은사를 나누어주신다(7절). 바울은 시편68편의 "그가 높은 곳으로 올라가면서 사람들에게 선물을 나누어주셨다."라는 말씀을 예수님의 승천으로 해석했다(8절). 예수님의 승천은 모든 것을 충만케 하기 위함이었다(10절). 무슨 말인가? 예수님의 승천은 분명한 목적을 가지고 있다는 뜻이다. 예수님께서 육신으로 계셨을 때 그는 한 장소밖에 계실 수 없었다. 그러나 육신을 떠나 영광의 자리로 승천하셨을 때 그는 성령을 통해 온 세계 어디에나 충만히 계실 수 있게 되었다. 그래서 승천 후에는 그는 각 사람들을 일일이 만날 수 있게 되었고 그리고 그들에게 알맞은 은사를 나누어 줄 수 있게 되었다. 승천의 목적 중 하나는 골고루의 은사 배치를 위함이다. 내가 가지고 있는 재능과 능력은 성령님을 통해서 예수님께서 나에게 주신 것이니 감사함으로 받고, 잘 선용해야 한다.

사이비·무지·맹목성

무지한 신앙인의 오류
엡 3:20~4:16(2) | 402장

교회 안에는 여러 종류의 교직자들이 있다. 그것은 사도, 선지자, 복음 전도자, 목사와 교사이다(11절). 하나님은 왜 이런 교직자들을 교회 안에 두셨는가? 교인들을 온전케하며, 봉사의 일을 하게 하며, 그리스도의 충만한 데까지 그 믿음의 키가 자라게 하기 위해서이다(12절). 바울은 교회 안에 보호받아야 사람들이 있다고 한다. 교회 안에는 어린 아이같은 사람들, 속임수나 간사한 유혹을 만들어내는 사람들, 그리고 이런 자들이 만들어내는 풍조에 휩쓸리는 사람들이 있다(14절). 교직자는 이런 자들을 보호해야 한다. 어떻게 하면 교인들이 이상한 풍조와 교묘한 이론에 끌려 들어가지 않게 할 수 있나? 오직 한가지 길이 있다 그것은 날마다 예수님에게 까지 성장하게 하는 것이다(15절). 성장하지 못하면 이상한 풍조에 휘말리게 된다. 우리 주변에 이단이나 사이비에 빠지는 사람들을 보면 대부분 성장을 멈춘 사람들이다. 그러면 성장은 어떻게 오는가? '믿는 것'과 '아는 것'이 하나가 될 때이다(13절). 믿음이 있어도 모르고 믿으면 안 된다. 무지하게 믿으면 안 된다. 알고 믿어야 한다. 믿는 것과 아는 것이 같이 가야 한다. 이상한 풍조에 잘 넘어가는 사람들을 보면 맹목적인 사람들, 무지한 사람들이 많다.

죄의 속성

죄는 과정을 밟습니다
엡 4:17~24 | 374장

바울은 기독교 개종자들에게 이교도로 있을 때 행하던 모든 낡은 옷을 버리라고 하였다. 그들이 이교도로 있을 때 허망한 것에 관심을 가졌고, 무지로 어둠에 쌓여 있었고, 하나님의 생명에서 떠나 있었다(18절). 그들은 체면과 수치없이 방탕한 생활을 즐겼다(19절). 그러나 바울은 예수 안에서 가르침을 받았으면 욕정을 따라 살다가 썩어 없어질 옛 사람을 벗어버리고 하나님의 형상을 따라 참 의로움과 참 거룩함으로 지으심을 받은 새 사람을 입으라고 하였다(22~24절). 여기에 이교도들의 상태를 나타내는 중요한 말이 나오는데 그것은 "그들의 마음이 굳어짐으로"(18절)라는 문장이다. 죄의 무서움은 모든 것을 굳어지게 하는 것이다. 죄는 과정을 밟게 되는 것이지 아무도 일시에 큰 죄인이 되지 않는다. 처음에는 그 죄를 두렵게 여긴다. 처음 죄를 범했을 때 마음 속에 뉘우침과 후회가 생긴다. 그러나 계속해서 죄를 범하면 모든 감각을 잃어버리는 때가 와서 마침내 가장 부끄러운 일도 아무 느낌 없이 해치우게 된다. 그러므로 처음이 중요하다. 부끄러운 짓은 첫 시도도 하지 말아야 한다. 첫 시도를 시도하면 그 다음에는 감각을 잃어버리는 단계까지 쉽게 간다.

성령님·보증

성령님에게 상처 주지 마세요
엡 4:25~32 | 187장

바울은 크리스천들이 지켜야 할 윤리적 목록들을 열거하였다. 크리스천은 이웃에게 참된 말을 하고 거짓말을 하지 말아야 한다(25절). 화를 내더라도 결정적인 죄를 짓지 말고 해가 지기 전까지는 풀 수 있어야 한다(26절). 마귀에게 틈을 보이는 행동은 하지 말아야 한다(27절). 도둑질하지 말고 자기 손으로 떳떳하게 벌어야 한다(28절). 상대에게 덕을 세우는 데에 필요한 말을 적절한 때 구사해야 한다(29절). 모든 악독과 격정과 분노와 소란과 욕설은 버려야 한다(31절). 서로 친절히 대하며 하나님께서 사람을 용서하신 것과 같이 서로 용서해야 한다(32절). 생활 속에서 이런 것들을 버리지 않으면 성령님은 슬퍼하신다(30절). 사람의 악행으로 성령님이 상처받으신다는 것은 너무나 끔찍하고 놀라운 말이다. 이런 생각을 해 볼 수 있다. 우리가 성령님께 상처를 입히고서 어떻게 그분의 올바른 지도와 안내를 받을 수 있을까 하는 것이다. 성령님은 우리의 보혜사, 즉 가정 교사인데 말이다. 더욱 중요한 것은 우리가 성령님에게 계속 상처를 입히고서는 어떻게 그분의 보증을 바랄 수 있겠는가? 성령님은 마지막 때 우리가 하나님의 백성으로 살아왔다는 것을 보증서 주실 분이다(30절).

성도의 삶·성결

입 밖에 내지 마십시오
엡 5:1~14 | 423장

크리스천들이 지켜야 할 윤리적 목록들은 다음과 같다. 크리스천은 항상 하나님을 모방하려 해야 한다(1절). 항상 희생 제물이 되어야 한다(2절). 음행, 더러운 행위, 탐욕은 입에 담지 말아야 하고 감사의 말을 해야 한다(3~4절). 음행과 탐욕을 버려야 하며 헛된 말에 속아 넘어가지 말아야 하고 그런 말을 하는 사람과는 짝하지 말아야 한다(4~7절). 빛의 자녀답게 살아야 하고 하나님이 기뻐하시는 일이 무엇인지를 늘 분별해야 한다(8~10절). 어둠의 일에 끼여들지 말고, 오히려 그것을 폭로해야 한다(11절). 3절의 음행과 더러운 행위나 탐욕은 그 이름조차도 입에 담지 말아야 한다는 말을 주목해 보자. 행해서는 안 되는 일은 말조차도 하지 말아야 한다는 뜻이다. 어떤 사람이 어떤 주제 대하여 자주 말하거나 농담을 하는 것은 그것을 실제로 행하고 싶기 때문에 그렇게 하는 것이다. 자주 대화의 주제로 삼는 것은 그것에 매력을 느끼고 있기 때문이다. 요즘 사회에서 통용될 수 없는 불륜을 주제로 하는 드라마나 영화가 흥행에 성공하는 것은 인간의 본성이 얼마나 그것을 가까이하려 하고 있는가를 잘 보여준다. 관심과 애정이 있으면 자주 말하고 자주 보게 된다. 자주 말하는 주제가 그의 인격이다.

경외 · 이웃 · 성도의 삶

두려운 이웃
엡 5:15~21 | 446

크리스천은 때가 악하니 항상 세월을 아끼며, 하나님의 뜻이 무엇인지를 분별하며, 술 취하지 말며, 성령님으로 마음을 충만히 채우며, 시와 찬미와 신령한 노래로 서로 화답하며, 가슴으로 찬양하며, 모든 일에 있어서 하나님께 감사하며, 그리스도를 경외하는 마음으로 이웃에게 복종해야 한다(16~21절). 여기서 "그리스도를 경외함으로 피차 복종하라"(21절)는 말씀을 살펴보자. '경외하다'는 말은 '두려워하다'는 말이다. 바울은 에베소 교인들에게 직업이나 재산이나 사회적 지위에 따라 사람을 얄팍하게 대하지 않고 오히려 두려워하는 마음으로 사람을 대하라고 했다. 왜 이런 부탁을 하였을까? 여기에는 이런 뉘앙스가 있다. 지위나 신분에 따라 사람을 얄팍하게 대하는 것을 하나님이 눈여겨보신다는 것이다. 우리도 사람의 재산, 학식, 사회적 지위에 따라 편차있게 대하는 성향이 있다. 그래서 어떤 이에게는 함부로 대하고 또 어떤 이에게는 굽신거리기도 한다. 이것은 비겁하고 잘못된 태도이다. 크리스천은 거지나 왕이나 동일하게 대해야 한다. 사람 대하는 태도에 있어서 항상 두려워하는 마음을 가지라는 권고는 장차 이 부분에 있어서 하나님께서 엄중하게 심판하신다는 뉘앙스가 들어가 있다.

가정·부부

남편의 몸은 토막이 나야 합니다
엡 5:22~33 | 558장

바울은 크리스천의 결혼관에 대해서 설명한다. 결혼이란 남자가 자기 부모를 떠나 사랑하는 여자와 합하여 그 둘이 한 몸이 되는 것이다(31절). 부부는 두 몸이 아니라 한 몸이다. 즉, 한 덩어리이다. 그리고 바울은 부부에 관한 도를 교회와 예수님과의 관계를 통해서 설명하였다. 먼저 아내들에게 교훈을 주고 있다. 예수님께서 교회의 머리이듯 남편은 아내의 머리이다(23절). 따라서 교회가 예수님에게 순종하듯이 아내는 남편에게 순종해야 한다(24절). 예수님께서 교회에 순교를 명하시면 교회는 기쁨으로 순종해야 하듯이 아내도 남편에게 죽을 각오를 하고 순종해야 한다. 아내가 남편을 항상 이기는 가정은 성경적이지 못하다. 다음에는 남편들이 새겨들어야 할 교훈을 주고 있다. 예수님께서 교회를 사랑하듯이 남편들은 아내를 사랑해야 한다(25절). 예수님은 교회를 위해 목숨을 버리셨다. 그러면 남편들도 아내를 위해 목숨을 버려야 한다. 예수님은 교회를 위하여 자기 몸이 찢겨나가시는 고통을 참으셨다. 그러면 남편들도 필요한 경우에는 아내를 위하여 자기의 몸이 몇 조각으로 토막 나야 한다. 성경은 아내를 위하여 남편의 몸이 조각 조각 토막나야한다고 가르친다.

에베소서 209

가정·부모·자녀

자녀에게 상처주는 부모
엡 6:1~4 | 559장

자녀들이 부모에게 순종하는 것은 첫째 계명이다(1~2절). 크리스천 윤리 중 가장 중요한 계명은 효(孝)이다. 예배하고, 봉사하고, 헌금하고, 구제하고, 돌보고, 돕는 것이 첫째가 아니다. 효가 첫째이다. 부모를 돌보지 않고 목회자를 돕는 것도 잘못된 것이다. 효를 행한 자는 땅에서 잘되고 장수한다(3절). 그러면 부모들은 자녀를 어떻게 대해야 하나? 바울은 "아비들아 너희 자녀를 노엽게 하지 말고"(4절)라고 했다. 여기서 왜 바울은 굳이 아버지들만이 자녀를 노엽게 하는 존재라고 썼을까? 왜 어머니들에게 이 표현을 쓰지 않았을까? 이것은 바울 자신의 개인적인 경험에서 우러나온 말일까? 바울이 과거에 자기 아버지에게 그런 감정을 느꼈던 것일까? 자녀에게 상처주는 쪽은 비단 아버지만은 아닐 것이다. 어쨌든 부모는 자기 자녀를 가장 사랑하지만 또 가장 많은 상처를 주는 존재이기도 하다. 부모는 자기 시대에 통용되었던 관습을 자녀들에게는 강요하지 말아야 한다. 그때와 지금은 다르다. 부모는 자기 자녀를 지나치게 통제해서는 안 된다. 자녀를 너무 오랫동안 노끈에 매어두어서는 안 된다. 부모는 자녀를 너무 엄격하게 대하지 말아야 한다. 채찍도 필요하지만 당근도 필요하다.

경영자·기업

경영주와 고용인
엡 6:5~9 | 499장

바울은 크리스천의 직업관에 관한 교훈을 주고 있다. 직장에서 일하는 크리스천은 두렵고 떨리는 마음으로 성의를 다하여 하나님에게 복종하듯 자기 경영주에게 복종해야 한다(5절). 사람에게 잘 보이려고 눈가림으로만 일하지 말고, 사람을 섬긴다는 생각을 하지 말고, 하나님을 섬기는 마음으로 기쁘게 일을 해야 한다(6~7절). 일은 언제나 하나님이 보신다는 생각을 가지고 해야 하고 그가 하는 어떤 작은 일이라도 하나님 보시기에 훌륭한 것이 되도록 일해야 한다. 바울은 크리스천 경영주에게도 말을 하고 있다. 경영주는 자기가 하나님의 종인 것을 기억해야 한다. 경영주는 자기가 하는 모든 일이 역시 하나님이 보시는 가운데 하나님 앞에서 행하고 있다는 것을 기억해야 한다(7절). 그리고 무엇보다 경영주는 그 날이 오면 그가 고용한 모든 사람들과 다 함께 하나님 앞에서 서야 한다는 것을 알아야 한다(9절). 그때는 이 세상에서의 계급은 아무 소용이 없다. 그때가 되면 경영주나 고용인이나 모두 다 하나님 앞에서 단순한 인간일 뿐이다. 자기가 고용한 사람들과 언젠가 그 나라에서 마주쳐야 한다는 사실을 경영주는 기억해야 한다. 함부로 말하지 말고, 위협도 하지 말고, 항상 인격적으로 대해야 한다.

에베소서

영적 전투·사단

완전 무장 하세요
엡 6:10~20 | 348장

　성도들이 대항하여 싸워야 할 원수들은 인간이 아니라 암흑 세계의 악신들과 하늘의 악령들이다(11절). 이들과 싸워서 이기기 위해서는 완전 무장을 해야 한다(11~13절). 바울은 완전무장에 필요한 모든 전투 장비들을 열거한다. 이 장비들은 진리의 허리띠, 가슴에 붙이는 정의의 흉패, 복음전하는데 필요한 신발, 믿음의 방패, 구원의 투구, 하나님의 말씀인 성령의 칼 등이다(14~17절). 이렇게 완전무장을 하여야 영적 전투에서 승리할 수 있다. 바울은 모든 무기 중에 가장 위대하고 강한 무기에 대해서 언급하는데 그것은 바로 기도이다. 그는 기도에 대해서는 두 가지로 말하고 있다. 첫째, 기도는 열심히 해야 한다는 것이다. 기도는 잠자지 말고 깨어서 끈기있게 드려야 한다(18절). 기도는 집중력을 요구한다는 말이다. 둘째, 기도는 자기중심적이 아닌 타자를 위한 것이 되어야 한다는 것이다. 기도의 내용 중에 자기 자신을 위한 것만큼 다른 사람을 위하는 내용도 있어야 한다. 바울은 우주를 전쟁터로 보았다. 그래서 완전무장을 명한다. 혹시 우리는 이 전쟁터에서 한가지의 전쟁 장비도 안 갖추고 있지 않은가? 그렇다면 현재 우리는 살아 있지만 곧 시체가 된다고 봐야 한다.

주인·종

진정한 종이십니까?
빌 1:1~2 | 94장

바울은 데살로니가서와 빌레몬서를 제외하고 항상 편지 서두에는 자기의 사도직을 강조함으로 시작하였다. 예를 들면 로마서에서 "예수 그리스도의 종 바울은 사도로 부르심을 받아…"(롬1:1) 이렇게 시작하였다. 바울이 이럴 수 밖에 없었던 이유는 그의 사도직을 무시하여 그의 말을 경청하지 않으려는 자들이 도처에 있었기 때문이다. 그러나 빌립보서에는 그렇게 하지 않았다. 그럴 필요가 없기 때문이다. 이유는 빌립보교회는 바울이 설립한 교회 중에 바울과 가장 친밀하였기 때문이다. 그들은 무조건 바울의 말을 애정을 가지고 경청하였다. 그러나 바울은 여기서는 하나의 명칭만을 계속 주장하였다. 그것은 '종'이라는 단어이다(1절). 그는 예수의 소유물이었다. 그는 예수님으로부터 도망 칠 수 없는 몸이었다. 그는 복음을 전하지 않을 자유를 전혀 가지고 있지 못한 자였다. 그는 예수님 이외에는 다른 복종할 만한 주인을 가질 수 없는 자였다. 이는 우리도 마찬가지이다. 우리도 예수님의 이외의 다른 주인이 있으면 안 되는 자이다. 우리에게는 돈이라는 주인, 자식이라는 주인, 남편이라는 주인, 명예라는 주인은 없어야 한다. 만약 이러한 주인이 있다면 우리는 아직 예수의 '종'은 아닌 것이다.

영성·지성

감성과 지성이 함께 가야 합니다
빌 1:3~11 | 597장

　빌립보교회는 장점이 많은 교회였다. 그들은 교회가 처음 세움 받던 날부터 복음 전하는 일과 예수님께서 분부한 선한 일을 행하기에 앞장섰다(5절). 특히 그들은 바울이 감옥에 있을 때, 적들 앞에서 복음을 수호하고 변증하는 일에 최선을 다했기에 바울은 자기와 함께 은혜 받고 고생해온 그들을 마음에 두지 않을 수 없었다(7~8절). 이런 빌립보교회를 위하여 바울은 두 가지 중보기도를 하였다. 첫째는 하나님이 그들 속에서 일으킨 선한 사업들이 종말 때까지 끝까지 계속되기를 바랬다(6절). 둘째는 빌립보 교인들이 지닌 사랑위에 지식과 통찰력이 더해지기를 바랬다(9절). 그러면 그들이 마지막 때까지 순결을 유지하며, 많은 열매를 맺을 수가 있었다(10~1절). 사랑위에 지식이 더해지는 것 즉, 감성 위에 지성이 더해지기를 원했다. 만일 우리가 예수님을 사랑한다면 우리는 그가 품은 생각이 무엇인지, 그가 요구하는 것이 무엇인지, 그가 싫어하는 것이 무엇인지 알아야 한다. 이렇게 해야 마지막 날까지 신앙의 순결을 지킬 수 있으며 열매를 맺을 수 있다. 사랑만 가지고는 안 되고 지성도 갖추어야 한다. 감성과 지성이 함께 가야 한다. 뜨거운 마음과 더불어 성서를 아는 지식도 충만해야 한다.

위기·안생·기회

위기가 곧 부흥이다
빌 1:12~30(1) | 375장

바울은 투옥되었다. 그러나 그는 이 사실이 곧 복음의 전진을 이루는 계기가 된다고 확신했다(12절). 바울의 투옥으로 두 부류의 사람들이 생겼다. 첫째 부류는 바울의 투옥이 자극이 되어 오히려 선교의 영역을 더 넓히려는 자들이었다(14절, 16절). 또 한 부류는 바울에 대한 사적인 시기심으로 이번 기회를 자신들의 특권을 더 중대시키고 바울을 약하게 만들려는 자들이었다(15절, 17절). 그러나 바울은 자기에 대해 무엇이라 하든지, 자기를 얼마나 경멸하든지 상관하지 않았고 오히려 이것이 예수가 전해지는 더 큰 계기가 될 줄로 믿고 기뻐하였다(18절). 그는 자기를 적대시 하는 사람들의 인신공격까지 결국 구원을 이루는 재료가 될 것으로 믿었다. 왜냐하면 위기를 당하면 오히려 교회 내 더 큰 기도의 뒷받침과 더 강력한 성령님의 뒷받침이 생긴다는 것을 알았기 때문이다(19절). 교회 리더가 고비를 맞으면 교회는 오히려 더 강해질 때가 있다. 왜냐하면 위기의식을 느끼고 더 강한 영적인 자극을 받는 사람들이 생기기 때문이다. 교회 리더에게 어려움이 오면 대다수 사람들은 더욱 더 하나로 뭉친다. 그래서 위기가 곧 부흥으로 연결된다. 이러한 예는 교회사 속에서 셀 수 없을 정도로 많았다.

죽음·장례

죽는 것도 괜찮습니다
빌 1:12~30(2) | 428장

투옥된 바울은 자기가 앞으로 죽을지 살지 확신할 수 없었지만 어떤 처지에 놓일지라도 상관없었다(22절). 바울은 자기가 죽는 것도 유익하다고 하였다(21절). 그는 죽음을 예수님께 가는 입구라고 생각하였기 때문이다. 그러나 그는 사는 것도 괜찮게 생각했다(24절). 왜냐하면 자기가 산다면 자기가 도와야할 빌립보 교인들이 있기 때문이다. 만약 그가 사형당하지 않고 살아서 그들에게로 간다면 그들은 믿음의 진보를 이룰 수 있고 또 그들에게 자랑거리가 많이 생기게 되기 때문이다(25~26절). 바울은 최악의 상황에서도 두려워하지 않고 그것을 돌파한 살아 있는 증인이었다. 그러나 바울은 이 두가지 소원 가운데 어느 것을 취해도 상관이 없었다. 그는 빌립보 교인들에게 그들의 신앙과 고백에 합당하게 생활하라고 하였다(27절). 자기와 같은 정신으로 복음을 위하여 싸우며, 어떠한 복음의 대적자들 앞에서도 두려워하지 않으며, 복음을 위해 고난을 받기까지 하라고 하였다(27~29절). 죽음을 대하는 바울의 태도는 우리에게 귀감이 된다. 만약에 우리가 예수님을 믿는다면 죽음은 우리와 예수님이 결합하는 사건이 된다. 그것은 얼마동안 떨어졌던 사랑하는 사람과의 재결합을 하는 것과 같은 것이다.

명예욕

명예욕이 전쟁을 부른다
빌 2:1~11(1) | 451장

　　빌립보교회의 문제는 교인들이 한 마음을 품지 못하고 항상 충돌하는 것이었다(2~3절). 이유는 경쟁적인 허영심 때문이었다(3절). 빌립보 교인들은 공적인 유익보다 자기 개인의 명예, 출세, 야심을 앞 세웠다. 이것이 불화의 원인이었다. 그러면 바울의 처방은 무엇인가? 그것은 개인의 실속만 차리지 말고, 겸손한 마음으로 남을 자기보다 낮게 여기고, 남의 이익을 먼저 생각하는 것이었다(3~4절). 빌립보교회의 문제는 오늘 현대 교회에서도 흔히 볼 수 있는 문제이다. 인간에게는 명예욕이 항상 문제이다. 명예욕은 인간에게 돈 이상으로 큰 유혹이다. 사람은 자기가 칭찬받고, 존경받고, 자기 의견이 받아드려지고, 자기 이름이나 얼굴이 알려지는 것에 목숨을 건다. 아무리 얌전한 사람이라도 누가 자기 개인이나 가문의 명예를 더럽히면 죽음도 불사한다. 사람이 오직 이 명예욕에만 목숨을 건다면 타인과의 전쟁은 피할 수 없다. 왜냐하면 자기 명예만을 추구하는 것은 반드시 타인이 배제되는 것을 말하기 때문이다. 명예욕은 남을 자기 밑에 두는 것이다. 그래서 명예욕 많은 사람은 원수를 많이 둔다. 이 문제는 바울의 처방대로 남을 자기보다 높게 여기는 부단한 노력과 연습을 통해서만 극복된다.

예수님 · 주(主)

예수님은 주인님입니다
빌 2:1~11(2) | 89장

바울은 빌립보 교인들에게 개인적인 야망을 버리고 서로 일치하고 조화하는 삶을 살 것을 예수님을 모델로 삼아 설명하였다. 바울은 예수님을 본받으라고 하였다(5절). 예수님은 겸손과 복종의 대명사이시다. 예수님은 본질상 하나님이셨으나 하나님과 동등 됨을 추구하지 않고 오히려 자기를 비워 사람과 같이 되셨고 십자가에 죽기까지 하나님 아버지에게 복종하셨다(6~8절). 하나님은 이러한 예수님을 지극히 높이셔서 모든 이름 위에 가장 뛰어난 이름을 주셨고 천지만물이 그 이름 앞에 무릎을 꿇게 하셨다(9~10절). 예수님의 헌신은 전 우주가 그를 예배하는 기적을 가져오게 했다. 예수님의 헌신은 전 우주가 그에게 새로운 이름을 부르도록 하였다 그 이름은 바로 '퀴리오스' 즉 '주인님'이다(11절). 사람들이 그를 퀴리오스라 불렀을 때 그는 모든 생명있는 것의 주인이요 소유자라는 뜻이었다. 그는 이 세상의 왕들에서부터 땅에 기어다니는 미물에 이르기까지, 모든 만물들이 소리를 합하여 그에게 주인님이라고 합창을 한다. 어떤 크리스쳔은 이러하신 예수님을 자꾸 하나님 보다 못한 존재로 여긴다. 예수님은 결코 하나님 보다 못하지 않다. 하나님과 예수님은 똑같이 만물의 퀴리오스이시다.

섭리·인도

하나님의 마음을 받아 두는 사람
빌 2:12~18 | 337장

바울은 빌립보 교인들에게 삶 속에서 평화를 이룰 뿐 아니라 그들이 받은 '구원'을 더 공고히 하라고 권면했다(12절). 그들이 받은 구원을 두렵고 떨림으로 소중히 간직하지 않으면 그것을 잃을 가능성이 있기 때문이다. 하나님은 자기의 뜻을 사람의 마음에 담아두고 행하시므로 사람은 그것을 잘 헤아려야 한다(13절). 사람은 항상 흠이 없고 순결해야 뒤틀린 이 세대 가운데서 하나님의 자녀로 마지막까지 굳게 설 수 있다(15절). 이미 믿은 자라도 하나님의 생명의 말씀을 굳게 붙들어야만 마지막까지 구원받은 자로 설 수 있다(16절). 여기서 "너희 안에 행하시는"(13절)에서 '행한다'는 말은 '하나님의 행위'와 '효과적인 행위'라는 두 가지 뜻이 있다. 하나님이 하시는 행위는 어떤 행위인가? 효과적인 행위이다. 하나님이 하시는 행위는 한치의 오차없이 항상 성공적으로 끝맺는다. 하나님께서 자기가 하고 싶은 행위를 사람의 마음에 두고 행하신다. 어떤 사람이 성공적인 사람인가? 하나님께서 자기의 계획과 마음을 늘 심어놓는 사람이다. 하나님의 마음과 계획을 자기 마음에 받아 두는 사람이다. 항상 마음이 깨끗이 청소된 사람은 하나님의 마음을 받는다. 그리고 받은 대로 행하면 한치의 오차도 없다.

이웃·배려·사랑

따뜻한 바울
빌 2:19~30 | 452장

감옥에 갇힌 바울은 디모데를 빌립보교회에 보낼 계획을 가졌다(19절). 그러나 일이 되어 가는 과정을 보고 그를 보낼지 말지를 결정해야 했다(23절). 바울은 또 자기와 함께 동역한 에바브로디도를 빌립보교회에 보내기로 결정했다(25절). 빌립보교회는 한때 에바브르디도를 바울을 도우라고 파송하였던 적이 있다. 그런데 만일 에바브로디도가 돌아온다면 그를 무책임한 사람이라고 비난하는 사람들이 있을지 몰랐다. 여기서 바울은 그의 귀가에 대해서 말할지 모르는 비판을 침묵시키고 있다. 바울은 그를 기쁨으로 섬겨주고 귀히 여겨주기를 부탁했다(29절). 바울은 편지에 에바브로디도는 병든 몸이었지만 자기의 충실한 형제였고 동료였고 전우였으며 자기 목숨을 아끼지 않고 자기를 섬겼다며 증명서까지 첨부하여 보냈다(25절, 26~27절, 30절). 바울은 감옥에서 재판을 기다리고 있는 몸이었다. 재판이 불리하게 진행되면 그는 사형을 당할 수도 있다. 그러한 상태에서 그는 한 사람을 위해서 깊은 배려를 아끼지 않았다. 그는 자기의 고민에 빠져서 타인에 대해서 아무 관심도 가지지 않는 사람이 아니었다. 그는 따뜻한 사람이었다. 크리스천은 이처럼 따뜻한 사람이 되어야 한다.

율법·은혜·구원

정신적 충격을 받은 적 있습니까?
빌 3:1~16 | 93장

바울은 유대주의를 철저히 배격하였다. "몸을 상해하는 일"(2절)은 할례를 의미하는데 그는 할례를 주장하는 자들을 개에 비유하며 조심하라고 하였다(2절). 바울은 오히려 하나님의 성령으로 예배하며, 예수님만을 자랑하는 자신이야말로 진정한 할례자라고 하였다(3절). 실은 그도 유대인으로서 출생한지 8일만에 할례를 받았고, 이스라엘 혈통 중 베냐민 지파였고, 바리새인이었고, 율법으로 흠 잡을 데 없는 의인이었다(5~6절). 그런데 그가 은혜의 빛 안에서 눈을 떠보니 이 모든 것은 하나님과 바른 관계를 가지는데 있어서 하나도 도움이 되지 못하는 쓰레기요 똥에 불과한 것이었음을 알았다(8절). 하나님과의 바른 관계를 얻기 위해서는 벌거숭이가 되어야 한다. 자기가 힘이라고 믿었던 것, 자기에게 영광이라고 생각했던 것을 벗어야 한다. 그리고 예수님에 대한 믿음을 가져야 한다(9절). 바울은 율법이나 과거의 자기 신분을 '쓰레기' 혹은 '똥'에 비유한 것은 정신적인 충격이 그만큼 컸다는 것을 의미한다. 하나님과의 바른 관계를 가지기 위해서는 과거에 자기가 추구했던 가치가 무너지는 정신적인 충격이 먼저 와야 한다. 우리에게 이 충격이 없었다면 지금 하나님과의 바른 관계 속에 있지 못한 것이다.

육체 · 성도의 삶

값싼 몸이 비싼 몸이 됩니다
빌 3:17~4:1 | 465장

　빌립보교회 안에 예수님의 복음과 십자가와는 전혀 어울리지 않는 삶을 사는 자들이 있었다. 그들이 어떤 삶을 살았는지는 알 수 없다. 바울은 그들을 가리켜 자기 뱃속을 하나님으로 삼고 자기 수치를 자랑으로 삼는 자, 세상 일에만 마음 쓰는 자, 최후에 멸망받을 자, 십자가와 원수 된 자라고 하였다(18~20절). 바울은 성도란 하나님의 시민임을 어디서나 잊어서는 안 되는 존재라고 하였다(20절). 그리고 성도라는 존재가 얼마나 위대한지를 설명하였다. 성도는 예수님이 재림하실 때 예수님과 같은 영광스러운 몸으로 변화될 자라는 것이다(21절). 그러나 지금 현재 성도의 몸은 '낮은 몸'이다(21절). 낮은 몸은 인간의 연약하고 무가치하고 값싼 육신을 가리킨다. 인간의 몸은 연약하고 무가치하다. 인간의 몸뚱이를 돈으로 환산하면 얼마쯤 될까? 고기값으로 치면 얼마나 될까? 성도의 육신은 변하고 쇠하고 약하고 병들고 죽어가고 있지만 언젠가는 예수님과 같이 영광스러운 몸으로 변화된다. 나의 천한 몸이 언젠가 비싼 몸, 영광의 몸이 된다. 그러므로 성도는 그에 걸맞게 살아야 한다. 우리는 교회 안에서도 성도로 살며 교회 밖에서도 성도로 살아야 할 자이다.

평가·회고·재판

늘 싸우는 자? 늘 평화하는 자?
빌 4:2~3 | 492장

유오디아와 순두게는 빌립보교회의 지도적 위치에 있었던 평신도였지만 서로 분쟁하는 사람들이었다(2절). 이 두 이름은 여자이름이다. 여자가 당시 지도자의 위치에 있었다는 것은 놀라운 일이다. 바울은 또 다른 한 사람을 언급한다. 이름을 밝히지 않았지만 "참으로 나와 멍에를 같이 한 네게 구하노니"(3절)라고만 쓰고 있다. 이 사람에게 복음 사역을 같이 도왔던 저 여인들을 도우라는 것으로 봐서 유오디아와 순두게의 싸움을 해결하라고 바울이 특별히 부탁을 한 것으로 보인다(3절). 그리고 또 한 사람의 이름이 언급되는데 그는 글레멘드이다(3절). 바울은 이름을 밝히지 않은 그 사람에게 글레멘드를 도우라고 하고 생명책에 기록된 사람들 즉, 빌립보교회 안에 예수 믿은 지 얼마 되지 않은 사람들을 도우라고 부탁하였다(3절). 바울은 싸우고 있는 교회에 전 능력을 동원해서 중재하고 있다. 빌립보교회가 성장해 나가고 있는 중에도 싸우는 여자들이 있었다. 그리고 그 안에 또 평화를 만드는 자도 있었다. 우리들의 인생이 단 한 줄로 요약된다면 우리는 어떤 평가를 받을까? 늘 싸우고 어지럽히는 크리스천으로 평가받을까? 아니면 늘 평화와 화목을 만드는 크리스천으로 평가받을까?

기도·평화

기도하면 둘 중에 하나는 됩니다
빌 4:4~7 | 361장

바울은 분쟁하는 빌립보 교인들에게 "너희 관용을 모든 사람에게 알게하라"(5절) 고 하였다. 이 말은 "너희들이 중도에서 화해하는 인간이라는 것을 모든 세상이 알게하라"는 말이다. 여기서 기도에 관한 중요한 교훈 하나를 전한다. 성도는 모든 사건을 기도 중에 하나님 앞에 가지고 나갈 수 있는 특권을 가지고 있으므로 감사해야 한다는 것이다(6절). 성도는 기도할 수 있는 특권이 있다. 과거에 지은 죄 용서를 위해서 기도할 수 있다. 현재 당면한 과제를 해결하기 위해 기도할 수 있다. 미래에 하나님의 도우심과 지도를 바라며 기도할 수 있다. 성도는 자기를 위해서, 가족을 위해서, 남을 위해서 기도할 수 있다. 기억나는 사람, 마음에 두고 있는 사람, 먼 거리에 있는 사람, 가까이에 있는 사람을 위해서 기도할 수 있다. 이런 특권을 가지고 있으므로 감사해야 한다. 그렇게 기도하면 하나님이 기도하는 자의 마음과 생각을 굳게 지켜주신다(7절). 기도하면 반드시 한 가지는 보장받는다. 다른 것은 몰라도 기도자의 마음이 평화로워 지는 것이다. 기도하면 문제 해결이 되든지 아니면 기도자의 마음이 평화로워 지든지 둘 중에 하나는 반드시 된다.

성도의 삶 · 평강

평강을 옆에 두는 방법
빌 4:8~9 | 335장

바울은 빌립보 교인들이 집중하며 살아야 할 목록을 열거했다(8절). 첫째는 참 된 일이다. 참된 일이란 존경할 가치가 있는 일이다. 크리스천은 경박한 일에 투자하지 말고 존경할 만한 일에 종사해야 한다. 둘째는 경건한 일이다. 크리스천은 향락적인 일보다 경건한 일을 가까이 해야 한다. 셋째는 옳은 일이다. 크리스천은 거짓과 속임보다 정의로운 일에 앞장서야 한다. 넷째는 정결한 일이다. 크리스천은 세상의 천한 쾌락보다는 깨끗하고 맑은 일을 함으로 얻는 기쁨을 가져야 한다. 다섯째는 사랑받을 만한 일이다. 크리스천은 남에게 원한과 공포를 일으키는 일이 아닌 세상으로부터 '사랑스러운 자'라는 평가를 받는 일에 열중해야 한다. 여섯째는 칭찬받을 만한 일이다. 크리스천은 추한 말과 행동으로 세상으로 부터 욕을 먹어서는 안 되고 항상 옳고 바른 사람이라는 칭찬을 듣는 일을 골라서 해야 한다. 일곱째는 덕이 있는 일이다. 크리스천은 남에게 손해를 주어서는 안 되고 항상 유익을 주는 일에 최선을 다해야 한다. 이 모든 목록들은 바울이 늘 모범을 보였던 행동들인데 이러한 일에 집중하는 것은 평강의 하나님을 늘 자기 옆에 두게 하는 방법 중 하나이기도 하다(9절).

헌금 · 제물 · 목회자

주의 사람을 대접하면 복을 받습니다
빌 4:10~20 | 299장

    바울은 빌립보교회가 그동안 자기에게 보여준 사랑에 대해서 감사의 마음을 전하였다(10절). 바울은 자기가 어떤 처지에 있든지 자족하는 사람이었다(11~12절). 그러나 그는 자기가 복음 전하던 초창기 시절과 또 데살로니가에 있을 때 빌립보교회의 원조로 아무 어려움이 없이 지낼 수 있었다고 고백했다(15~16절). 그들의 원조는 바울에게 한 것이 아니라 하나님께 한 것이었다. 그들의 원조는 자신들에게 풍성한 열매로 되돌아갈 것이었다(17절). 그들의 원조는 하나님이 받으시는 향기로운 제물이었다(18절). '향기로운 제물'은 구약 시대에 희생 제사의 냄새를 하나님이 기쁘게 흠향하신 것을 배경으로 하는 말이다. 바울이 빌립보 교인의 선물을 기뻐한 것은 자기도 물론 그것으로 도움을 받았지만 그것은 하나님을 기쁘시게 하는 것이었기 때문이다. 그러므로 바울은 하나님께서 그들에게 삶에 결핍이 없도록 풍성하게 하실 것이라고 확신했다(19절). 하나님이 준비해둔 복은 주의 사람을 사랑하는 사람에게 활짝 열려 있다. 교회에서 주의 이름으로 목회자를 대접하는 것을 너무 부정적으로 볼 필요는 없다. 그것을 차단하는 것은 그들이 받을 복을 차단하는 것과 같다.

하나님 나라 · 선교

사형수를 섬기는 공무원들
빌 4:21~23 | 208장

바울은 편지를 마무리하면서 자기뿐 아니라 자기와 함께 있는 사람들과 모든 믿는 자들과 가이사의 집 사람들 중 몇 사람도 빌립보교회에 문안한다고 전했다(21~22절). 가이사의 집 사람들은 황제 휘하에 있는 로마 제국의 공무원들을 가리킨다. 당시 세계를 통치했던 로마 제국의 공무원들의 수는 엄청나게 많았을 것이다. 이들 중 예수를 믿는 크리스천들이 빌립보교회에 문안 하였다. 당시 세계를 지배했던 로마 제국을 통치하고 관리하는 공무원 중에 크리스천이 있었다는 것은 놀라운 사실이다. 이와 같이 초기 기독교 시대에 벌써 기독교가 로마 제국의 심장부에 들어가 있었다. 바울이 이 편지를 기록한 때를 A.D 63년 경으로 볼 때 기독교가 로마제국의 국교(A.D392년)가 되기까지는 330년이 더 있어야 한다. 그런데도 이미 기독교의 결정적인 승리를 나타내는 표식들이 보였던 것이다. 로마가 정치범들에게만 내리는 처형 틀에서 죽은 한 청년이 사라지지 않고 로마 제국의 심장부를 강타한 것이다. 이것이 어떻게 기적이 아니겠는가? 자기네 사형수를 자기네 주님으로 믿는 로마 제국의 공무원들이 있었다는 것은 기독교가 얼마나 진리 그 자체인지를 잘 보여 준다.

성도의 삶

두 영역 속의 크리스천
골 1:1~2 | 461장

바울은 골로새 성도들과 그리스도안에 있는 신실한 형제들에게 편지를 썼다(2절). 바울은 초기 서신서(데살로니가전후서, 고린도전후서, 갈라디아서)에는 언제나 어떤 지역에 있는 '교회'에 편지를 보냈으나 시간이 지남에 따라 어떤 지역에 있는 '사람'에게 편지를 보냈다. 그는 '골로새 지역에 있는 성도들'(2절)과 '그리스도 안에 있는 형제들'(2절)에게 라는 표현을 사용했다. 그들은 지역에 속한 크리스천들이다. 크리스천은 두 세계 속에 있다. 크리스천은 어떤 한 지역에 속해있으면서 또한 그리스도 안에 있다. 크리스천은 어느 지역에 속해있으면서 그곳에서 해야 될 모든 의무와 책임을 다해야 한다. 그러나 크리스천은 이것을 초월해서 그리스도 안에서 살아야 한다. 크리스천은 이 세상 속에 있으면서 여지저기 옮겨 다니며 산다. 그러나 어디서든지 그리스도 안에 있다. 이 두 영역에서 최선을 다해야 한다. 어디에 속하든지 근면하고 성실해야 하며 사람과 하나님에게 최선을 다해야 한다. 그는 어디에서 살 던 간에 모든 것을 그리스도께 하듯 살아야 한다. 일도 그리스도를 위하여, 돈 버는 것도 그리스도를 위하여, 공부도 그리스도를 위하여, 결혼도 그리스도를 위하여, 자녀 교육도 그리스도를 위하여 해야 한다.

복음·열매

자랐습니까? 나누셨습니까?
골 1:3~8 | 292장

바울의 마음이 기뻤던 이유는 골로새 성도들의 두 가지 위대한 특징을 보았기 때문이다. 그 중 하나는 '믿음'이며 또 하나는 '사랑'이었다(4절). 골로새 교회는 예수를 잘 믿었고, 또한 사람을 잘 사랑했다. 그들은 믿음을 가졌을 뿐 아니라 사람에게 관용했고, 겸손했고, 자비로웠다. 그들은 믿음과 사랑, 이 두 가지를 잘 행하였다. 이 '믿음'과 '사랑'은 그들이 하늘나라에 소망을 두고 있었기 때문에 행 할 수 있었다(5절). 천국과 지옥을 믿지 않는 사람은 이 땅에서 아무렇게 살아간다. 골로새 교회는 복음을 받았을 때부터 복음의 도를 잘 깨달아 열매를 맺는데 주력하였다(6절). 복음은 열매를 맺어야 한다. 복음은 생산적이어야 한다. 복음은 악인을 선인으로, 잔인한 사람을 자비한 사람으로, 이기적인 사람을 박애적인 사람으로 만든다. 복음을 받은 내가 이렇게 변화되지 않았다면 과연 내가 받은 것이 무엇인가? 골로새 지역에 복음을 가져온 자는 에바브라였다(7절). 복음은 이렇게 사람을 통해서 전해진다. 복음을 받았다는 것은 그것을 나눌 의무도 함께 받은 것이다. 복음을 받은 나는 얼마나 열매를 맺으며 자라왔는가? 복음을 받은 나는 얼마나 이것을 나누며 살아왔는가?

기도·능력

기도 중에 받는 것은 힘입니다
골 1:9~23(1) | 364장

바울은 골로새 성도들의 소식을 들은 날부터도 쉬지 않고 기도하였다(9절). 바울은 골로새 성도들에게 하나님의 뜻을 아는 지식이 채워지기를 기도하였다(9절). 기도의 목적은 하나님의 뜻을 아는 것이다. 기도는 하나님이 우리에게 무엇을 원하는지 찾으려고 노력하는 것이다. 그러나 실상은 우리가 하나님의 뜻이 나에게 이루어지기를 바라는 것보다 하나님이 뜻이 나의 상황에 맞게 바뀌어지기를 바란다. 바울은 그들에게 하나님의 뜻을 아는 지식이 채워진 후 바른 행위를 낳을 수 있도록 기도하였다. 그들이 범사에 기쁘게 생활하여 모든 선한 일에 열매를 맺을 수 있기를 기도했다(10절). 또 바울은 골로새 사람들이 하나님의 영광의 권능에서 오는 힘을 덧입기를 기도했다(11절). 그들에게 하나님의 뜻을 행할 수 있는 힘을 허락하기를 기도하였다. 바울은 하나님의 뜻을 아는 지식이 행위로 옮겨져야 한다고 믿었다. 그러기 위해서는 힘이 있어야 한다고 믿었다. 기도 중에 받는 것은 이 힘이다. 우리는 기도를 너무 무속적인 것으로 생각하는 경향이 있다. 기도를 하면 하나님이 원하시는 것을 그에게 알려주시고, 또 그것을 실천 할 수 있는 힘까지 주신다.

예수님

바울의 '예수학' 강의
골 1:9~23(2) | 80장

바울은 '예수론'에 대해 강의하고 있다. 예수님은 누구신가? 첫째, 그는 하나님의 형상이다(15절). 그는 사람이 볼 수 있고, 알 수 있고, 이해할 수 있는 형상을 가진 분이다. 그러므로 하나님이 어떤 분인지 알려면 그를 보면 된다. 둘째, 그는 모든 창조물 보다 먼저 계셨던 분이다(15절). 그는 시간적으로 모든 만물 보다 앞서 계셨던 분이다. 그는 선재하신 하나님이셨다. 셋째, 그는 모든 만물을 존재케 하셨던 분이다. 그는 하늘에 있는 것이나 땅에 있는 것이나 보이는 것이나 보이지 않는 것을 존재하게 하셨다(16~17절). 넷째, 그는 교회의 창시자이시다(18절). 다섯째, 그는 죽은 자들 가운데 먼저 나신 분이다. 그는 살다가 죽은, 책에서 배우는 존재가 아닌 부활하여서 지금 현존하고 계신 분이다. 여섯째, 그는 하나님의 충만이시다(19절). 그는 하나님의 완전하고 충만한 최종적인 계시이다. 하나님은 그 안에 자기 자신의 모든 것을 드러내셨다. 그러므로 하나님이 어떤 분인지 알려면 그를 보면 된다. 일곱째, 그가 세상에 온 목적은 화해 때문이었다(20~22절). 그는 하나님과 우리 사이의 불화를 고치고 다리를 놓기 위해서 오셨다. 이 보다 더 정확하고 훌륭한 '예수론' 혹은 '예수학' 강의는 없다.

골로새서

교회 · 사명 · 고난

교회 일 하다가 당하는 고생
골 1:24~29 | 214장

바울은 이방인을 위해서 하나님의 말씀을 전할 자로 영원 전부터 예정되었고 이제는 그것이 골로새 성도들에게도 보여졌다(25~27절). 바울은 지금 자기가 받고 있는 고통과 투옥은 예수님께서 남겨 두신 고난을 채우고 완성시키는 것이라고 생각했다(24절). 예수님은 자신의 교회를 위해서 십자가를 지셨다. 교회는 이를 통해서 건재하게 되었다. 교회는 계속 성장하고 강해져야하고 진리 안에서 보존되어져야 한다. 교회 안에 거하는 크리스천은 이 일을 위해 부름 받았다. 주로 섬김과 헌신을 통해서 이 일을 이루는데 이때 고통과 고생이 동반될 수 있다. 그런데 이 고통과 고생은 '벌'이 아니라 예수님의 고난을 완성시키는 일이다. 무슨 말인가? 예수님께서 자기의 몸인 교회를 위해서 받으실 고난을 다 받지 않으셨다. 예수님께서 자기 몸인 교회를 위해 받으실 고난의 분량을 조금 남겨 놓으셨다. 예수님이 교회를 위해 받으실 고난을 100% 다 받지 않으시고 바울을 위하여, 그리고 오늘날 우리들을 위해 10%를 비워두셨다. 오늘 내가 교회 일을 하다가 받는 고난과 고생은 예수님이 남겨놓으신 그 10%의 고난의 분량을 내가 감당하고 있는 것이다. 그러므로 그것은 고난이 아니라 특권이요 명예이다.

교회 · 예수님 · 축복

예수님의 보물 창고
골 2:1~5 | 251장

바울은 골로새 성도들이 서로 사랑 안에서 결합되기를 위해 기도했다(2절). 교회의 법, 의식, 예식 등은 시대가 지나고 지역이 달라지면 변하기 때문에 참 교회의 특징은 오직 '사랑'이다. 또 바울은 골로새 성도들이 예수님 안에 있는 지혜와 지식을 풍성히 깨달을 수 있기를 위해 기도하였다(23절). 바울은 비록 육체로는 그들에게서 떨어져 있지만 영으로는 그들과 교통하고 있으며, 그들이 믿음 위에 굳게 서있는 것, 또한 그 교회들이 질서 있게 운영되는 것을 보고 기뻐하였다(4~5절). 예수님 안에 지혜와 지식의 보물 창고가 있다는 말이 참으로 신선하다(3절). 교회는 항상 언제 그 행동을 할 것인지, 언제 그 사업을 해야 될 것인지, 언제 그 예산을 올려야 할지를 결정해야 한다. 이 때 기도하면 하나님은 예수님의 그 보물 창고에서 그 지식과 지혜를 꺼내서 그들에게 그 타이밍(timing)을 정확히 알려주신다. 그 보물 창고 안에는 각종 지혜와 지식이 다 있는데 기도로 그것을 빼 올 수 있다. 우리도 매순간 언제 어디서 무엇을 해야 할지를 결정해야 할 순간에 자주 선다. 이 때 기도하면 그 창고에서 그 지혜와 지식을 가져 올 수 있다. 예수님의 보물창고 안에는 세상의 모든 지혜와 지식이 다 있다.

교회·감사·찬양

참 교회의 표식
골 2:6~7 | 431장

　　예수님을 주님으로 받아들이고 모시고 사는 사람들이 곧 교회이다(6절). 이 교회를 참되게 하는 구성요소는 무엇인가? 예수님에게 뿌리를 박고 세움 받는 것이다(7절). 나무가 흙 속 깊이 뿌리를 내리고 거기서 수분과 영양을 흡수하는 것같이 참 교회는 예수님에게 뿌리를 박고 거기서 모든 자원을 얻는다. 교회는 예수님에게서 흘러나오는 모든 자원 즉, 지혜, 지식, 은혜, 은사, 능력을 빨아 드려야지만 참 교회로서의 기능을 수행할 수 있다. 참 교회의 또 하나의 표식은 받아드린 교훈을 굳게 지키는 것이다(7절). 당시 골로새 성도들은 그노시스 이단의 도전에 직면해 있었다. 그노시스는 당시 초대교회와는 다른 '주님관'을 가지고 있었다. 참 교회는 항상 예수님 만이 주(主)라는 것을 불변의 진리로 가지고 있다. 참 교회의 또 하나의 특징은 항상 풍성하고 넘치는 감사에 있다. 항상 하나님과 사람에게 감사하는 것이 교회의 임무이다. 우리의 가정 교회나 우리가 출석하는 교회에 이 세 가지 요소가 항상 있는가? 우리 교회는 모든 결정을 예수님에게서 도출해내는 시스템을 가지고 있는가? 우리 교회는 예수님만을 진짜 주님으로 모시고 있는가? 우리 교회 안에 진정한 감사의 노래와 춤이 있는가?

복음·죄용서

빚 목록은 못 봅니다
골 2:8~15 | 96장

골로새 성도들을 괴롭힌 이단은 그노시스였는데 이것은 속임수이며 유치한 말장난에 불과한 것이었다(8절). 그들은 별의 빛, 위치, 운행을 보고 길흉을 점치는 점성술을 가지고 있었다. 바울은 하늘의 어떤 세력보다 높으신 분이시며, 신성한 능력이 충만하신 예수님의 능력을 별의 능력에 견주지 말라고 하였다(9~10절). 예수 그리스도의 할례 즉, 예수님의 이름으로 세례를 받은 것은 세속적인 것에 대해서 죽었으며 신령한 것에 대해서 눈을 뜨는 것을 의미한다(11~12절). 죄와 할례받지 못한 욕정으로 죽어있던 사람들을 하나님이 예수를 살리실 때 그들도 함께 살리셨다(13절). 또한 하나님이 예수를 십자가에 죽이실 때 사람에게 불리한 법조문으로 쓴 증서, 채무각서도 함께 죽이셨다(14절). 채무각서는 사람이 자기가 빚이 있다는 것을 인정하고 반드시 갚겠다는 자필로 쓴 각서이다. 고대 시대에는 잉크에 산이 없었기에 종이 표면에 글을 써도 종이 속까지 스며들지 않아서 닦으면 잉크는 금방 지워졌다. 하나님은 우리의 빚 목록의 글자들을 이렇게 닦아서 지우셨다. 하나님은 예수와 함께 우리의 빚 목록 장부도 함께 못 박아 버렸다. 그래서 그 어떤 사람도 눈으로 볼 수 없게 하셨다. 심지어는 하나님도 그것을 보지 못하신다.

기독교·절기·이단

기독교가 아닌 기독교
골 2:16~19 | 217장

바울은 그노시스 이단의 특징 몇 가지를 지적했다. 그들은 금욕 자체를 중시했다. 그들은 무엇은 먹고 무엇은 마실 수 없는가 하는 문제를 가지고 씨름하였다(16절). 그들은 절기를 강조했다. 그들은 명절과 매달의 첫날과 안식일 엄수를 신앙과 동일시하였다(16절). 그들은 특별한 날을 정해놓고 그 날에 무엇을 해야 하며 무엇을 하지 말아야 할 것에 몰두했다. 절기와 명절은 실체이신 예수님을 가리키기 위한 구약의 그림자에 지나지 않는 것이다(17절). 그들은 천사를 숭배하였다(18절). 천사도 피조물에 불과한 존재인데 그들은 천사를 신격화하고 예배하였다. 그들은 자기들이 본 환상을 강조하며 항상 주변을 들뜨게 하였다(18절). 그들은 항상 신비주의적인 요소를 끌어드려 황홀경으로 사람들을 몰아넣었다. 이상의 예를 통해서 볼 때 그노시스는 예수 그리스도를 머리로 하는 교회의 정식 지체가 아니었다(19절). 그러므로 구약의 유월절을 지키기를 주장하는 현대의 안상홍증인회나 신천지도 교회의 지체가 아니다. 또 교회 안에서 금욕과 금식 자체를 제자 훈련의 과정으로 여기는 것도 실수이다. 환상과 엑스타시를 지나치게 강조하는 최근의 신사도 운동이나 빈야드 운동 또한 긍정적이지 못하다.

교리·음식

음식 가지고 왈가불가하지 마세요
골 2:20~23 | 220장

바울은 율법을 십자가에 못 박은 크리스천들이 붙잡지도, 맛보지도, 건드리지도 말라는 초등학교 시절의 율법 규정들을 아직도 준수하느냐고 물었다(20~21절). 그노시스 이단은 어떤 음식은 먹을 수 있고 어떤 음식을 먹을 수 없다는 규정을 만들고 그것을 신앙과 결부시켰다. 그들은 어떤 음식은 만지거나 맛보지도 말라고 하였고 그것을 어기면 큰 죄에 빠진 것으로 간주했다. 골로새 성도들 중에는 그러한 가르침에 귀가 솔깃해지는 사람들이 있었다. 바울은 "이 모든 것은 한 때 쓰이고는 없어지리라"(22절)고 하였다. 음식은 입에 들어가서 소화되고 배설물이 되어 몸 밖으로 나갈 뿐이라는 것이다. 음식은 음식 그 이상도 그 이하도 아니라는 것이다. 그러한 규정들은 가짜 종교 집단이나 꾸며낸 경건이나 자기 몸을 학대하는 수행자들에게는 이로울지 모르지만, 육체의 욕망을 억제하는 데는 아무런 유익이 없다(23절). 예수님도 입으로 들어가는 음식이 사람을 더럽게 하는 것이 아니라고 하셨다(마15:11). 음식은 음식일 뿐이다. 어떤 크리스천은 이웃이 들고 온 제사 음식을 쓰레기통에 버리는 사람도 있다. 예수님과 바울의 요지는 음식을 신앙과 결부시키는 것은 유치한 짓이라는 것이다.

골로새서

인생관

크리스천의 인생관
골 3:1~4 | 293장

십자가에서 분명히 예수님과 함께 모든 옛 것을 못 박고, 그리고 예수님과 함께 분명히 살아난 사람은 위에 것을 찾고 땅의 것을 찾지 않아야 한다(1~2절). 십자가에서 예수님과 함께 죽은 사람은 세상에 대해서는 이미 죽은 사람이다(3절). 크리스천은 누구인가? 새로운 가치관, 새로운 인생관을 가진 자이다. 크리스천은 영원이라는 빛을 배경으로 세상을 보는 자이다. 크리스천은 이 세상이 전부라고 생각하지 아니하며 이 세상보다 큰 영원한 세계를 배경으로 세상을 보는 자이다. 어떤 사람은 자녀가 자기 인생이라 한다. 어떤 사람은 일이 자기 인생이라 한다. 어떤 사람은 피아노가, 축구가, 그림이 자기 인생이라 한다. 그러나 크리스천은 예수님이 자기 인생이어야 한다. 그러한 것들은 자기에게 생명을 주지 못하지만 예수님은 자기에게 생명을 줄 수 있는 분이기 때문에 그렇다(4절). 그러므로 우리는 땅의 일에 대해서는 자유하게 되는 연습을 해야 한다. 오랫동안 숙달되지 않아 힘들겠지만 자꾸 그렇게 연습해야 한다. 성령님의 도움을 받아 자꾸 연습하면 땅의 일에서 조금씩 초연해질 수 있으며 그 자리를 예수님으로 메 꿀 수 있다. 예수님이 생명이기 때문에 그 이상 귀한 것은 없다.

우상숭배

우리도 혹시 우상 숭배를…
골 3:5~11 | 353장

바울은 항상 교리나 신학을 열거한 뒤, 그 다음에는 윤리적인 요구를 시작한다. 골로새서에서도 예외가 아니다. 예수님을 주로 모시고 사는 사람은 삶이 변해야 한다는 것이 하나님의 마음이기 때문이다. 크리스천은 음란, 부정, 사욕, 악한 정욕, 탐심, 분함, 노여움, 악의, 비방, 부끄러운 말, 거짓말을 버려야 한다(5절, 8~9절). 물론 이전에는 이런 것들과 친하게 지내며 살았지만 은총을 입은 이후라면 이런 것들과 타협하지 말아야 한다(7~8절). 헬라인이나 유대인이나 할례파나 무할례파 야만인이나 스구디아인이나 종이나 자유자나 누구나 예외 없이 그가 믿는 자라면 옛 생활을 청산하고 새 인간으로 살아야 한다(10~1절). 여기서 탐심을 우상숭배라고 한 문장을 주목하자(5절). 우상 숭배의 본질은 많이 가지고자 하는 욕망에서부터 비롯된다. 사람은 우상을 세우고 이것을 예배한다. 노골적으로 말하면 사람은 이러한 행위를 통하여 자기가 원하는 것을 손에 넣기 위해서 신을 설득하고 매수하려고 한다. 우상숭배는 자기가 신을 위해서 봉사하기보다는 신을 이용하는 것이다. 그래서 우상숭배는 탐심인 것이다. 성서의 하나님에 대해서 우리도 혹시 이런 생각을 하고 있지 않은가?

언어

말하고 행할 때 한 가지만 생각합시다
골 3:12~17 | 226장

　골로새 성도들은 하나님께서 특별히 뽑아주신 사람들이므로 그기에 걸 맞는 품성을 지녀야 했다(12절). 바울은 그 목록들을 열거하였다. 그 목록들은 다음과 같다. 그것은 긍휼과 자비와 겸손과 온유와 인내심과 용서와 사랑과 평화의 마음이다(12~15절). 또 하나님 말씀의 풍부한 생명력과 모든 지혜를 총동원해서 서로에 대한 가르침과 시와 찬송과 신령한 노래와 감사에 넘치는 진정한 마음으로 드리는 찬양이다(16절). 또 말과 행동을 예수님의 이름으로 해야 한다(17절). 우리의 말을 시험해 볼 수 있는 가장 적합한 방법은 무엇인가? 우리가 어떤 말을 할 때 그것을 예수님의 이름을 부르는 것과 같은 입으로 하는가를 물어보면 된다. 우리가 어떤 말을 할 때 그것을 예수님이 들으신다고 믿고 말하는가를 물어보면 된다. 우리의 행동을 시험해 볼 수 있는 가장 좋은 방법은 무엇인가? 우리가 무엇을 행할 때 그것을 예수님의 이름으로 하고 있는가를 물어보면 된다. 우리가 무엇을 행할 때 그것을 예수님에게 유익이 될 것인가를 물어보면 된다. 예수님이 빠지고 자기 개인에게 이익이 돌아가는 것이라면 그것은 틀렸다고 말해야 한다. 우리가 행동하고 말할 때 항상 예수님을 염두에 둔다면 아무도 우리를 성토할 수 없을 것이다.

고용주·노동자

주어야 받는다
골 3:18~4:1 | 216장

아내는 남편에게 복종해야 하며, 남편은 아내를 괴롭히지 말고 사랑해야 한다(18~19절). 남편을 업신여기는 아내가 되지 말고, 남편은 아내를 노예처럼 여기는 독재자가 되지 말고 아내를 섬세하게 보살피고 사랑해야 한다. 자녀는 모든 일에 부모에게 순종해야 하며, 부모는 자녀의 감정을 건드려서 의기를 꺾어서는 안 된다(20~21절). 자녀는 자기의 생명의 원천인 부모에게 효를 다해야하고, 부모는 자기 자녀의 인격을 존중히 여겨야 한다. 부모의 의무는 항상 징계하는 것이 아니고 징계와 격려를 동시에 하는 것이다. 노동자는 모든 일을 눈가림으로 하지 말고 하나님을 두려워하는 마음으로, 하나님께 하듯 고용주를 섬겨야 하며, 고용주는 자기의 주인이 하늘에 있다는 사실을 알고 정당하고 공정하게 노동자를 대우해야 한다(22~4:1). 기독교 윤리는 항상 상호 의무이다. 남편은 아내와 동등한 의무를 가진다. 부모도 자녀와 동등한 의무의 관계에 있다. 고용주와 노동자 관계도 예외가 아니다. 우리는 일방적으로 한쪽의 의무만을 강조하지 말아야 한다. 상대가 나에게 잘하게 하는 가장 좋은 방법은 내가 잘해줘 버리는 것이다. 주어야 받는다. 받으면 또 주고 싶다.

언어·기독교

맛있게 말하세요
골 4:2~6 | 92장

바울은 골로새 성도들에게 항상 깨어서 기도를 계속하라고 하였다(2절). 그리고 중보기도 제목 하나를 요청하였는데 그것은 전도의 문이 활짝 열려지게 해달라는 것이었다(3절). 바울은 지금 감옥에 있다. 그리고 곧 재판을 받아야 한다. 그러나 그는 자기 개인의 석방과 재판에서의 승리보다는 전도의 문이 열리기를 소원했다. 그러한 중보기도가 뒷받침되면 자기가 하나님의 비밀을 더 잘 증거하게 될 것이라고 확신하였다(4절). 바울은 또한 항상 지혜있게 행하고 쓸데없는 일에 시간 낭비를 하지 말 것을 부탁했다(5절). 그리고 양념이 잘 된 맛있는 대화를 하도록 부탁하였다(6절). 참 특이한 표현이다. 크리스천의 말은 항상 맛이 있어야 한다. 매력이 넘치고, 기지가 있는 말을 하여야 한다. 크리스천은 항상 무거운 말, 알아들을 수 없는 말, 신앙 깊은 척 하는 말, 심오한 척하는 말만 한다는 인상을 주어서는 안 된다. 사람들이 크리스천을 만나면 왠지 마음이 무거워지고 압박을 느끼면 안 된다. 기독교를 활기 있고 맛있게 만들어서 누구든지 접근하기 쉽게 만들 의무가 크리스천에게 있다. 크리스천은 항상 밝은 말, 재치있는 말, 즐겁게 하는 말을 하여야 한다.

언어·인격

좋은 말을 고릅시다
골 4:7~9 | 65장

바울은 편지의 끝부분에서 자기와 함께한 동지들의 이름을 열거하고 있다. 두기고라는 이름이 있다(7절). 바울이 편지 가운데 직접 기록하지 못한 말씀들을 있을 것이다. 바울은 편지에서 다 말하지 못한 자기의 상황과 당부와 권면의 말을 두기고가 다 알려 줌으로 골로새 성도들에게 위로를 줄 것이라고 하였다(7~8절). 또 오네시모라는 이름이 있다(9절). 오네시모는 그의 주인이었던 빌레몬으로부터 벗어나 로마로 도망간 노예였다. 바울은 그를 주인에게 다시 돌려보내기 위해서 빌레몬에게 편지를 보냈다. 그를 벌주지 말고 따뜻이 맞아주라는 내용이었다. 도망하여 바울을 만난 오네시모는 그 이후에 신실한 바울의 동역자가 되었다. 오네시모도 바울과 함께 있으면서 그의 소식을 골로새 성도들에게 전해 줄 전령자로 임무를 맡았다(9절). 여기서 바울은 오네시모를 "신실하고 사랑을 받는 오네시모"(9절)라고 표현했다. 도망자나 노예라는 용어는 쓰지 않았다. 바울은 사람을 항상 좋게 표현하는 사람이었다. 바울은 사람에 대해서 말할 때 언제나 최선의 말을 골라서 사용했다. 우리도 누군가를 소개할 때 그의 장점을 부각하는 말, 그에게 좋은 이미지를 가지게 하는 말을 선택해야 하지 않을까?

교회 · 집

우리 집은 교회입니다
골 4:10~18 | 556장

바울은 자기 동지들의 이름을 계속 열거하고 있다. 아리스다고와 마가라는 이름이 있다(10절). 바울은 이들이 골로새에 이르거든 잘 대접해주라고 부탁했다(10절). 유스도라는 이름도 있다(11절). 유스도는 할례파 유대교신자였으나 개종해서 바울과 함께 하나님 나라를 위하여 일한 자였다(11절). 에바브라라는 이름도 있다(12절). 에바브라는 라오디게아와 히에라볼리에서 많은 사역을 감당한 경력이 있는 자였다(13절). 그는 골로새 교회의 목회자이기도 했다(1:7). 그리고 바울은 의사 누가와 데마와 라오디게아에 있는 형제들과 눔바라는 여자와 이 여자의 집에 있는 교회에도 문안하라고 하였다(14~15절). 그리고 바울은 이 편지를 다 읽고 난 후 라오디게아 교회에도 보내고 라오디게아로부터 온 편지도 읽으라고 하였다(16절). 바울이 전에 라오디게아 교회에 보낸 편지가 있었던 것 같다. 여기서 "눔바와 그 여자의 집에 있는 교회에 문안하라"(15절)라는 대목을 주목해보자. 눔바의 집이 교회였다. 초대교회에는 오늘날과 같은 교회 건물이 없었다. 이 때는 가정이 교회였다(롬16:5, 고전16:19, 몬1:2) 모든 크리스천 가정은 교회이다. 우리 가정이 교회이다. 그러면 우리 가정은 정말 교회다운 모습을 갖추고 있는가?

기도·재림

사소한 일에도 기도합시다
살전 3:11~13 | 362장

바울은 데살로니가로 가는 길을 열어달라고 하나님께 기도했다(11절). 그리고 자기가 데살로니가 교인들을 사랑하는 것과 같이, 예수님께서 데살로니가 교인들끼리 나누는 사랑과 또 그들이 모든 사람에게 베푸는 사랑을 풍성하게 해 주시기를 기도하였다(12절). 그래서 예수님께서 재림하실 때에 그들의 거룩함에 흠이 잡힐 데가 없기를 소원했다(13절). 그는 그들이 마지막 심판 날에 궁극적으로 안전하게 되기를 기도했다. 그가 데살로니가로 갈 수 있는 길을 열어달라고 기도한 것은 그의 신앙이 얼마나 위대한지를 보여준다. 그는 자기 인생에서 일어나는 사소한 문제들에 대해서도 기도하는 사람이었다. 그가 데살로니가로 여행하는 것은 그렇게 중대 사안은 아니다. 그것은 단순한 여행에 불과했다. 그냥 채비를 차려서 출발하면 된다. 그럼에도 그는 하나님의 지시와 지도를 구했다. 그는 사소한 일이라도 하나님과 함께 걸어가기를 구했다. 우리는 혼자 힘으로 충분히 할 수 있는 일에 대해서는 기도하지 않는다. 반면에 자기 힘이 미치지 않는 중대 사안이나 긴급한 일에 대해서만 기도하는 경향이 있다. 우리도 바울처럼 일상의 사소한 일에 대해서 하나님의 지도를 구하는 자가 되어야 한다.

성도의 삶·성결

성적으로 순결해야 합니다
살전 4:1~8 | 425장

바울은 데살로니가 교인들에게 성적으로 순결하라고 하였다. 그는 그들이 어떻게 살아야 하며, 어떻게 하나님을 기쁘게 해 드려야 할 것인가를, 자기에게 배운 대로 하라고 하였다(1절). 그는 하나님의 뜻은 그들이 성결하게 되는 것이며, 음행을 멀리하는 것이며, 자기 아내를 거룩함과 존중함으로 대하는 것이며, 색욕에 빠지지 않는 것이라고 하였다(3~5절). 하나님께서 데살로니가 교인들을 부르신 이유는 그들이 더럽게 사는 것이 아니라 거룩하게 살게 하기 위함이었다(7절). 그러므로 만약에 그들이 이 경고를 저버리면 곧 하나님을 저버리는 것이 된다(8절). 당시 헬라 사회는 성적 타락으로 매우 타락한 사회였다. 아내와 자식을 부양하는 가장이라도 혼외정사를 갖는 것이 당연시 되었다. 데살로니가 교인들이 신앙을 가지게 된 것은 얼마 되지 않았다. 그들은 그 사회의 영향에서 완전히 벗어났다고 할 수 없었다. 그래서 바울은 이 부분에서 대해서 특별히 강조하였다. 그는 "기독교는 최고의 윤리를 요구하는 종교이며, 순결과 가정을 지키는 최고의 보호자이다"라고 목소리를 높혔다. 크리스챤은 성적으로 순결해야 할 의무와 책임을 가진 자이다. 이것을 저버리면 하나님을 저버리는 것이 된다.

재림·근면

성실하지 못한 크리스천들
살전 4:9~12 | 175장

재림에 대한 기대로 인해 데살로니가 교인 대부분은 착실하게 일상 생활하는 것을 포기했다. 바울은 그들에게 경고했다. 우선은 칭찬으로 시작한다. "사랑에 대해서는 더 쓸 필요가 없는 것은 여러분이 직접 하나님께로부터 서로 사랑하라는 가르침을 받아서 마게도냐에 있는 형제자매에게 그것을 실행하고 있기 때문이다"고 하였다(9~10절). 그들은 불우한 이웃을 돕는 일에 있어서는 나무랄 데가 없었다. 그러나 예수님의 재림에 대한 기대 때문에 게으르고 나태한 생활을 하였다. 그들은 곧 예수님께서 재림하시는데 돈은 벌어서 뭐하냐는 식이었다. 이것이 교회 밖 사람들에게 조롱거리가 되었다. 이에 대해 바울은 "남의 일에 간섭하지 말고 자기 직업을 가지고 성실하게 살아야지 교회 밖 사람들에게 존경을 받고 남에게 신세를 지지 않게 된다"고 하였다(11~12절). 데살로니가 교인들의 비정상적인 생활 태도가 세상 사람들의 웃음거리가 되었다. 크리스챤은 교회 밖 사람들보다 더 성실하고 더 근면해야 한다. 기도도 중요하지만 성실도 중요하다. 게으르고 나태하면서 신앙만 부르짖는 교인들을 세상은 이상하게 보고 업신여긴다. 기독교의 중요한 덕목 중 하나는 성실이다.

재림·부활

죽은 자도 부활합니다
살전 4:13~18 | 179장

바울은 데살로니가 교인들이 가지고 있는 예수님의 재림과 관련된 의문 한 가지에 답을 하였다. 그들은 재림 이전에 죽은 사람들은 어떻게 되는지 궁금했다. 그들은 이미 죽은 사람들은 부활의 영광을 누릴 수 없다고 생각하였다. 그러나 바울은 재림 전에 죽은 사람들도 산 사람들과 같은 동일한 부활의 영광에 참여한다고 했다. 그는 하나님께서 예수를 믿고 죽은 사람들도 예수와 함께 데리러 오신다고 하였다(14절). 그는 재림 시에 일어날 상황들을 자세히 기록했다. 예수님께서 재림하실 때에 살아 있는 사람들이 이미 죽은 사람들보다 결코 앞서지 못한다. 그때가 되면 호령과 천사장의 소리와 하나님의 나팔 소리와 함께 예수님께서 친히 하늘로부터 내려오시는데, 순서는 죽은 사람들이 먼저 일어나고, 그 다음에 살아 있는 사람들이 구름 속으로 끌려 올라가서, 공중에서 예수님을 영접하게 된다(15~17절). 여기서는 바울이 전해주는 세밀한 묘사가 중요하지 않다. 단지 크리스챤은 살아 있을 때나, 죽어 있을 때나 항상 하나님과 함께 있다는 사실이다. 예수님은 죽으셨다가 살아나셨다. 이처럼 예수님과 함께했던 자도 죽었지만 다시 살아난다. 살아 있는 자에 대해서는 더 이상 말할 것도 없다.

종말 · 재림

그날은 불시에 옵니다
살전 5:1~11 | 181장

　예수님께서 재림하시는 때는 아무도 모른다. 사람들은 그 날이 언제인지 알기 원하지만 바울은 단지 그날이 갑자기 올 것이라고만 하였다. 마치 도둑이 불시에 오는 것처럼, 아기 밴 여인에게 해산의 진통이 갑자기 오는 것처럼 그 날도 그렇게 온다(2~3절). 그러나 그 날이 예기치 않은 때에 엄습하는 일은 없다. 어둠 속에 있지 않고 깨어있는 자들 즉, 빛의 자녀들에게는 그 날이 언제오더라도 이미 준비가 되어있다(4~5절). 그러나 자는 자들, 취해 있는 자들에게는 그 날이 불시에 임한다. 그러므로 바울은 낮에 속한 사람처럼 정신을 똑바로 차리고 믿음과 사랑으로 가슴에 무장을 하고 구원의 희망으로 투구를 쓰며 살아야 한다고 말했다(8절). 하나님은 사람에게 진노를 내리시기로 작정한 것이 아니라 구원을 주시기로 작정하셨기에 그의 독생자 예수님을 죽게 하셨다고 바울은 덧붙였다(9~10절). 홍수가 시작되었는데 그때부터 제방을 쌓는다면 이미 늦은 것이다. 시험지를 받아 놓고 그때부터 공부한다면 이미 늦은 것이다. 우리가 만약 전 생애를 예수님과 함께 산다면 갑자기 그 날이 와도 결코 준비되어 있지 않는 일은 없다. 오히려 빛의 자녀들은 그날이 빨리 엄습하기를 은근히 기다린다.

교회 · 성도의 삶

주옥같은 권고
살전 5:12~22 | 333장

바울은 몇가지 권고 사항들로 이 편지를 마무리 하려 한다. 그는 먼저 교인들을 지도하고 훈계하는 교회 지도자들을 존경하고 사랑하라고 하였다(12~13절). 이것은 교회 지도자의 개인적인 특권을 말하는 것이 아니라 그들이 하나님께로부터 받은 그 직무에 관해서 말하는 것이다. 그 지도력은 하나님께서 주신 것이기에 그것에 경의를 표하라는 것이다. 그리고 그는 게으른 사람들을 훈계하고, 소심한 사람들을 격려하며, 약한 사람들을 붙들어주고, 모든 사람을 인내로써 대하라고 하였다(14절). 어느 교회든지 소심한 자, 힘없는 자들이 있는데 교회가 특별히 그들에게 신경쓰라는 것이다. 그리고 악을 악으로 갚지 지 말고, 언제나 서로 남에게 선을 행하도록 힘쓰고 모든 사람에게 선을 행하라고 하였다(15절). 그밖에 항상 기뻐하며, 끊임없이 기도하며, 모든 일에 감사하며, 성령을 소멸하지 말며, 예언을 멸시하지 말며, 모든 것을 분간하고, 좋은 것을 굳게 잡으며, 갖가지 모양의 악을 멀리 하라고 하였다(16~22절). 너무나 주옥같은 권고들이다. 교회가 이러한 권고를 따라 행동할 때 암흑 가운데 '빛'으로 드러나며 썩고 부패한 사회 속에서 '소금'으로 드러날 것이다.

기도·지도자

기도의 연결고리
살전 5:23~28 | 365장

편지의 마지막에 데살로니가 교인들의 영과 혼과 몸을 위하여 기도를 드렸다. 그는 "평화의 하나님께서 친히 여러분을 완전히 거룩하게 해 주시고, 우리 주 예수 그리스도께서 오실 때에 여러분의 영과 혼과 몸을 흠이 없이 완전하게 지켜 주시기를 빕니다"라고 기도했다(23절). 그리고 그는 "형제자매 여러분, 우리를 위하여 기도해 주십시오"라고 부탁하였다25절). 그리고 거룩한 입맞춤으로 모든 믿는 사람들에게 문안하고, 또 그들에게 이 편지를 읽어 주리고 부탁하였다(27~28절). 여기에 바울의 신앙과 겸손을 볼 수 있다. 바울은 가장 평범한 평신도들에게 기도를 부탁하였다. 역사상 가장 위대한 대 사도도 평범한 사람들의 기도로 인해서 그의 삶이 지탱된다는 것이다. 그에게 있어서 기도란 무엇인가? 아름다운 고리였다. 그는 데살로니가 교인들을 위해서 기도하고 데살로니가 교인들은 바울을 위해서 기도하는 아름다운 연결고리가 있었다. 그랬기 때문에 역사상 가장 위대한 사도가 있을 수 있었다. 오늘날 우리도 교회의 지도자를 위해서 기도하고 또 그 지도자는 우리를 위하여 기도하는 아름다운 연결 고리를 가질 때 모두 다 승리와 부흥을 경험할 수 있게 된다.

하나님·아버지

우리 아버지
살후 1:1~2 | 27장

　　바울은 데살로니가 교인들의 잘못된 재림관을 바로 잡기위해서 두 번째 편지를 보냈다. 바울은 이 편지의 발신자를 자기와 그의 일행이라고 밝혔다(1절). 그리고 은혜와 평강이 수신자인 데살로니가교회와 늘 함께 하기를 기원하였다(2절). 그런데 데살로니가 전서와 달리 후서에서 특이한 점이 발견된다. 첫 번째 편지에는 "하나님 아버지와 주 예수 그리스도 안에 있는 데살로니가인의 교회"(살전1:1)라고 되어 있는데 반해 두 번째 편지에는 "하나님 우리 아버지와 주 예수 그리스도 안에 있는 데살로니가인의 교회"(1절)라고 되어있다. '아버지' 앞에 '우리'라는 대명사가 붙어있다. 하나님을 '우리 아버지'로 묘사하였다. 그렇다. 하나님은 우리의 아버지이시다. 하나님은 세계를 창조하시고, 세계를 통치하고, 세계 위에 계시고, 세계보다 크신 분이시다. 그런데 그 무한하신 하나님이 우리의 아버지시라는 것이다. 너무나 놀랍고 경이로운 표현이다. 그 무한하신 하나님께서 내 아버지가 되어주셨고 지금도 아버지 노릇을 충실히 해주고 계신다. 하나님을 '내 아버지'로 믿고 따르는 자에게 하나님은 정말로 아버지가 되어주신다. 그래서 모든 크리스챤은 항상 두 분의 아버지를 모시고 있다.

재림·섭리

하나님의 관리 대상자들
살후 1:3~12 | 347장

바울은 데살로니가 성도들에게 장차 예수님 재림 시에 있을 분명한 사실 하나를 확고히 하였다. 먼저 바울은 박해 가운데서도 인내하고 믿음을 지킨 데살로니가 성도들을 칭찬하였다(4절). 그들이 박해자들에게 고난당하는 것은 하나님 나라를 위한 것이었다(5절). 하나님은 공의로우신 분이므로 자기 백성을 괴롭히는 자에게는 괴로움으로 갚고, 괴로움을 받는 자기 백성에게는 안식으로 갚아주시는데 이러한 일은 재림 시에 일어난다(6~7절). 하나님은 그때 박해자들에게는 영원한 형벌을 받게하고, 자기 백성에게는 영광과 찬사를 받으신다(8~10절). 하나님의 공의는 분명함으로 악한 자들에게 괴롭힘을 당해도 초조해할 필요가 없다. 그러한 일을 당해도 의심할 필요도 없다. 하나님은 모르고 계신 것이 아니라 그들을 관리하고 계신다. 우리 일이 뒤죽박죽되는 것 같이 보일 때가 있다. 그러나 그 뒤죽박죽도 하나님의 계획 하에 있고, 관리 하에 있다. 하나님의 최종 승리는 분명하다. 악한 자가 잘 되는 것처럼 보이지만 그들은 거기까지이다. 선한 일에 힘쓰고자 하는 우리를 괴롭히는 악한 자가 있다면 그는 조만간 영원한 형벌을 위한 하나님의 특별관리 대상자 명단에 들어가게 된다.

재림·사단

악의 기운이 있습니다
살후2:1~12 | 350장

바울은 데살로니가 성도들이 재림이 이미 이르렀다고 주장하는 사람들에게 마음이 흔들리거나 당황하지 말라고 하였다(2절). 바울은 재림이 곧 있다고 말하지 않고 재림 직전에 있을 전조에 대해서 말하였다. 그 날이 오기 전에 아주 주목할 만한 한 사람이 나타난다. 그는 무법자요 곧 멸망의 자식이다(3절). 이 무법자는 사람들이 신이라고 부르는 모든 것이나 예배의 대상이 되는 모든 것을 대적하고 하나님의 성전에 앉아서 자기가 하나님이라고 주장한다(4절). 그는 사단의 능력으로 기적을 일으킨다(9절). 그러나 예수님이 다시 오셔서 자기의 입김과 영광의 광채로 그 무법자를 죽여 없애 버리실 것이다(8절). 지금 이 불법의 힘이 은밀하게 활동은 하고 있으나 때가 아직 이르지 못했기 때문에 하나님이 막고 계시고 있다(7절). 그러나 때가 되면 하나님이 그가 활동하도록 일시적으로 놓아둘 것이다. 하나님이 그렇게 하는 이유는 하나님이 진리를 좋아하지 않는 부류의 사람들이 그에게 미혹되어 거짓을 믿고 심판을 받게하기 위함이다(11~12절). 이 세상 가운데 악의 세력이 존재한다. 이 세상에서 역사하는 악의 힘이 있다. 악의 기운이 센지, 교회의 기운이 센지 오늘도 영적 전쟁은 계속되고 있다.

성도의 삶·헌신

나는 하나님입니다
살후 2:13~15 | 456장

바울은 하나님께서는 오래전부터 데살로니가 성도들을 택하여서 복음을 받아드리게 하고, 구원을 얻게 하고, 거룩하여지게 하고, 진리를 믿게 한 것에 대해 감사했다(13절). 하나님은 그들이 바울이 전해준 복음을 받아드리도록 하셨다(14절). 그리고 하나님은 그들에게 바울의 말과 편지로 가르쳐준 교훈을 힘써 지키도록 하셨다(15절). 하나님은 데살로니가 성도들이 처음부터 바울의 원조를 받고 살도록 지정하셨다. 크리스천은 항상 원조를 받고 있다. 크리스천은 하나님께서 보내신 사람들의 가르침과 지도를 통해서 원조를 받는다. 하나님은 항상 사람을 붙여주신다. 하나님은 항상 하나님의 사람들끼리 만나서 서로에게 도움을 주고 원조를 받도록 하신다. 그래서 크리스천은 다른 크리스천으로 하여금 하나님을 잘 믿고 잘 따르게 만들어야 한다. 한 크리스천이 다른 크리스천을 만날 때 하나님을 만나는 것 같은 착각에 빠져야 한다. 그러므로 교회에서 옆 사람에게 "당신의 얼굴을 보니 하나님을 보는 것 같습니다"라는 인사는 빈 말이 되어서는 안 된다. 성도는 진짜 옆 사람에게 하나님이 되어야 한다. 실질적으로 그에게 원조도 받고 도움도 주어야 한다. 나는 옆 사람에게 하나님이다.

위로·인도

영원한 위로
살후 2:16~17 | 304장

　　하나님은 데살로니가 성도들에게 위대한 사도 바울을 붙여주셨을 뿐 아니라 하나님 자신도 직접 그들에게 다가가서 일하셨다. 하나님은 데살로니가 성도들에게 영원한 위로와 좋은 소망을 주셨다(16절). 하나님의 위로는 영원한 것이다. 기분에 따라 달라지는 일시적인 위로가 아니라 항상 한결같은 위로이다. 그 위로는 그들이 선한 일을 완수하기에 부족함이 없는 것이었다(17절). 바울이 고린도에서 많은 난관에 부딪혔을 때도 하나님은 "두려워 말라… 내가 너와 함께 한다(행18:9~10)"고 위로하셨다. 우리는 혼자 애쓰고 싸우는 것이 아니다. 우리에게 숙제를 주신 하나님이 그 숙제를 훌륭히 마칠 수 있을 때까지 힘과 위로를 주신다. 하나님도 우리와 같이 일하고 계신다. 하나님도 우리와 보조를 맞추고 계신다. 우리의 배후에도 그리고 옆에도 하나님이 계신다. 하나님은 결코 우리를 내 버리시지 않는다. 하나님은 우리가 우리 인생의 숙제를 해 나갈 때, 혹은 고난 속에 처할 때 우리가 가진 가장 보잘 것 없는 무기로 싸우도록 내버려두시지 않는다. 하나님은 우리를 항상 영광스럽고 선한 열매를 거두게 하신다. 하나님은 종국에 가서는 우리의 입에서 항상 감사와 감격의 말이 나오게 하신다.

승리·세상

방해자를 제거하시는 하나님
살후 3:1~5 | 456장

바울은 편지의 마지막 부분에 자기를 위하여 데살로니가 성도들이 기도해줄 것을 부탁하였다. 바울은 주님의 말씀이 각처에 속히 퍼져서 하나님께 영광이 되도록, 그리고 심술궂은 사람에게서 자기가 벗어날 수 있도록 기도를 부탁하였다(1~2). 바울은 비범한 사람이었다. 왜냐하면 기도해 달라는 사람을 적대하거나 미워하기 곤란하기 때문이다. 바울은 위로의 말씀도 전했다. 하나님은 신실하신 분이시므로 데살로니가교회를 악한 자들로부터 지켜 주셔서, 모든 사역을 충실히 잘 이행하게 될 것이라고 하였다(3~4절). 데살로니가 성도들이 주어진 일을 잘 해나갈 수 있는 요건 중 하나는 악한 자들이 하나님의 도움으로 제거되는 것이었다. 오늘날 우리들도 악하고 무자비한 사람에 둘러 쌓여있다. 이러한 곳에서 사는 우리들 중에 위장과 신경에 탈이 나지 않는 사람이 있을까? 그러나 우리들은 이곳에서 하나님과 함께 살기에 결코 홀로 싸우지 않는다. 하나님을 믿고 사는 우리들의 특징은 무엇인가? 악한 자 앞에서 항상 굳게 서있고, 쇠퇴해지지 않는 것이다. 우리들은 누구인가? 악한 자와 당당하게 직면하여 늘 승리할 수 있는 힘을 가진 자이다. 하나님은 우리의 방해자들을 제거해 주시는 분이다.

노동·재림·직업

노동은 신성한 것이다
살후 3:6~15 | 180장

바울은 재림에 대하여 잘못된 태도를 가지고 있는 데살로니가 성도들에게 따끔한 충고를 하였다. 그들 중에는 재림이 곧 있을 것이므로 일상의 일을 중단하고 오로지 하늘만 바로고 있는 사람들이 있었다(11절). 그들은 곧 있을 재림에 대한 흥분 때문에 아무 것도 하지 않고 매일 허송세월을 보내고 있었다. 그런 사람들에게 바울은 자기의 예를 들었다. 바울은 스스로 아무에게도 양식을 대가없이 얻어먹은 일이 없었고, 도리어 어떤 사람에게도 짐이 되지 않으려고 밤낮으로 일하였고, 또한 그것이 사람들에게 귀감이 되기를 원했다(8~9절). 바울은 예수님의 이름을 걸고 명하기를 자기가 먹을 것은 스스로 벌어서 먹으라고 하였고, 그렇게 하기 싫은 사람은 먹지 말라고 하였다(10~12절). 바울은 이러한 그릇된 사상을 전하는 사람들을 멀리하도록 하였지만, 그들을 원수로서가 아니라 형제로서 훈계라하고 하였다(14~15절). 예수님 자신도 나사렛의 훌륭한 목수셨다. 공생애를 시작하시기 전까지 아마도 충실한 직업인으로 생을 보내셨을 것이다. 노동은 신성한 것이다. 일하는 것은 하나님의 뜻이다. 일할 수 있는데, 단지 게으름으로 세월을 보내는 사람은 식탁에 앉지 말아야 한다.

평강·은혜

때마다, 일마다 평강이 있습니다
살후 3:16~17 | 431장

바울은 편지 마지막 부분에서 너무나 값진 인사로 끝을 맺는다. "평강의 주께서 때마다 일마다 너희에게 평강을 주시고 주께서 너희 모든 사람과 함께 하시기를 원하노라"(16절). 하나님은 평강을 주시는 분이다. 그것도 가끔씩 주시는 분이 아니라 '때마다' '일마다' 주신다. 하나님은 항상 평강을 준비해두고 계시다가 '적절한 때'에, 그리고 '일을 치룬 후'에 우리에게 놓아두신다. 고로 우리 마음에 평강이 없는 것은 하나님 잘못이 아니라 우리 잘못이다. 주어도 못 받아먹는 우리에게 문제가 있다. 일의 성과에 따라 일희일비하는 우리에게 문제가 있다. 당장 눈앞의 결과 보다 늘 동행하시는 하나님을 바라보면, 근원적인 평강을 얻을 수 있다. 우리가 이 부분에 마음이 열려 있어야 한다. 마지막으로 바울은 이 편지가 자신의 편지인 것을 증명하기 위하여 서명을 하였다. "나 바울은 친필로 문안하노니 이는 편지마다 표시로서 이렇게 쓰노라"(17절). 그리고 예수 그리스도 은혜가 데살로니가 성도들과 늘 함께 있기를 기도하였다(18절). 데살로니가 성도들이 자신들의 그릇된 생활태도만 고친다면 '때마다' '일마다' 베푸시는 하나님의 평강을 경험하게 될 것이다. 이것은 우리에게도 마찬가지이다.

긍휼·은혜

'긍휼'이라는 단어

딤전 1:1~2 | 428장

바울은 편지를 쓸 때마다 그 서두에 늘 축복의 인사로서 시작한다(1절). 그리고 어느 편지든지 항상 '은혜' '평강'이라는 말을 사용한다. 그런데 바울이 디모데에게 쓴 편지에서는 한 어휘가 더 추가되는데 그것은 '긍휼'이라는 단어이다(2절). '긍휼'이라는 말은 곤궁에 빠진 자를 돕기 위해서 하나님이 내려오시는 것을 의미한다. 바울이 통례적으로 쓰고 있는 은혜와 평강 이외에 긍휼이란 말을 첨가한 것은 아마도 디모데가 하나님의 긍휼을 간절히 필요로 하는 상태에 있었기 때문일 것이다. 그리고 바울은 디모데를 '나의 참 아들'이라고 부르고 있다(2절). 디모데는 바울이 신뢰하는 인물이었다. 디모데는 바울이 안심하고 어느 곳이든 보낼 수 있는 사람이었다. 고린도교회가 분열되었을 때 바울은 신실한 아들 디모데를 고린도교회에 보낸다고 하였다(고전4:17). 그런 디모데가 곤궁에 처해 있을 때 바울은 그에게 하나님의 긍휼이 임하게 될 것이라고 확신했다. 바울은 '긍휼'이라는 말을 추가함으로 하나님께서 연약하고 곤궁에 빠진 자들을 항상 도우신다는 것을 디모데에게 전해 주려 했다. 그리고 바울은 이 서신서를 읽은 우리들에게도 이것을 가르치고 있다.

사이비·이단

사이비에 유독 잘 넘어가는 스타일
딤전 1:3~11 | 371장

바울이 디모데에게 에베소를 떠나지 말고 계속 그곳에 머물라고 한 것은 그곳에서 이상한 교리와 신화와 족보 이야기에 사람들의 정신이 팔리지 않도록 지도하기 위함이었다(3~4절). 이 이상한 교리들은 쓸데없는 변론만 일으켰는데 적지 않은 사람들이 여기에 빠졌다(6절). 이 다른 교리를 전하는 자들은 사실은 자기들도 자기들이 무엇을 말하는지도 몰랐다(7절). 오래전에 율법이 제정된 것은, 건전한 교훈에 배치되는 많은 사이비들로부터 성도를 보호하기 위함이었다(8~10절). 우리 주변에는 항상 다른 것을 추구하는 자들이 있다. 마치 최신의 유행하는 옷을 입지 않고는 못 배기는 사람처럼…. 이들은 오래된 것을 단지 오래되었다는 이유만으로 경멸한다. 이들은 새로운 것을 단지 새롭다는 이유만으로 열광한다. 시대가 변했다고 무조건 새로운 것을 시작해야한다는 것은 잘못이다. 바뀌고 있는 것은 진리 자체가 아니라 그 진리를 전하는 방법이다. 요즈음 기독교를 가장한 사이비와 이단들이 개신교는 케케묵은 낡은 사상이며 자신들만이 새로운 것이라고 주장한다. 단지 새롭다는 이유만으로 귀가 솔깃해져서는 안 된다. 오래된 것이 진리이다.

죄사함·은혜

과거를 자주 회상하십시오
딤전 1:12~17 | 150장

    바울은 자기가 과거에 교회에 가한 죄악을 폭로하고 있다. 한 때 자기는 훼방자였고 박해자였고 폭행자였는데, 그것은 자기가 믿지 않을 때에, 뭘 모르고 한 일이었다고 하였다(13절). 그러나 그 이후에 하나님의 은혜가 임했다(14절). 하나님이 바울을 택하셨다. 왜 택하셨는가? 예수님께서 사람에 대해서 끝없이 참아 주심의 한 사례를 보이시기 위해서이다. 그래서 바울에게 그것을 드러내 보이심으로, 앞으로 예수님을 믿고 영생 얻게 할 모든 사람들의 본보기로 삼으셨다(16절). 그래서 예수님께서 죄인을 구원하시려고 세상에 오셨다는 이 말씀은 믿음직하고, 모든 사람이 받아드릴 말씀이 되는 것이다(15절). 과거의 자기 죄에 대한 추억은 사람을 모든 교만으로부터 지켜준다. 죄의 밑바닥까지 내려가 본 사람은, 죄 용서와 은혜가 얼마나 귀한 것인지 알기에 교만할 수 없다. 과거의 자기 죄에 대한 회상은 감사의 마음을 늘 불타오르게 한다. 자기가 어떻게 죄사함을 받았는지 아는 사람은 결코 남을 우습게보지 않는다. 우리도 종종 우리의 과거의 모습을 회상해보는 것이 좋다. 고개를 들 수 없을 정도의 죄도 거기에 있을 것이다. 이러한 회상은 우리를 겸손하게 하고 감사가 넘치게 한다.

승리 · 세상

승리를 부르는 두 무기
딤전 1:18~20 | 359장

바울은 디모데에게 선한 싸움을 싸우라고 하였다(18절). 인생을 싸움이라고 표현하였다. 그리고 싸움터에서 군인 디모데가 지녀야 할 두 가지 무기에 대해여 말하였다. 먼저 지녀야 할 무기는 '믿음'이다(19절). 군인은 가장 암담한 경우에 처해 있을 때라도 하나님께서 궁극적으로 승리를 주실 것이라는 믿음을 가지고 있어야 한다. 또 한가지 지녀야 할 무기는 '착한 양심'이다(19절). 군인이 착한 것이 무슨 소용이 있을까 만은 적어도 영적 싸움을 싸우는 크리스천 군인은 선한 양심을 가지고 있어야 한다. 선한 것이 강한 것이기 때문이다. 선하지 않으면 약하게 되고, 약하면 파선하게 된다. 바울은 후메내오와 알렉산더라는 사람이 그런 사람이라고 예를 들어 설명하였다(20절). 아마도 이 두 사람은 교회로부터 추방되어 세속적인 생활에 자신들을 잃어가도록 맡겨버린 것 같다. 인생은 싸움터이다. 하나님은 장군이시고 우리는 군인이다. 인생은 그 최후까지 쉬지 않는 싸움이다. 인생은 100m 단거리가 아니고 42.195km를 달리는 마라톤 이다. 이 시합에서 반드시 승리하려면 신앙심과 바른 양심을 가지고 있어야 한다. 둘 중 어느 한 가지가 빠져도 안 된다.

위정자·기도·국가

왜 위정자를 위해 기도해야 하는가?
딤전 2:1~7 | 208장

바울은 중보기도의 필요성을 말한 뒤 특별히 왕이나 황제와 같은 높은 지위에 있는 위정자들을 위하여 기도하라 하였고 이것은 하나님께서 선으로 여기시는 일이라고 하였다(1~3절). 그리고 바울은 복음의 진리를 간략히 설명한 뒤, 자기는 이 복음의 선포자로, 사도로, 이방인을 향한 교사로 부름 받았다고 고백했다(4~7절). 바울은 이 땅 위에 왕국을 통치하는 권위를 가진 자들을 위하여 기도하는 것을 언제든지 교회에 맡겨진 의무라고 생각했다. 어떤 왕이나 황제들 중에는 기독교를 탄압하려거나, 교회를 없애려는 의도를 가진 자가 있을지 모른다. 그럼에도 불구하고 크리스천은 그런 자들을 위해서도 기도해야 한다. 그렇게 하는 이유가 무엇인가? 두 가지 이유가 있다. 첫째, 우리가 경건하고 단정한 생활을 하기 위함이다(2절). 즉, 우리가 신앙생활을 잘하고, 질서있는 삶을 살기 위해서이다. 둘째, 우리가 고요하고 평안한 생활을 하기 위해서이다(2절). 고요하고 평안한 삶이란 국가에 전쟁이나 재해가 없는 상태를 가리킨다. 우리의 중보기도로 전쟁과 재해를 막을 수 있다는 말이다. 그러므로 우리가 국가의 위정자들을 위하여 기도하는 것은 곧 우리 자신을 위한 것이 된다.

여자는 나서지 말라고요?

딤전 2:8~15 | 200장

초대교회는 여러 가지 면에서 유대교적인 양식을 완전히 벗어나지 못했고 바울도 그런 맥락 속에서 살았다. 바울은 남자들이 기도할 때 손을 들고 기도하라고 하였다(8절). 유대인은 양손을 앞으로 쭉 뻗고 손바닥을 위로 향하도록 해서 기도하는 습관을 가지고 있었다. 바울도 그것을 따르고 있다. 그러나 여기서 한 가지 배울 것은 기도하는 자는 분노와 다툼이 없어야 한다는 것이다(8절). 즉, 거룩이 빠진 기도는 효력이 없다는 것이다. 이 구절을 가지고 오늘날 교회에서 손을 들지 않고 하는 모든 기도는 비성서적인 기도라고 하면 안 된다. 성경은 성경이 기록되었을 당시의 문화적인 맥락을 무시하면 해석에 큰 오류를 범하게 된다. 바울은 또 여자들은 요란한 악세사리를 하지 말고, 단정한 옷차림을 하고, 교회의 공적인 일에 절대 참여하지 말고, 조용히 배우기만 하며, 남자를 가르쳐서는 안 되며, 오직 해산하는 일 즉, 아이 낳는 일만 하라고 하였다(9~15절). 만약 이 구절들을 문자적으로 지켜야 한다면 오늘날 교회에서 여자들은 어떠한 직분도 맡아서는 안 된다. 바울은 갈라디아교회에 보내는 편지에서 남자나 여자나 모두 다 그리스도 안에서는 하나라고 가르친바 있다(갈3:28).

직분·사명

목사와 장로와 집사의 자격
딤전 3:1~13 | 313장

바울은 감독 직책의 자격에 관해서 말하는데 오늘날로 하면 목사와 장로의 자격에 해당된다. 목사와 장로의 자격은 기혼자여야 하며, 절제하며, 단정하며, 남을 잘 대접하며, 잘 가르치며, 술을 먹지 아니하며, 난폭하지 아니하며, 너그러우며, 돈을 사랑하지 아니하며, 자기 가정을 잘 다스리며, 신앙의 연조가 있어야 하며, 교회 밖의 사람들로부터도 좋은 평판을 받는 사람이어야 한다. 바울은 집사의 자격에 관해서도 말하였다(2~7절). 집사의 자격은 신중하며, 한 입으로 두 말을 하지 아니하며, 술에 탐닉되지 아니하며, 부정한 이득을 탐내지 아니하며, 깨끗한 양심을 가져야 하며, 기혼자여야 하며, 자녀와 자기 가정을 잘 다스리는 사람이어야 한다(8~12절). 집사의 직무를 잘 수행한 사람들은 장차 좋은 지위를 얻게 되고, 믿음에 더 큰 발전이 뒤따르게 된다(13절). 감독과 집사의 자격 중에 동시에 강조하는 것은 자신의 가정을 잘 다스리는 것이 포함되어있다. 자신의 집을 잘 다스릴 수 없는 자가 어떻게 교회 회중을 잘 통솔할 수 있겠는가? 자신의 가정을 잘 인도할 수 없는 자가 교회라는 가족을 잘 인도하는 것은 불가능한 일이다. 좋은 가장이 좋은 목사, 좋은 장로, 좋은 집사가 된다.

예수님·구원

예수님은 누구신가?
딤전 3:14~16 | 87장

바울은 예수님에 대해서 잘 요약하여 설명하고 있다. 예수님은 누구신가? 예수님은 육신으로 나타나셨다(16절). 태초부터 계셨던 성자 하나님은 어느날 인간이 가장 잘 이해할 수 있는 형태로 세상에 오셨다. 사람은 이 예수님을 통해서 하나님의 마음과 행동을 볼 수 있다. 예수님은 영으로 의롭다 하심을 얻으셨다(16절). 사람들은 예수님을 십자가에서 죽였다. 그러나 성령의 힘으로 말미암아 다시 사셨다. 성령의 힘으로 부활하시고 죽음을 이기셨기 때문에 의롭다 함을 받으셨다. 예수님은 천사들에게 보이셨다(16절). 예수님은 이 땅에 오시기 전에 자기 나라에서 천사들의 경배와 섬김을 받으셨다. 예수님은 만국에 전파되신다(16절). 예수님은 한 민족이 독점할 수 있는 분이 아니라 모든 국민과 온 세계의 주님이시다. 예수님은 전 세계인의 믿음의 대상이 되셨다(16절). 예수님이 죽으시고 부활하시고 승천 하신 후에 믿은 자의 수가 고작 120명이었지만 지금은 믿는 자의 수를 전 세계적으로 추산할 수 없을 정도로 많다. 예수님은 영광 가운데 하늘로 승천하셨다.(16절) 예수님의 이야기는 이렇게 하늘에서 시작하였고 또 하늘에서 끝난다.

음식·감사

모든 음식은 하나님이 주신 것이다
딤전 4:1~5 | 429장

믿음에서 떠나 미혹하는 영의 교훈을 따르며, 그 양심에 낙인이 찍혀 속임수를 쓰는 자들은 영지주의 이단을 가리킨다(1~2절). 영지주의는 결혼을 금하고, 음식 규정은 복잡하고 까다롭게 만들었다(3절). 영지주의자는 영은 선한 것이고 모든 물질은 사악한 것이라고 믿었다. 그래서 그들은 모든 음식을 멀리했다. 결혼도 멀리했다. 결혼과 음식은 사단으로부터 나오는 것이라고 하였다. 그래서 어떤 이는 몸을 고달프게 하기 위해서 기둥 위에 올라가서 항상 아슬 아슬하게 지냈다. 어떤 이는 평생 몸을 씻지 않고 지내면서 몸에 기생충을 길렀다. 그러나 바울은 하나님께서 지으신 것은 모두 다 좋은 것이므로 감사하는 마음으로 받으면 버릴 것이 없다고 하였다(4절). 음식은 하나님이 주신 선물이라는 것을 기억해야 한다. 음식은 우리 주변에서 흔히 볼 수 있지만 그것은 하나님이 주신 은사라는 것을 잊어서는 안 된다. 하나님이 허락하지 않으면 한 모금의 공기도, 한 모금의 물도 마실 수 없다. 그러므로 음식은 항상 감사함으로 먹어야 한다. 크리스천은 누구인가? 음식을 감사함으로 먹는 자이다. 크리스천은 모든 음식이 하나님의 은사요 선물이라고 믿는다. 그러므로 식사 때마다 감사가 나온다.

지도자·경건·훈련

크리스천은 선수입니다
딤전 4:6~16 | 422장

바울은 디모데에게 매우 실천적인 교훈을 준다. 바울은 디모데가 어리석은 교훈에 빠진 자들을 잘 지도하면 본인에게도 큰 발전이 있을 것이라고 하였다(6절). 그리고 경건의 훈련을 위해서 항상 힘쓰라고 하였다(7~8절). 영적 지도자라도 이 부분에 있어서는 예외가 아니다. 그리고 나이가 어리다고 업신 여김을 받지 말라고 하였다(12절). 나이가 어리지만 말과 행실과 신앙에 본을 보이면 권위가 세워질 것이라는 것이다(12절). 그리고 성경을 묵상하는 일과 가르치는 일에 최선을 다하며, 하나님께 받은 은사를 귀히 여기며, 자신을 살피고, 자기가 전하는 내용에 오류가 없는지 늘 살피라고 하였다(13~16절). 여기 독특한 표현이 하나 있다. 그것은 운동선수가 몸을 단련하는 것과 같이 크리스천은 마음을 훈련해야 한다는 내용이다(8절). 신체를 훈련하는 일은 좋은 일이다. 그러나 더 중요한 것은 영성과 마음을 단련하는 일이다. 크리스천은 스포츠 선수가 아니라 하나님의 선수이다. 그러므로 경건이 몸에 배도록 훈련해야 한다. 스포츠 선수는 신체 훈련을 위해 하루의 시간을 잘 안배해서 연습을 한다. 하나님의 선수도 기도, 말씀 묵상, 전도, 봉사에 대한 시간 안배를 해야 한다.

여자 · 성도

이집 저집 싸돌아다니는 위험
딤전 5:1~16 | 312장

바울은 계속해서 매우 실질적인 문제를 다룬다. 크리스천은 교회 내 나이 많은 연장자들을 깍듯이 대해야 하며 젊은 사람들에게는 친 형제나 자매처럼 대해야 하며 과부와 자기 부모와 친족은 최선을 다해서 보살펴야 한다(1~4절). 바울은 홀로 된 과부를 철저히 돌보라고 두 번이나 강조했다(3절, 16절). 당시 교회에 과부들의 명부가 있었다. 60세 이상 된 자 중에 신앙과 행실에 모범이 되는 사람에 한해서 등록할 수 있었고 당시 교회는 이런 자들을 철저히 돌보았다(9~10절). 젊어서 과부가 된 자는 죄에 빠져들 가능성이 있기 때문에 재혼을 해서 아이를 낳고 가정을 다스려서 세상 사람들에게 비방할 기회를 주지 말아야 한다(11절, 14절). 바울은 교회 내 여성들에게 한 가지 당부한다. 교회를 섬기는 여성들은 쓸데없이 남의 집에 놀러 돌아다녀서는 안 된다는 것이다. 왜냐하면 거기서 남 흉을 보고 험담을 하고 소문을 퍼트리는 일을 하기 쉽기 때문이다(13절). 무작정 이 집 저 집 돌아다니는 위험은 항상 말이 보태어지고 과장되어서 사람을 죽이는 역할을 할 가능성이 있다. 하나님은 바울을 통해서 이것을 엄격히 금하고 있고 또한 죄로 여기고 있다.

목회자 · 장로 · 교회

장로와 목사는 존경받아야 합니다
딤전 5:17~25 | 318장

바울은 계속해서 교회 생활에 관해서 실제적인 규칙을 제시한다. 장로들은 적절한 존경과 보수를 받아야 한다(17~18절). 어떤 종류의 장로들에게 그렇게 해야 하는가? 말씀 전하는 자와 가르치는 자 즉, 목회자를 가리킨다. 그리고 장로와 목회자에 대해서 허위적이고 악의적인 소문을 퍼뜨려서는 안 된다(19절). 이들에 대한 고발이 있다면 반드시 두 세 증인이 있어야 가능하였다. 왜냐하면 장로와 목사들은 늘 대중 앞에 서는 자들이기 때문에 존경도 받지만 악의에 찬 공격도 받을 가능성이 있기 때문이다. 그리고 죄를 범한 사람은 반드시 교회 앞에서 견책을 받아야 하는데, 그 이유는 그 수치심이 그를 각성시키게 할 뿐 아니라, 타인에게도 그와 같은 효과가 있기 때문이다(20절). 그리고 교회는 아무에게나 경솔하게 안수를 주지 말아야 한다(22절). 이것은 교회의 지도자를 간단하게 뽑지 말라는 뜻이다. 그리고 바울은 디모데에게 위장병 치료에 포도주가 좋다는 개인적인 노하우를 전해주기도 하였다(23절). 아마 디모데에게 그러한 문제가 있었던 같다. 그리고 교회는 섣불리 사람을 재판대 위에 세우지 말아야 한다. 어떤 혐의가 있어도 좀 더 시간을 가지고 바라보아야 한다(24~25절).

직업 · 소명

내가 잘하면 전체 크리스천이 삽니다
딤전 6:1~2 | 323장

바울은 크리스천의 일상생활과 노동에 관한 중요한 원칙을 제시하고 있다. 크리스천 노동자는 자기의 고용주를 항상 존중하고 또 성실하게 일해야 한다(1절). 왜냐하면 만일 그가 게으르고 불손하면 그것은 기독교를 경멸할 구실을 세상에 제공하는 것이기 때문이다(1절). 크리스천 노동자는 자기 고용주가 같은 크리스천이라고 해서 그것을 악용하지 말아야 한다(2절). 같이 믿는 사람이기 때문에 자기가 게으르고 부주의해도 잘 봐줄 것이라 생각하여 안이하게 일을 처리하는 것은 잘못 된 것이다. 자기의 고용주가 같은 기독교에 몸 담은 사람이라면 그를 더 잘 섬겨야 한다. 크리스천이 최선을 다해서 성실하게 일을 해야 하는 이유는 다른 동료들 때문이다(2절). 어느 한 크리스천 노동자가 요령을 피우며 성의 없이 일을 한다면 고용주는 일꾼을 고용하는 일에 있어서는 크리스천을 배제할 가능이 있게 된다. 고용주는 '일만큼은 크리스천이 아닌 일반인 들이 더 나아'라고 생각할 것이다. 그렇게 되면 성실한 다른 크리스천 노동자들이 피해를 본다. 나 한 사람이 성실히 일하면 나뿐 아니라 나의 동료들도 이익을 얻는다. 나 한 사람이 잘하면 다른 크리스천들이 이익을 보고 하나님께서 영광을 받으신다.

이단·돈

이단과 돈
딤전 6:3~10 | 290장

　이단이나 사이비는 겉으로는 당당해 보이나 실은 자기가 무엇을 알고 있는지도 모른다(4절). 그들은 알기 어려운 공론을 가지고 토론과 언쟁을 좋아한다(4절). 그들은 항상 시끄럽고 분쟁하며 자기들의 가르침을 상품화한다(4~5절). 상품화한다는 말은 결국 먹고 사는 수단으로 그렇게 한다는 것이다. 결국 돈이 목적인 셈이다. 바울은 이어서 돈에 관한 가르침을 준다. 이 본문은 가장 자주 인용되면서도 가장 잘못 인용되는 본문이다. 돈이 일만 악의 뿌리가 아니라 돈을 사랑하는 것이 일만 악의 뿌리이다(10절). 돈 욕심은 사람으로 하여금 끊임없이 갈증을 유발하게 한다. 소금물을 마시면 마실수록 점점 더 갈증을 일으키는 것처럼 돈도 가지면 가질수록 점점 더 큰 갈증을 일으킨다. 돈은 사람에게 안전을 준다. 그러나 그 안전을 넘어서 욕심에 사로잡히면 좀 더 축적하기 위해 남들이 피해를 보건 가난해지건 상관하지 않게 된다. 수단과 방법을 가리지 않게 된다. 이것이 결국 패망으로 가는 길이 된다(9~10절). 나에게 부귀욕이 생기면 얼른 정신을 가다듬어야 한다. 이것이 결국 망하는 길이라고…. 너무 부하지도, 너무 가난하지도 않게 사는 것이 가장 은혜롭고 가장 행복하게 사는 것이다(8절).

디모데전서

신앙·고백

신앙은 고백해야 합니다
딤전 6:11~16 | 144장

바울은 디모데에게 놀라운 도전을 주고 있다. 첫째, 의와 경건과 믿음과 사랑과 인내와 온유를 따르라고 하였다(11절). 둘째 믿음의 선한 싸움을 싸우라고 하였다(12절). 셋째, 예수님께서 많은 사람들 앞에서 행하신 신앙 고백을 기억하라 하였다(12절). 빌라도가 "네가 유대인의 왕이냐?"라고 묻자 예수님께서는 "네 말이 옳도다"(눅23:3)라고 하였듯이 그 어느 누구 앞에서건 자기의 신앙 고백을 담대하게 드러내라고 하였다(13절). 넷째, 예수님께서 재림하실 때까지 흠없고 책망 받을 것이 없는 사람이 되라고 하였다(14절). 신앙적인 면뿐 아니라 생활과 일에 있어서도 남에게 흠 잡히는 일이 없어야 한다는 것이다. 다섯째, 하나님은 통치자이시며 왕이시며 영존하시며 주권자라는 사실을 기억하라고 하였다(15~16절). 우리도 디모데처럼 신앙을 담대히 고백해야 한다는 명령을 받는다. 사도신경을 고백하는 장소는 교회뿐 아니라 삶의 현장이 되어야 한다. 우리가 신앙을 고백하는 것은 예수님께서 과거에 행하신 일을 우리가 지금 행하는 것이 된다. 우리가 침묵하면 예수님의 일은 과거에 끝난 일이 된다. 그러나 우리가 그것을 사람들 앞에서 고백하면 예수님은 지금 다시 그 일을 재현하시는 것이 된다.

내세 · 보상

돈을 쓰십시오
딤전 6:17~19 | 236장

　　초대교회에는 부자와 가난한 자가 섞여 있었다. 바울은 이 부자들에게 해야 할 것과 하지 말아야 할 것을 충고하였다. 부자가 하지 말아야 할 행동은 무엇인가? 교만과 부에 소망을 두는 행위이다(17절). 부자가 마음이 높아질 이유가 없다. 돈 많은 것이 자랑이 아니다. 부유하다는 이유로 자기가 다른 사람들보다 뛰어난 개인이라고 생각해서는 안 된다. 그리고 부가 중요한 것이지만 거기에 목숨을 걸 정도는 아니다. 왜냐하면 오늘 부유한 사람이 내일 가난해질 수 있고 오늘 가난한 사람이 내일 부자가 될 수 있기 때문이다. 부자가 해야 할 것은 무엇인가? 하나님께만 소망을 두고, 부를 베풀고 나누어 주는 행동이다(17~18절). 부자는 선한 일을 위하여 그 부를 사용해야 한다. 그러므로 부자는 죄인이 아니라 책임을 맡은 자이다. 부자는 그 부의 사용 여부에 따라 내세를 잘 준비할 수도 있고 그렇지 못할 수도 있다(19절). 부자가 그 부로 인해 가난한 사람을 내려 보거나, 혹은 자기 자신만을 살찌운다면 그 부는 그의 영혼에 큰 적이 된다. 그러나 그것을 잘 사용하면 내세에서 분명한 보상을 받게 된다. 그것이 성서의 약속이다. 성서 속에 인과응보의 흔적이 전혀 없는 것이 아니다.

언어·논쟁

똑똑한 것보다 착한 것이 낫다
딤전 6:20~21 | 422장

바울은 편지 마지막에 자기가 디모데에게 '부탁한 것'을 잘 지켜주기를 당부했다(20절). 여기서 '부탁한 것'은 '맡긴 돈'을 의미하는 단어이다. 그 돈은 반드시 몽땅 돌려주어야 할 돈이다. 디모데는 바울에게 받은 교훈과 가르침을 하나도 남김없이 몽땅 사람들에게 가르쳐야 한다. 그리고 바울은 '헛된 말'을 피하라고 했다(20절). 여기서 '헛된 말'은 '속된 잡담'을 가리킨다. 사람이 어떻게 생활 속에서 실속있는 말만 하고 살 수 있을까? 어떻게 잡담 한마디 하지 않고 살 수 있을까? 그럴 수는 없다. 여기서 바울이 가르치는 교훈은 '속된' 잡담이다. 음란하고, 폭력적이며, 악의적인 잡담을 가리킨다. 또 바울은 '거짓된 지식의 반론'을 피하라고 하였다(20절). '거짓된 지식의 반론'은 쓸데없는 논쟁을 가리킨다. 똑똑한 사람은 본래 진위를 따지는 논쟁을 좋아한다. 그러나 이것은 쓸데없는 짓이다. 쓸데없는 논쟁에 시간을 낭비하는 똑똑한 사람이 보다 이런 논쟁을 피하는 어리석은 사람이 더 낫다. 쓸데없는 논쟁에 휩싸여서 논의를 저울질하는 일보다 홀로 고독하게 앉아서 크리스천 다운 삶을 사는 것이 중요하다. 문제는 지식이 아니라 삶과 행실이다. 총명보다 착함이 더 낫다.

직분·사명

일 안에 생명이 있습니다
딤후 1:1~2

    바울이 디모데에게 보낸 두 번째 편지 서두에도 자기의 사도직이 하나님께로부터 왔음을 분명히 밝혔고 수신자인 디모데를 사랑하는 아들이라고 호칭하면서 은혜와 긍휼과 평강이 있기를 기원하였다(1~2절). 여기서 바울은 예수 그리스도 안에 있는 생명의 약속대로 사도가 되었다고 고백한다(1절). 무슨 뜻인가? 사도직을 수행하는 일 안에 생명이 있다는 것이다. 바울은 지금 로마의 감옥에 수감되어 있는 상황 속에서 자기에게 '생명'이 있다고 한다. 사도직을 수행하다가 몹쓸 일을 당하고 있는데도 그 안에 생명이 넘치고 있다고 한다. 복음을 전하다가 투옥되었는데 그 일 안에 생명이 있다고 한다. 우리는 교회에서 직분을 감당하다가 금전적인 손해를 보거나, 건강에 문제가 생기면 '이일을 해야 되나 말아야 되나' 곧 바로 갈등으로 들어간다. 그리고 주저 없이 손을 놓는다. 어떤 사람은 돈을 벌 수 있는 기회가 주어지면 갈등 없이 하던 일을 중단한다. 바울은 사도직을 수행하다가 감옥에 갇혔지만 기쁨을 잃지 않았던 이유는 그 일 안에 생명이 있다고 믿었기 때문이다. 하나님을 위해서 하는 모든 일 안에 생명이 있다고 믿는 사람은 그 일에 대해서 쉽게 좌절하거나 갈등하지 않는다.

신앙 · 전통

조상을 회상해 봅시다
딤후 1:3~14(1) | 585장

바울이 디모데에게 편지를 쓰는 목적은 에베소교회에서 목회하는 디모데를 격려하기 위함이다. 디모데는 여러 이단들의 침입을 막아내야 할 힘든 임무를 지니고 있었다. 그러한 디모데에게 바울은 힘을 실어주기 위해서 디모데가 가진 훌륭한 가문 이야기를 꺼냈다. 디모데는 조상 때부터 믿는 집안에서 태어났다(3절). 디모데의 외조모 로이스와 어머니 유니게는 대단한 신앙의 인물이었다(4절). 바울이 왜 이 말을 꺼내는가? 만약에 디모데가 자기 임무를 소홀히 한다면 그것은 그 가문에 불명예가 된다는 것이다. 우리에게도 종종 이런 정신이 필요하다. 우리도 때로는 우리의 신앙의 가문을 생각해야 한다. 왜냐하면 이것이 우리에게 큰 원동력이 되기 때문이다. '내가 여기서 무너지면 우리 집안의 신앙의 전통에 금이 간다'. '내가 여기서 다시 일어서면 나의 후손들에게 위대한 신앙의 유산을 물려 줄 수 있다'. 이 정신은 때로는 우리를 힘있게 만든다. 나에게 그러한 신앙의 전통이 없다면 내가 그러한 위대한 선조로 설날을 기대하고 애써야 한다. 종종 우리는 자기의 믿음의 선조들을 회상하던지 아니면 자기가 믿음의 선조로 남게 될 자식들을 생각하는 것이 필요하다.

지도자는 절제하는 사람입니다

딤후 1:3~14(2) | 510장

바울은 하나님께서 자신과 디모데를 복음과 함께 고난당할 자로 부르셨고, 그렇게 부른 것 자체가 하나님의 뜻이고 은혜라고 하였다(8~9절). 바울은 이러한 디모데에게 지도자로서 지녀 할 성품을 가르쳤다. 그것은 다음과 같다. 첫째, 용기이다(7절). 지도자는 적을 두려워하지 말아야 한다. 용기는 하나님께서 항상 자기와 함께 한다는 믿음에서 나온다. 둘째, 능력이다(7절). 지도자는 영혼을 부스러뜨리려고 덤비는 적 앞에서도 굳건히 신앙을 지켜내는 힘이 있어야 한다. 셋째, 사랑이다(7절). 지도자는 어떠한 위험한 상황 속에서도 자신의 사람들을 사랑하지 않으면 안 되는 사람이다. 넷째, 절제이다.(7절). 남을 가르치는 자는 절제력이 있어야 한다. 지도자는 자기 관리에 철저해야 한다. 사람은 먼저 자기 자신을 통제할 수 있어야 한다. 스스로를 통제하지 못하는 사람이 어떻게 남을 통제할 수 있을까? 이러한 절제력은 어디서 나오는 것일까? 마음에서 나오는 것일까? 아니다. 절제력은 자기 이성이나 의지에서 나오는 것이 아니다. 절제력이란 오직 하나님의 힘으로만 가질 수 있다. 그러므로 절제를 잘 하기 위해서는 하나님께 매달려야 한다. 하나님께 이 부분을 구하지 않으면 언젠가 넘어진다.

불멸·죽음

사람은 불멸합니다
딤후 1:3~14(3) | 235장

바울은 디모데와 자기가 복음의 선포자와 사도와 교사, 이 세 가지 사명을 받은 자라고 확신했다(11절). 이 사명을 수행 할 때 대접이나 환영보다 고난이 훨씬 많이 뒤 따라 올 것을 알았다(12절). 그럼에도 불구하고 이 복음을 전파하고 가르치는 이 아름다운 일을 끝까지 완수하라고 디모데에게 부탁하였다(13~14절). 여기서 '아름다운 것'은 문맥의 흐름 속에서 복음을 가리키는 것임을 알 수 있다. 복음이 왜 아름다운 것인가? 복음은 이 복음을 믿는 자에게 '생명'과 '썩지 않음'을 주기 때문이다(10절). 여기서 '썩지 않음'은 불멸을 가리킨다. 예수님은 이 세상에 생명과 불멸을 가져오셨다. 사람들은 죽음을 두려워한다. 사람은 죽음을 소멸이라고 생각한다. 어떤 사람은 죽음은 영혼들이 거하는 또 다른 세계로 가는 것이라고 생각하기도 한다. 그러나 복음의 메시지는 죽음이 소멸이 아니라 생명이며 불멸이라고 한다. 성서는 이 '아름다운 것' 즉, 복음을 받아드린 자는 소멸되는 것이 아니라 언젠가 하나님 곁으로 가서 거기서 생명을 얻고 불멸한다고 가르친다. 복음을 받아드린 사람은 하나님 곁에서 불멸하게 되고 복음을 거부한 사람은 영원히 고통받는 곳에서 불멸하게 된다.

복·가정

의리를 지키면 그 가정이 잘 됩니다
딤후 1:15~18 | 556장

바울은 디모데에게 자기가 처한 개인적인 사정을 알려주었다. 바울은 자기가 아는 아시아 지방에 거주하는 대다수 크리스천들이 자기를 위해 법정에서 증인되기를 거절하였는데 그 중에서 부겔로와 허모게네라는 사람이 유독 심했다고 알려주었다(15절). 그러나 오네시보로는 감옥에 있는 자기에게 자주 면회와서 자기를 기쁘게 하고 격려해 주었다고 알려주었다(16~17절). 오네시보로는 죄수의 신분인 바울을 만나는 것을 부끄러워하지 않고 오히려 부지런히 찾아다녔다. 이것은 쉽지 않은 일이었다. 어쩌면 로마 당국의 블랙리스트에 그도 오를 수 있는 위험한 일이었다. 그러나 그는 신앙의 의리를 끝까지 지켰다. 바울은 오네시보로를 축복하였다(16절, 18절). 특히 그의 '집'을 축복하였다(16절). 여기서 '집'은 가정 혹은 가족을 가리킨다. 바울은 오네시보로의 호의에 감사하여 그의 가족이 복 받기를 간구하였다. 이 내용은 오늘날 우리에게도 문자적으로 적용해도 좋을 것 같다. 외로운 신앙의 동지를 격려하는 사람은 그 개인뿐 아니라 그 가족까지 복 받는다. 올곧은 신앙의 친구를 후원하고 돕는 사람은 그 개인뿐 아니라 그 가족에게까지 하나님의 긍휼하심이 미치게 된다.

고난·보상

가장 크게 남는 장사
딤후 2:1~13 | 304장

　　바울은 디모데가 가르치는 일에 충실하면 기독교가 계속 널리 전파될 것이라고 하였다(1~2절). 바울은 디모데를 병사로, 경기자로, 농사꾼으로 부르며 그를 고무시켰다(3~6). 바울은 하나님은 필요할 때 마다 디모데에게 가르치는 능력을 주실 것이라고 하였다(7~8절). 바울은 복음을 전할 때 디모데에게 고난이 뒤따를 것이지만 그것을 잘 참고 견디면 영원한 영광을 얻는다고 하였다(10절). 디모데는 예수님을 위해 죽을 수도 있고 치욕을 당할 수 있다. 그렇게 하고 나면 그에게 돌아오는 것은 '다시 사는 것'과 '왕 노릇'이다(12절). 우리가 예수님을 위해 치욕을 당하기만 하면 그때부터 영광 얻을 일이 생긴다(11절). 이것이 공식이다. 크리스천은 치욕이나 영광에 있어서 예수님의 파트너이다. 하나님은 진실하시므로 우리가 행한 만큼 갚아주신다(11절). 우리가 예수님을 모른다고 하면 하나님도 우리를 외면하신다(12절). 예수님도 우리가 사람 앞에서 자기를 시인하면 하나님도 친히 우리를 시인할 것이고 사람 앞에서 자기를 부인하면 하나님도 우리를 부인한다고 하셨다(마10:32~33). 예수님을 위해 많은 치욕을 받고 사람 앞에서 예수님을 많이 시인하는 것이 이 세상에서 가장 크게 남는 장사이다.

교회·봉사

일거리가 복의 기준이다
딤후 2:14~26(1) | 212장

바울은 이단 사상을 가지고 사람들의 믿음을 뒤엎었던 악성종양 같은 사람, 후메네오와 빌레도를 조심하라 하며 특히, 이들과의 논쟁을 피하라고 하였다(14~18절). 이유는 그것으로 이들을 갱신시킬 수 없기 때문이다. 교회 안에 후메네오와 빌레도 같은 인물이 존재한다. 집에 많은 종류의 그릇이 있는데 그중에 요긴하게 사용하는 것도 있고 거의 사용하지 않는 것도 있다. 교회 안에도 마찬가지이다. 교회도 이 땅 위에 존재하는 단체이기 때문에 역시 여러 종류의 인간이 섞여 산다(20절). 그런데 어떤 인간이 좋은 인간인가? 깨끗한 인간이다. 우리는 교회 안에서 좋은 인간으로 살아가는가? 안 좋은 인간으로 살아가는가? 교회 안에 아름다운 향기를 진동시키는 꽃같은 존재로 살아가는가? 독초와 같은 존재로 살아가는가? 그 판단은 하나님만이 하실 것이다. 여기서 좋은 그릇은 주인이 자주 쓰는 그릇이다(21절). 크리스천에게 영광이 무엇인가? 봉사에서 제외되는 것이 아니라 보다 더 많이 쓰임 받는 것이다. 교회 안에서 가장 큰 영광은 지위나 명예가 아니라 더 많은 봉사를 하나님으로부터 요구당하는 것이다. 일거리가 많이 주어지는 것이 복이다.

지도자·목회

지도자는 이렇게 해야 한다
딤후 2:14~26(2) | 208장

바울은 디모데가 지도자로서 지켜야 할 본문에 대해서 말하고 있다. 첫째, 지도자는 청년의 정욕을 피해야 한다(22절). 둘째, 지도자는 사람들과 함께 의와 믿음과 사랑과 평화를 추구해야 한다(22절). 셋째, 지도자는 논쟁을 좋아하지 말아야 한다(23절). 논쟁을 즐기는 사람이 있다. 논쟁 자체를 좋아해서 논쟁의 장터로 사람들을 끌어드리는데 테크닉이 있는 지도자가 있다. 그러나 논쟁을 통해 문제가 해결되는 것보다 미해결로 처리되는 것이 더 많을 뿐 아니라 앙금만을 남겨두는 경우가 많다. 넷째, 지도자는 다투지 말아야 하고 모든 사람에게 온유하고 참을성이 있어야 한다(24절). 다섯째, 지도자는 자기를 반대하는 사람까지도 온화하게 바로잡아 주어야 한다(25절). 지도자는 마치 의사처럼 발병한 곳을 찾는데 정확해야 하고 그리고 실수 없이 치료해야 한다. 얼음장처럼 차가운 사람도 지도자는 자기의 온기로 녹여야 한다. 사람을 내리 치면서 자기를 따르도록 해서는 안 되고 부드럽게 다루면서 자기에게 복종하도록 해야 한다. 그렇게 하지 않으면 그가 악의 올무에 빠질 가능성이 있다(26절). 지도자에 따라 사람이 천사도 될 수 있고 악마도 될 수도 있다.

성경·기적

성경 안에는 기적이 있다
딤후 3:1~17 | 202장

　　바울은 말세가 가까울수록 이기주의, 물질만능주의, 자기 도취, 하나님에 대한 모독, 불효, 불경, 무정함, 복수, 흑색선전, 무절제, 난폭, 배반, 쾌락, 음란, 호색, 기독교에 대한 박해 등이 훨씬 심화될 것이라고 하였다(1~13절). 이러한 때 자기를 지킬 수 있는 유일한 방법은 성경을 배우고 성경 안에 거하는 것이다(14절). 성경은 도대체 어떤 책인가? 첫째, 성경은 하나님의 감동 즉, 하나님의 거룩한 입술 기운이 서려있는 책이다(16절). 성경은 일반 책과는 질적으로 다른 책이다. 둘째, 성경은 사람을 온전하게 하고, 온갖 선한 일을 할 수 있게 하는 책이다. 성경을 읽기만 해도 하나님의 입김이 그의 의식과 영혼에 스며든다. 하나님의 거룩한 숨결이 닿으면 그의 성향은 거룩한 성향으로 바뀐다. 악인이 선인으로, 살인자가 박애자로, 사기꾼이 도덕가로, 우울한 자가 밝은 자로, 전투적인 자가 평화적인 자로 바뀐다. 사람의 인성을 억지로 바꿀 수 없다. 그러나 성경을 읽으면 자동적으로 인성이 바뀐다. 주변에 인성이 파탄에 이른 자가 있는가? 무슨 수를 써서라도 그에게 성경을 꾸준히 읽도록 할 수 있다면 큰 성과를 거둘 수 있다. 성경 안에는 인간에게 기적을 일으키는 그 무엇이 스며있다.

종말 · 상급

인간 눈치 보지 말고 오직 묵묵히
딤후 4:1~8 | 180장

　바울은 디모데에게 기회가 좋든지 나쁘든지 인내를 가지고 꾸준하게 전도하는 것이 중요하다고 하였다(2절). 왜냐하면 사람들이 건전한 교훈보다 귀를 즐겁게 하는 말이나, 꾸민 이야기에 귀를 기울이기 때문이다(3~4절). 이어서 바울은 이제 제물에 피를 흘릴 때가 되었다고 말하며 자기가 곧 죽게 될 것을 암시했다(6절). 바울은 자기 삶을 회고하며 위풍당당한 고백을 했다. "나는 선한 싸움을 다 싸웠고, 달려갈 길을 마쳤고, 믿음을 잘 지켰으니 이제는 면류관 받을 날만 남았다"고 고백했다(7~8절). 올림픽 경기에서 가장 큰 상은 월계수관이다. 선수에게는 곧 시들어 죽을 월계수관 쓰는 것이 최고의 영광이었다. 그러나 바울을 기다리고 있는 것은 결코 시들지 않는 면류관이다. 바울은 곧 로마의 법정에 서야 한다. 그는 로마의 판결이 어떻게 내려질 지 관심이 없었다. 편지 안에는 그런 기색이 없다. 그의 유일한 관심은 "잘 싸우고 돌아왔다. 면류관을 받아라"는 하나님의 음성이었다. 이 하나님의 음성은 자기와 동일하게 산 모든 사람들에게도 내려진다(8절). 인간이 알아주던 안 알아주던, 인간의 눈치를 보지 말고 오직 하나님 일만 묵묵히 하는 자에게는 하늘의 면류관이 기다리고 있다.

고독·위로·예수님

내 곁에 서신 주님
딤후 4:9~18 | 478장

바울에게 갑자기 고독이 찾아왔다. 이유가 무엇인가? 갑자기 상실을 경험하고 있기 때문이다. 데마와 그레스게와 디도는 여러 가지 이유로 바울을 떠났다(10절). 그중에 알렉산더는 바울에게 해꼬지를 많이 하고 떠났다(14절). 게다가 곧 재판이 시작될 것인데 그때 바울을 변호해줄 사람들이 모두다 의리를 저버리고 떠난 상태이다(16절). 바울 곁에는 지금 '누가' 만 있다(11절). "누가만 나와 함께 있느니라"는 말 속에 바울의 고독이 묻어난다. 고독에 빠진 바울은 디모데에게 빨리 와달라고 부탁하였다(9절). 감옥 안에서 추위와 영적 갈급함을 느낀 바울은 특별히 두툼한 외투와 가죽 종이에 쓴 책을 부탁하였다(13절). 그는 몸도 춥고 마음도 추웠다. 숱한 믿음의 전투에서 승리한 백전노장인 바울도 인간인지라 고독에 빠졌다. 이것이 인간이다. 그러나 그는 한가지 남달랐다. 그는 고독 속에서도 자기에게 늘 이길 힘을 주시는 '내 곁에 서신 주님'을 부르고 있다(17절). 우리에게 부모도 있고, 자식도 있고, 형제자매도 있고, 친구도 있다. 그러나 이들은 언젠가는 다 우리 곁을 떠날 자들이다. 그러나 영원히 우리와 함께 하실 분은 내 곁에 서신 주님이다.

충성·헌신

반려자입니까? 방관자입니까?
딤후 4:19~21 | 354장

바울은 편지를 마무리하면서 먼저 브리스가와 아굴라에게 인사 하였다(19절). 이들은 자기 집을 교회로 제공하고 바울을 위하여 온갖 헌신을 아끼지 않았던 사람들이다(롬16:4~5). 오네시보로에게 보내는 인사도 있다(19절). 이 사람은 바울이 감옥에 있을 때 늘 찾아와서 격려하였던 사람이다(딤후1:16). 에라스도에게도 인사하였는데 이 사람은 바울이 자기의 사자로 마게도냐에 전에 한번 파송한 적이 있었다(20절, 행18:22). 드로비모에 대한 인사도 있는데 이 사람은 바울이 예루살렘에서 체포될 당시에 함께 있었던 사람이다(20절, 행20장). 끝으로 으불로, 부데, 리노, 글라우디아라는 이름도 언급되었다(21절). 바울은 마지막으로 디모데에게 겨울이 되기 전에 오라고 부탁하였다(21절). 추워지기 전에 겉옷 챙기는 일이 중요했기 때문이다(13절). 또한 겨울이 되면 로마로 출항하는 배들이 아드리안 해안을 항해하기 쉽지 않기 때문에 그 전에 디모데가 올 필요가 있었기 때문이다. 여기에 바울의 많은 반려자들의 이름이 나온다. 이 반려자들이 없었다면 바울은 결코 여러 일을 잘 해내지 못했을 것이다. 나는 지금 섬기고 있는 교회의 지도자의 반려자로 살고 있는가? 방관자로 살고 있는가?

은혜

하나님이 혜택 주는 사람
딤후 4:22 | 290장

　　바울의 편지의 마지막 문구는 항상 축원이다. "나는 주께서 네 심령에 함께 계시기를 바라노니 은혜가 너희와 함께 있을지어다"(22절). 바울은 하나님께서 디모데와 함께 계셔주시면 그는 항상 은혜 받는 일이 생길 것이라고 하였다. 그리고 바울은 디모데 개인뿐 아니라 '너희'에게도 그러한 일이 생길 것이라고 했다. 여기서 '너희'는 디모데가 목회하고 있는 에베소 교인을 가리킨다. 바울이 디모데를 위해서 비는 축원은 단순히 디모데 개인뿐 아니라 에베소 교회 전체 교인들에게 전하는 내용이었다. 바울이 축원하는 이 마지막 문장은 바울의 모든 편지 끝 부분에 들어가는 형식적인 것과는 다르다. 왜냐하면 디모데가 처한 위기가 단순히 사람의 형식적인 권면만으로 극복될 수 있는 것이 아니고 하나님께서 개입해야 해결 될 일이었기 때문이다. 디모데가 하나님과 함께 있다면 하나님은 그에게 혜택을 베풀어 주실 것이다. 그러므로 바울의 이 마지막 축원은 디모데의 피부에 와 닿는 말이었다. 이것은 우리에게도 동일하다. 하나님께서 나에게 혜택을 주시기를 원하는가? 그래서 문제가 실질적으로 해결되기를 원하는가? 그렇다면 하나님께서 나와 함께 계시도록 내가 만들어야 한다.

충성·헌신

망치는 사람, 해결하는 사람
딛 1:1~4 | 330장

바울은 디도에게 쓰는 편지 서두에 자기가 사도로서 행하는 역할과 선포하는 메시지의 목적은 사람들에게 진리를 깨우쳐 주고 또 영생을 전하기 위함이라고 하였다(1~2절). 그리고 하나님은 이 임무를 때가 되었을 때 자기에게 맡기셨다고 했다(3절). 디도가 누구인가? 바울은 디도를 자기의 '참 아들'이라고 불렀다(4절). 아들이라고 부른 것은 남다른 애정이 있기 때문이다. 과거 예루살렘 사람들이 바울을 혐오하고 있을 때 디도는 위험을 무릅쓰고 바울을 따라 예루살렘으로 동행했다(갈2:10). 고린도교회가 싸움으로 인해 폭발직전에 있을 때, 바울의 가장 엄중한 편지를 들고 그곳을 찾은 사람도 디도였다(고후8:16). 가난한 예루살렘교회를 위해 모금을 할 때도 바울은 디도를 보냈다(고후8:6,10). 디도는 강한 정신력과 신앙을 가진 사람이었다. 곤란한 문제가 생겼을 때 지도자가 믿고 보낼 수 있는 사람이었다. 두 종류의 사람이 있다. 곤란한 사정을 더 악화시키는 사람이 있는가 하면 나쁜 상황을 희망적인 분위기로 바꾸는 사람이 있다. 나는 어떤 사람인가? 나만 등장했다하면 분위기가 자주 망쳐지는 편인가? 아니면 소동이 있을 때 사람들이 나를 해결사로 자주 불러 주는 편인가?

직분·선거

선거를 잘합시다
딛 1:5~9 | 340장

바울이 디도를 그레데에 남겨둔 이유는 그 곳에서 남은 일들을 잘 정리하고, 도시마다 장로들을 세우게 하려는 데 목적이 있다(5절). 그레데는 많은 도시들로 구성된 큰 섬이다. 바울은 디도를 통해서 이 섬을 이루고 있는 도시의 교회마다 조직을 세우고 지도자를 임명하여 빨리 자립할 수 있도록 하는데 목적이 있었다. 바울의 특징 중 하나는 교회를 설립함과 동시에 항상 장로들을 임명하는 것이었다(행14:23). 바울은 디도에게 다음과 같은 자격을 가진 자를 장로와 감독으로 세울 것을 명하였다. 장로는 흠이 없으며, 한 아내의 남편이며, 그 자녀도 믿는 자이며, 방탕하거나 순종하지 않는다는 비난을 듣지 않는 자여야 한다(6절). 감독은 자기 고집을 부리지 않으며, 쉽게 화내지 않으며, 술을 즐기지 않으며, 폭행하지 않으며, 부정한 이득을 탐하지 않으며, 손님을 잘 대접하며, 신중하며, 의로우며, 경건하며, 자제력 있으며, 반대자를 반박할 수 있는 말씀의 지도력을 가지고 있는 사람이어야 한다(7~9절). 바울은 교회의 지도자의 자격을 생생한 어휘를 사용해서 설명하였다. 요즘 지도자를 선출하는 과정에서 이권이나 이해관계 중심으로 나가는 한국교회는 이런 본문들을 다시 주목해야 한다.

사이비·이단

마음 따라 갑니다
딛 1:10~16 | 336장

바울은 이단의 가르침에 귀를 기울이는 그레데 인의 특징에 대해서 말하고 있다. 이단들은 돈을 목적으로 가르쳐서는 안 되는 것을 가르치면서 그레데의 많은 가정들을 뒤엎었다(11절). 이단의 어떤 지도자는 그레데 인들은 거짓말쟁이며 악한 짐승이며 먹는 것밖에 모르는 게으름뱅이라고 말하였는데 바울은 그 말 자체는 맞는 말이라고 하였다(12~13절). 그러므로 바울은 그레데 인들을 엄중히 책망하고 가르쳐서 이단의 허망한 이야기에 귀를 기울이지 못하게 해야 한다고 하였다(14절). 그레데 인들은 본래 가증한 이단에 잘 넘어갈 소질을 가지고 있었다. 그들은 본래부터 깨끗하지 못했으므로 항상 더러운 것에 매력을 느꼈다. 마음이 청결한 사람에게는 모든 것이 깨끗하지만 마음이 더러운 사람에게는 모든 것이 더럽다(15절). 깨끗한 마음을 가진 자는 생각, 말, 행동이 다 깨끗하다. 사람이 생각하고 말하고 만지는 것은 모두다 그 사람과 같은 질로 변한다. 더러운 마음을 가진 자가 가장 아름다운 것을 잡으면 그것은 곧 시커멓게 변한다. 삐뚤어져있고 뒤틀린 사람은 그런 안경으로 세상을 본다. 이러한 것으로부터 벗어나기 위해서는 예수님 앞으로 걸어가지 않으면 안 된다.

지도자 · 교육

윗물이 맑으면 아랫물도 맑습니다
딛 2:1~14(1) | 314장

바울은 젊은 지도자 디도가 직접적으로 젊은 사람들을 가리치기보다 교회에서 어르신에 해당되는 나이 많은 분들을 잘 가르치면 저절로 젊은이들이 잘 통솔될 것이라고 하였다. 바울은 나이 많은 남자들은 절제 있고, 위엄 있고, 신중하고, 믿음과 사랑과 인내심이 흔들리지 않는 사람이 되게 가르치고, 나이 많은 여자들도 행실이 거룩하고 헐뜯지 아니하고 술의 노예가 되지 아니하고 선한 것을 행할 수 있는 능력을 가지도록 가르치라고 하였다(2~3절). 그래서 나이 많은 사람들이 좋은 모델이 되면 교회 내 젊은이들은 좋은 크리스천이 될 것이라고 하였다(4~6절). 강제적인 규범에 의해서 통솔되지 않는 교회에서는 더욱 이러한 모범적인 지도력이 필요하다. 교회는 어린이, 청소년, 청년 교육에 힘을 쏟는 것과 마찬가지로 장년 교육 혹은 노인 교육에도 투자를 아끼지 말아야 한다. 그러면 교회 내 질서가 바로 선다. 노인대학, 실버학교, 늘푸른교실이 활성화되어 아름다운 어르신들이 많이 활동하는 교회에서는 버릇없고 무질서한 젊은이들이 발을 붙이지 못할 것이다. '윗물이 맑아야 아랫물이 맑아진다'는 교훈은 교회에서도 그대로 적용된다.

지도자·설교

몸소 행하는 지도자
딛 2:1~14(2) | 425장

바울은 디도에게 스스로 모든 일에 있어서 좋은 본보기가 되어야 하며 남을 가르치는 데 있어서는 진지하고 위엄이 있어야 한다고 하였다(7절). 그리고 책잡힐 것이 없는 바른 말로 가르치면 반대자들은 흠잡을 근거를 찾지 못하고 부끄러움을 당하게 될 것이라고 하였다(8절). 바울의 요지는 간단하다. 지도자의 설교와 가르침이 큰 영향력을 발휘하려면 그 밑바닥에는 그 자신의 생활이 그것을 증명할 수 있어야 한다는 것이다. 지도자에게 맡겨진 임무는 사람들에게 말하고 가르치는 것이 아니라 사람들에게 보여주는 것이다. 지도자는 항상 유혹을 받는다. 지도자는 항상 자기 선전의 유혹을 받는다. 자신의 재능과 학문의 탁월함을 드러내고자 하는 유혹이 있다. 지도자는 항상 독재에 대한 유혹이 있다. 지도자는 자기 지위를 통해 생계를 세우려는 유혹이 있다. 이런 여러 유혹을 이기지 못하고 하는 탁월한 설교는 오히려 더 큰 비난거리가 될 것이다. 아마 지도자에게 줄 수 있는 최고의 찬사는 "그는 먼저 자기가 몸소 보이고 나서 우리를 가르쳤다"는 말일 것이다. 예수님은 열두 제자를 사랑하시고 가르치셨지만 당신 스스로 먼저 그것을 실행하셨다.

돈·양심

남의 돈을 떼먹지 맙시다
딛 2:1~14(3) | 422장

바울은 크리스천 종들에게 교훈을 주고 있다. 아마도 기독교가 당시 종들에게까지 보급되어 그들이 교회의 일원으로 많이 들어온 것 같다. 바울은 그들에게 모든 일에 있어서 자기 주인들에게 복종하고 주인들을 기쁘게 해야 하며 주인에게 말대꾸를 하지 말고 주인의 재산을 훔치는 일을 하지 말라고 당부하였다(9~10절). 만약에 그렇게 산다면 그것은 하나님의 교훈을 빛내는 일이 된다(10절). 크리스천 종들이 그런 속된 행실을 버리고 의롭고 경건하게 살면 그것이 곧 하나님과 예수님의 영광을 드러내는 일이 된다(12~13절). 당시 종들 중에는 자신의 주인의 재산을 슬쩍 훔쳐서 자기 것으로 모아두는 일이 많았다. 이는 종들이 주인이 장사하는 일에 고용되어서 주인 몰래 그 판 것의 일부를 착복할 수 있었기 때문이다. 바울은 당시 이러한 악풍을 경계하고 있다. 예수님께서 자기 몸을 내어 주신 이유는 사람들을 이러한 비양심적인 불법에서 건져내어 선한 일을 하도록 하는데 있다(14절). 예수님은 사람들이 정직하고 양심적인 사람이 되도록 하기 위해서 십자가에서 죽으셨다. 우리가 비양심적으로 남의 돈을 떼어먹으면 그 사람에게 있어서 예수님의 죽으심의 효력은 상실하게 된다.

지도자·설교

설교는 중요합니다
딛 2:15 | 197장

바울은 디도에게 지도자와 가르치는 자의 임무에 대해서 간략하게 기술하였다. 첫째, 지도자는 '말하는 임무' 즉, 설교하는 임무를 잘 수행해야 한다. 자기 교인들을 실망시키는 설교자는 자신의 임무에 실패한 사람이다. 지도자는 설교를 통해서 사람들의 죄를 깨닫게 해야 한다. 그리고 그 죄보다 훨씬 크고 높은 은혜 앞으로 인도해야 한다. 죄인에게는 자기 죄에 눈 뜨게 해주어야 하고 지각없는 자에게는 무지의 잠에서 깨어나게 해주어야 한다. 지도자는 설교에 수면제를 타면 안 된다. 둘째, 지도자는 모든 권위로 책망하는 임무가 있다. 여기서 '권위'는 세속적인 권위가 아니라 하나님께로부터 부여받은 권위를 가리킨다. 지도자는 자기 기분에 따라 성도를 제압하거나 책망해서는 안 되고 하나님 말씀의 정확한 기준 아래에서만 그렇게 해야 한다. 셋째, 지도자는 누구에게도 업신여김 받지 말아야 한다. 더군다나 나이 때문에 그런 대우를 받아서는 안 된다. 사실 어리다고 지도자를 업신여기는 성도는 거의 없다. 그러나 인품과 신앙에 있어서 지도자로서 자격이 없으면 언제든지 업신여김 받는다. 지도자는 자기가 전하는 말씀을 자기 스스로에게도 설교하여 그 설교대로 살 때 존경받는다.

성령님·교회

성령님만 계시면 됩니다
딛 3:1~11(1) | 196장

디도의 의무는 교인들을 잘 깨우쳐서 그들이 선하고 옳은 사람이 되게 하는 것이다(1~2절). 바울도 과거에는 그릇된 사람이었다. 그도 과거에는 어리석었고 불순종하고 온갖 정욕과 향락에 몸을 맡기며 악심을 가지고 살았다(3절). 그러나 하나님께서 그를 값없이 구원하셨다. 하나님이 이렇게 은총을 베푸는 것은 사람의 의로운 행실 때문이 아니라 값없이 주시는 성령님의 은혜로 말미암은 것이다(5절). 하나님은 사람에게 성령님을 통해 믿음을 선물로 주시고 의롭게 하셔서 하나님의 상속자가 되게 하신다(6~7절). 하나님은 성령님과 일하신다. 성령님이 닿지 않으면 모든 것이 허사이다. 성령님의 역사가 없으면 교회의 예배, 행사, 행정, 관리 등은 아무 것도 아니다. 아무리 교회 조직이 잘 되어있고 건물이 수려하고 예배가 훌륭해도 성령님이 그곳에 미치지 않으면 아무 것도 아니다. 교회가 부흥하고 발전하는 것은 조직이나 사람의 탁월함 때문이 아니라 얼마나 성령님을 의지하느냐에 따라 좌우된다. 성령님을 의지하지 않는 사람이나 조직은 약간의 능력을 발휘할 수 있을지 모른다. 그러나 그곳에 생명을 불어넣을 수는 없다. 우리는 성령님이 늘 우리와 함께 있어달라고 요청해야 한다.

논쟁·교회

토론과 논쟁을 좋아하는 사람
딛 3:1~11(2) | 460장

바울은 헛된 논쟁과 족보 이야기에 관한 싸움을 피하라고 하였다(9절). 논쟁은 헛된 일이다. 논쟁은 분파를 일으키는데 늘 일조한다. 기독교 역사상 모든 분파는 거의 다 신학 논쟁 때문에 일어났다. 만약 교회 내 논쟁을 일삼고 사람들을 분열시키는 장본인이 있다면 교회는 한두 번 그를 타일러 본 뒤에 개선의 여지가 없으면 물리쳐야 한다(10절). 논쟁을 좋아하고 자기의 설만을 주장하는 사람은 이미 곁길로 빠진 자이다(11절). 그런 자는 공동체 내에 있어서는 안 된다. 자기의 사상을 모든 진리의 표준으로 삼는 사람이 있다. 참 신앙은 사람들을 결합시키는 데 한몫을 하지 분열시키는 데 일조하지 않는다. 크리스천의 참다운 사명은 행동이지 논쟁이 아니다. 사소하고 간단한 것이지만 하여야 할 일이 있을 때 그것을 해야 한다. 그런데 그런 것에는 아랑곳하지 않고 고상하고 신학적인 논쟁 같은 것에만 흥미를 둔다면 그는 필요없는 사람이다. 그런 사람은 교회를 분열시키는 사람이다. 나는 반드시 행동해야 될 교회 일에 대해서는 반응이 느리고 형이상학적이고 난해한 신학 논쟁이나 토론을 좋아하는가? 좋은 크리스천은 반드시 이 반대가 되어야 한다.

헌신·봉사

크리스천은 고민하는 사람
딛 3:12~14 | 458장

바울은 항상 자기의 편지를 마무리할 때 개인적으로 전하는 말과 인사로 끝맺는다. 바울은 마무리 부분에서 디도에게 개인적인 부탁을 했다. 바울은 아데마와 두기고를 보내면 그들에게 일을 맡기고 디도는 니고볼리로 자기를 찾아오라고 하였다(12절). 왜냐하면 니고볼리에서 겨울을 보내기로 하였기 때문이다. 니고볼리는 바울과 디도와 만나기 편한 장소였고 여기서 중대한 논의를 하려 했던 것 같다. 또 바울은 서둘러서 율법교사인 세나와 아볼로를 자기에게 보내달라고 하였고 그들에게 조금도 부족한 것이 없게 해달라고 하였다(13절). 아마 바울은 이들과 함께 선교여행을 떠나고자 했던 것 같다. 그리고 마지막 말, 교인들은 주의 일을 하는데 있어서 뒷짐만 지지 말고 적극적으로 돕는 것을 배워야 한다고 하였다(14절). 어떤 과업을 이루기 위해서 기도가 필요하다고 요청이 있으면 자기 개인 기도만 하지 말고 그 기도도 해야 한다. 자금이 필요하다는 호소가 있으면 처음부터 냉담해지지 말고 같이 고민해야 한다. 인적자원이 필요하다고 하면 처음부터 무관심하지 말고 이 속에 하나님이 자기를 부르시는 음성은 없는지 심사숙고 해야 한다.

축도·목회자

축도만 잘 받아도…
딛 3:15 | 90장

바울은 마지막으로 자기와 함께 있는 모든 자가 디도에게 문안한다고 하였다. 여기서 바울과 함께 있는 자가 누구인지 모르나 아마 바울 곁에서 그를 돕는 동역자들 일 것이다. 그리고 바울은 믿음 안에서 자기를 사랑하고 있는 동역자들에게도 문안하라고 디도에게 부탁하였다. 디도는 바울의 동역자들이 누구인지 알고 있었을 것이다. 그리고 바울은 '은혜가 너희 무리에게 있을지어다' 라며 축도로 마무리하였다. 이 축도는 일반적인 바울의 편지에서 흔히 볼 수 있는 축도이다. 그런데 여기서는 '너희 무리'라는 복수 표현이 사용되었다. 왜냐하면 이 편지는 디도뿐 아니라 그레데 섬 안에 있는 여러 교회의 교인들을 대상으로 썼기 때문에 그렇다. 하나님의 은혜는 이와 같이 한 개인에게만 임하는 것이 아니라 그가 속한 공동체 전체에게도 임한다. 우리가 예배 시에 받는 목사님의 축도는 이 때문에 중요하다. 축도는 목사님이 주는 것이 아니라 하나님이 목사님을 통하여서 내리시는 것이다. 그러므로 축도를 진심으로 믿음으로 받으면 그 축도는 그 개인과 그가 속한 공동체에 복이 된다. 그 공동체는 교회도 될 수 있고, 직장도 될 수 있고, 가정도 될 수 있다.

인권·기독교

인간미 넘치는 기독교
몬1:1~3 | 71장

빌레몬서는 바울이 도망쳐온 노예 오네시모를 돌려보내면서 그를 책벌하지 말고 용납하여주기를 빌레몬에게 호소하는 편지이다. 바울은 발신자인 자신을 '그리스도를 위하여 갇힌 자'라고 소개하였다(1절). 바울은 통례적으로는 편지 서두에는 거의 자신의 사도권을 밝히고 시작하는데 여기서는 그렇게 하지 않고 자신을 '갇힌 자'라는 특이한 표현을 사용하였다. 이것은 자신을 겸손하게 낮추면서 종 된 오네시모를 향한 주인의 너그러운 용서를 유도해 내고자 하는 의도에서 이런 표현을 사용하였다. 바울은 참으로 인간미가 넘치는 사람이었다. 바울은 수신자의 이름을 빌레몬 외에 압비아와 아킵보라는 이름을 더 기록하였다(2절). 압비아는 빌레몬의 아내일 것으로 추측하고, 아킵보는 빌레몬의 아들일 것이라고 추측한다. 그렇다면 바울은 오네시모가 빌레몬에게 돌아갔을 때 빌레몬의 가족들이 좋은 중재 역할을 해주기를 기대했던 것으로 보인다. 바울은 다방면으로 오네시모를 돕고 있다. 당시 기독교계의 거장이었던 바울이 한 보잘 것 없는 노예의 인권 회복을 위해 애쓰고 있다. 기독교는 항상 인권을 생각한다. 기독교는 항상 인간미가 넘친다. "교회가 인권의 사각지대"라는 말은 결코 들어서는 안 될 말이다.

돈·헌신·상급

부자가 되는 비결
몬 1:4~7 | 524장

바울은 자존심 강하고 남에게 함부로 구걸하지 않는 사람이나 이 편지에서는 너무나 간절히 구걸하고 있다. 빌레몬은 분명히 도움을 구하기 쉬운 사람이었다. 빌레몬은 소문이 좋은 사람이었다. 예수님을 굳건히 믿고 또 많은 사람들을 사랑하고 돕는다는 소문이 바울이 있는 로마의 감옥까지 들렸다(4~5절). 빌레몬은 그런 일을 통해서 하나님의 백성들의 마음에 활기를 띠워 주었다. 6절의 말씀은 번역이 까다롭다. "이로써 네 믿음의 교제가 우리 가운데 있는 선을 알게 하고 그리스도께 이르도록 역사하느니라"(6절). 이 말의 뜻은 빌레몬의 그 나누어 주는 아량이 결국 빌레몬 자신에게 돌아와서 그가 하나님을 아는 지식이 넘쳐나게 되었다는 뜻이다. 빌레몬의 그 나누어주는 그 넓은 마음이 결국 자신에게로 돌아와서 하나님께서 그에게 더 많은 것으로 채워주셨다는 말이다. 빌레몬은 나누어줌으로 얻는 사람이 되었다. 그는 그렇게 부자가 되었다. 만약에 우리가 아낌없이 남에게 나누어주면 우리의 소유는 줄어들게 된다. 그러나 그것으로 끝이 아니다. 우리에게 부족해지는 것 이상으로 하나님은 채워주신다. 빌레몬은 그렇게 해서 부자가 된 사람이었다.

용납·신뢰

크리스천은 받아 주는 사람입니다
몬 1:8~22 | 497장

바울의 본격적인 호소가 나온다. 바울은 오네시모가 전에는 쓸모없는 사람이었지만 지금은 자기의 특별한 동지가 되었으므로 빌레몬에게도 오네시모가 그런 귀중한 존재가 될 것이라고 하였다(11~13절). 바울은 자기를 동지로 여긴다면 그를 맞아달라고 하였다. 그리고 만약 그가 잘못한 일이 있거나 빚진 것이 있으면 그 책임을 자기에게 지우면 자기가 직접 갚겠다고 하였다(18~19절). 바울은 빌레몬이 자기에게 순종할 것을 확신하고 이 글을 썼다(21절). 크리스천은 이렇게 과오를 범한 사람을 다시 영접해야 한다. 그러나 사람들은 그렇게 탈선한 사람들을 의혹의 눈으로 보는 경우가 많다. 그리고 그가 그러한 과오를 다시 저지를 것이라며 그를 믿으려하지 않는다. 크리스천은 하나님께서 그를 용서하셨을 것이라고 믿는다. 그가 교회 나와서 기도하는 모습을 보고 그는 하나님 앞에서 새사람이 되었다고 확신한다. 그런데 하나님께서 그를 용납하셨음을 확신함에도 이상하게 그에게 여전히 의심의 눈초리를 보내는 경우가 있다. 자기도 인생 가장 밑바닥에 있다가 어느날 건짐 받은 자라는 사실을 잊고서 말이다. 하나님이 용서했다면 우리는 함구하고 믿어야 한다.

지도자 · 동역

나의 이름이 기억될까요?
몬 1:23~25 | 327장

바울은 이제 마지막 인사로 편지를 끝맺는다. 여기서 에바브로라와 마가, 아리스다고, 데마, 누가도 함께 문안한다고 하였다(23~24절). 여기서 특별히 에바브라에 대해서는 '나와 함께 갇힌 자'라고 표현했다(23절). 에바브라가 바울과 함께 투옥되어 감옥에 같이 있다는 뜻이 아니라 감옥에서 바울을 보필함으로 함께 복음을 위하여 고난을 받고 있다는 의미이다. 에바브라는 자유롭게 왕래하며 골로새교회의 소식을 감옥에 있는 바울에게 전해 준 사람이기 때문에 그렇다. 누가는 의사로서 바울의 3차에 걸친 전도여행 중에 동행하면서 바울의 건강을 돌보아주었다(골4:14). 바울은 이런 친구들이 많았다. 바울은 감옥 안에 있으면서도 이들의 사랑과 호의에 감사하여 그들의 이름을 지울 수가 없었다. 바울은 편지의 맺음말 부분에서 자주 볼 수 있는 수신자에 대해서 축도를 하고 편지를 마무리하였다(25절). 우리는 우리의 지도자를 위해서 에바브라처럼 '갇힌 자'가 될 수 있는가? 우리는 우리의 지도자에 대해 일관된 사랑과 의리를 지키며 살았는가? 우리는 우리의 지도자에 대해 변덕스러운 존재가 아니었는가? 지도자가 우리 이름을 그의 영혼에서 지울 수 없을 만큼 우리가 감동을 주는 동역을 하였는가?